工程项目投融资决策案例分析

主　编　张春莲

副主编　郑　智

李学荣

袁　媛

中国商业出版社

图书在版编目（CIP）数据

工程项目投融资决策案例分析 / 张春莲主编.
北京：中国商业出版社，2024.8. -- ISBN 978 - 7 - 5208 -
3086 - 7

Ⅰ.F283；F830.55

中国国家版本馆 CIP 数据核字第 2024DT7080 号

责任编辑：李　飞

（策划编辑：蔡　凯）

中国商业出版社出版发行

（www.zgsycb.com　100053　北京广安门内报国寺 1 号）

总编室：010－63180647　编辑室：010－83114579

发行部：010－83120835/8286

新华书店经销

北京九州迅驰传媒文化有限公司印刷

＊

787 毫米×1092 毫米　16 开　14 印张　300 千字

2024 年 8 月第 1 版　2024 年 8 月第 1 次印刷

定价：58.00 元

＊　　＊　　＊　　＊

（如有印装质量问题可更换）

前　言

　　项目投融资是指企业或个人为实现某一特定项目目标,通过各种融资渠道筹集资金,并有效运用这些资金支持项目建设和运营的过程。在现代经济体系中,项目投融资已成为推动产业发展和经济增长的重要力量。因此,工程项目投融资决策是一门实践性很强的课程,也具有较强的现实意义。它综合性强,注重实战,要求决策者有扎实的专业知识、超凡的战略眼光和积极的应变能力。每一个成功的项目都是一个经典案例,最好的学习就是向实际项目学习,可以让学习者直接接触现实,引发思考,为现实中的项目投融资提供借鉴,这也正是案例教学的初衷。然而,目前国内关于工程项目投融资案例分析方面的教材非常少,从业者需要参考、借鉴以往案例时,只能通过网络进行零星搜集、查找,效率较低。基于上述原因,我们汇编了本书。

　　本书上篇介绍和分析工程项目投资决策案例。案例涉及公路工程建设项目、水利工程建设项目、工业工程建设项目、建筑工程建设项目和旅游建设项目等各类工程项目。所选案例既有适用于一般工业企业工程建设项目的,也有针对交通、水利、建筑等大型工程建设项目的,具有较强的典型性和代表性。这些案例以实际项目为背景,按照《建设项目经济评价方法与参数》(第三版)的分析思路与要求,根据项目所在行业特点,投资决策分析各有侧重。工业工程建设项目投资决策分析重点是财务效益分析和不确定性分析,公路工程建设项目投资决策分析重点则包括财务效益分析、经济费用效益分析和项目投资风险分析,水利工程建设项目投资决策分析重点则是项目费用与效益的估算,建筑工程建设项目投资决策分析重点则从项目财务效益方面进行评价。

　　本书下篇介绍和分析工程项目融资案例。案例涉及五种主要的工程项目融资模式:BOT、PPP、ABS、杠杆租赁以及其他融资模式。本篇所选案例涉及公路工程项目、地铁工程项目、交通基础设施项目、公共设施项目和旅游项目等,在保留少量经典项目融资案例的基础上,重点选择了近年来国际国内代表性较强、影响力较大的项目融资案例,特别是选择了一些有中方公司参与投资的案例,以启发读者。

　　本书的特点在于:(1)选取的案例具有典型性和代表性,都是典型的工程建设项目;(2)经典案例与最新案例相结合,体现工程项目特色和时代特征;(3)所选取的案例也来自我们的教学实践和访企拓岗实践,做到了真正的一手资料;(4)为便于读者更好地掌握案例的精髓,本书在每一类案例前,指明了学习目的,提炼了理论基础;(5)在案例介绍之后,布置了课堂思考题,

读者可以通过思考、回答问题,加强对本类案例涉及的项目投资决策、项目融资模式的理解;
(6)最后的课后思考题,有助于启发学生对案例的进一步思考,以史为鉴,为现实中的、将要进行的项目投融资决策提供了很好的借鉴。

本书的编写来自我们的教学实践,是对我们教学中所使用案例的提炼和汇总,得到了南昌工程学院经济贸易学院的大力支持,尤其是经济贸易学院金融教研室全体老师的大力支持,为本书的编写提供了丰富的案例支撑。本书的编写也得到中国商业出版社和南昌工程学院的大力支持,编者在此一并表示感谢。

本书的编写具体分工如下:张春莲老师负责全书的提纲、统稿,编写了第四、五、七、八章共四章内容;郑智老师负责编写第三、六、九章共三章内容;李学荣老师负责编写第一、二章共两章内容;袁媛老师负责编写第十章内容,并参与编写第九章内容。

本书适合于投资学、工程管理、项目管理、财务管理以及工商管理等相关专业的本科生和研究生使用,也可供政府、银行、投资、法律、工程和管理等机构相关人员学习工程项目投融资决策作参考。

张春莲

2024 年 4 月于南昌工程学院

目 录

工程项目投融资决策案例分析 （上篇）

工程项目融资决策案例分析 （下篇）

上篇

工程项目投融资决策案例分析

第一章 公路工程建设项目投资决策案例分析

【学习目的】

通过本章案例掌握公路工程建设项目投资决策的特点和主要内容。包括公路工程建设项目经济费用效益分析与财务分析的范围、内容与方法；采用"有无对比"方法分析计算项目直接与间接影响相关路网的经济费用与效益；分析公路工程建设项目在不同融资模式下的财务生存能力；掌握公路工程建设项目投资风险分析与控制方法。

【理论基础】

1. 项目评估理论
2. 项目投资决策原理
3. 项目可行性分析原理

案例1 某高速公路建设项目经济评价案例

一、项目概况

拟建高速公路工程建设项目属于隧道建设项目（包含紧邻隧道洞口的路基部分），项目起始于我国西部某省的C城，终止于D城P县路段上，项目的总长度为21.185km，其中主隧道长度为18.02km。隧道为上、下行线双洞双车道。项目位于C城一侧的隧道进口高程为896m，位于P县的隧道出口高程为1026m。隧道内设有人字形纵坡，最大纵坡为1.1%，最大埋深为1640m。

拟建高速公路工程建设项目是《国家高速公路网规划》中某高速公路上的特大控制性工程，是沟通不同经济圈的交通枢纽，同时也是项目所在省规划公路网主骨架中C城至D城公路的重要组成部分。该项目建成对促进我国西部大开发战略的实施和加快D城及其周边县市经济的快速发展具有十分重要的意义。

从路网相关关系看，与拟建项目相关平行公路主要为公路Ⅰ（山岭区二级公路40km）和公路Ⅱ（山岭区二级公路25km），两条公路在路网上为串联关系。现有C城至P县公路翻越崇山峻岭，技术标准低，行车条件差，交通事故多，运输效率低。特别是冬季积雪严重，经常阻断交通、引发事故。该项目的建成可以使C城至D城的行驶里程缩短约30km，且大幅度提高技术标准，行车受自然条件影响的程度大为降低，改善行车条件、提高运输效率的效果十分显著。

二、项目技术标准、建设规模及计算期

（一）技术标准

根据拟建高速公路项目在路网中的功能与作用以及沿线地形条件，结合项目远景交通量预测结果等因素，按交通部颁发的《公路工程技术标准》（JTGB 01－2014）确定拟建项目技术标准为：

采用设计速度 80km/h、双洞四车道高速公路标准，整体式路基宽度为 24.5m。

路面宽度：整体式路基 20.5m；桥涵设计汽车荷载等级为公路－I级；行车道为 2×7.5m；硬路肩为 2×2.75m；最大纵坡为 5%；隧道净宽 10.5m，限高 5m。

（二）建设规模

本项目按一次建成四车道高速公路标准设计，路线总长为 21.185km，其中隧道建设规模为双洞四车道。隧道长度为 18.02km。

（三）计算期

该拟建项目计划于 2022 年年底开工建设，经营期为 20 年，计算期共 23 年。

三、项目建设投资估算

根据工程技术方案的比选，提出该项目投资估算，结果见表 1－1－1。

表 1－1－1　拟建项目投资估算

序号	投资分项	投资估算（万元）	占建设投资百分比（%）
1	建筑安装工程费	204233	76.66
2	设备及工具器具购置费	25906	9.73
3	其他工程建设费用	14129	5.30
4	预备费用	22132	8.31
	建设投资合计	266400	100

根据某高速公路工程建设项目的规模和特点，本项目的投资估算总额为 26.64 亿元，建设期各年度投资计划如表 1－1－2 所示。

表 1－1－2　拟建项目建设期各年度资金安排

年份	2023	2024	2025	合计
投资比例（%）	30	30	40	100
金额（万元）	79920	79920	106560	266400

四、项目建设资金来源

根据高速公路建设筹资经验，结合本建设项目的实际情况，本高速公路工程建设项目的资金来源暂定如下：

（1）资本金：总投资金额的 35％，由政府出资。

（2）贷款：总投资金额的 65％，向国内商业银行申请贷款，由政府统借统还。

五、高速公路工程建设项目经济评价

工程投资决策分析通常从国民经济评价以及财务评价两个方面进行分析。本高速公路工程建设项目的投资决策分析也同样从这两个方面着手，借助三大指标，即净现值、内部收益率和效益费用比对项目进行分析，为投资决策的制定提供参考。

（一）国民经济评价

国民经济评价是宏观上合理配置国家有限资源的需要，是真实反映工程建设项目对国民经济净贡献的需要，也是投资决策科学化的需要。国民经济评价是从国家整体角度去评价工程建设项目对国民经济带来的影响，是工程建设项目经济评价的核心部分。

1. 评价依据、参数和分析范围

（1）评价依据

①《建设项目经济评价方法与参数》（第三版）；

②《公路建设项目可行性研究报告编制办法》（2010 年）；

③《高速公路公司财务管理办法》（财工字〔1997〕59 号）；

④《投资项目可行性研究指南》；

⑤ 国家现行相关财税政策。

（2）主要评价参数

①社会折现率：根据《建设项目经济评价方法与参数》（第三版），取 8％。

②影子工资：技术工种影子工资换算系数为 1，非技术工种影子工资换算系数为 0.5。

2. 经济费用的识别与估算

高速公路工程建设项目的经济费用包括在路网范围内拟建项目的建设费用、运营管理、养护及大中修等费用。整个建设项目的计算期分为建设期和经营期，经济费用同样也分为建设期经济费用和经营期经济费用两个部分。

（1）建设期费用估算

建设经济费用调整。根据经济费用效益分析的原则，投入物中的主要材料采用的是市场价格，不进行调整。税金、建设期贷款等转移性支付项目均属于间接国民经济费用，不能作为国民经济费用，因此需剔除在外。

①人工经济费用调整。项目施工中的非技术工种人工数量占总人工数量的 30％，需用人工影子价格进行调整，本建设项目的调整系数为 0.85。

②主要投入物经济费用调整。项目施工中的主要投入物（主要材料）统一采用市场价格，不进行调整。

③土地经济费用调整。土地经济费用由土地机会成本以及新增资源消耗两部分组成。由于拟建项目当前的土地净产值较低，在进行经济费用效益分析时，土地机会成本按照财务价

格扣除耕地占用税等转移支付后的总费用进行计算；新增资料消耗按照该项目因土地的征用所造成原有土地附属物财产损失及其资源消耗的总额进行计算。调整后的土地机会成本共计2346万元，新增资源消耗共计132万元。

④转移支付调整。按转移支付的类别，分别扣除建筑安装工程费用中税金等。

经过调整后建设期经济费用结果见表1－1－3。

表1－1－3　建设期经济费用　　　　　　　　　单位：万元

序号	项目	数量	调整原则	投资估算	经济费用
1	建筑安装工程费		调整	204233	193087
1.1	人工		调整	30510	25933
1.2	税金		剔除	6593	0
2	设备及工器具购置费		不调	25906	25906
3	其他工程建设费		调整	14129	14056
3.1	土地费用	393亩	调整	2431	2346
3.2	资源消耗		调整	120	132
4	预备费用		不调	22132	22132
5	消耗			266400	255181

（2）经营期费用估算

经营费用中材料及人工均以市场价为计价基础，同样不进行调整。

①管理费用。本拟建项目计划公司管理人员、收费站人员、路政人员共计115人，其中包括项目。根据国家统计局发布的当地人均工资，本项目的人均综合管理成本（含工资、福利和办公费用等）按5万元/年计算，通车后的年管理费用共计575万元。

②养护费用。特长隧道部分养护（包括机电维修）费用按20万元/（年·km）计算，两段引线按3万元/（年·km）计算。经计算本项目通车年养护费用为369.9万元。

③机电系统运营费用。拟建项目机电系统运营费用主要包括隧道的照明、通风、通信及监控等。根据预测的交通量情况，2026－2035年的通风总功率为7855kW/d，通风设备开启的数量随着交通量的增长而增加，预计2040年通风功率将达到9343kW/d，2045年达到15625kW/d；除通风系统外的其他系统总功率均按762kW/d计算。根据国家规定，拟建项目的用电价格按0.5元/（年·km）计算。

④大中修费用。拟建项目按照5年进行中修一次、10年进行大修一次，则中修的年份分别为2030年和2040年，大修的年份分别为2035年和2045年。参照其他高速公路中、大修费用标准结合本项目路面情况，本项目的中、大修费用标准为：中修200万元/公里·次，大修400万元/公里·次。

随着运营时间的加长，道路破损程度以及人工成本逐渐加大，项目的日常养护费用、管理费用也会随之增长，根据交通量增长情况，假设本项目的日常养护费用、管理费用在运营期内按年均2%的速度增长。各年度的经营期费用详见表1－1－4。

表 1—1—4　经营期费用估算表

年份	机电运营费		管理费	养护费	大中修费	合计
	电量	费用				
	（万 kW·h）	（万元）	（万元）	（万元）	（万元）	（万元）
2026	4776	2341	575	370		3286.00
2027	4776	2341	586.5	377		3304.50
2028	4776	2341	598.23	385		3324.23
2029	4776	2341	610.19	393		3344.19
2030	4776	2341	622.40	400	4237	7600.40
2031	4776	2341	634.85	409		3384.85
2032	4776	2341	647.54	417		3405.54
2033	4776	2341	660.49	425		3426.49
2034	4776	2341	673.70	434		3448.70
2035	4776	2341	687.17	442	8474	11944.18
2036	4918	2412	700.92	451		3563.92
2037	5064	2485	714.94	460		3659.94
2038	5216	2561	729.23	469		3759.24
2039	5373	2639	743.82	479		3861.82
2040	5536	2721	758.70	488	4237	8204.70
2041	6053	2979	773.87	498		4250.87
2042	6626	3266	789.35	508		4563.35
2043	7262	3584	805.13	518		4907.14
2044	7966	3936	821.24	528		5285.24
2045	8726	4326	837.66	539	8474	14176.67

（3）费用估算结果

本拟建项目的建设期费用为 255181 万元，运营管理费用为 13970.99 万元，日常养护费用为 8990.03 万元，机电运营费用为 54319.00 万元，大修费用为 25422.00 万元，总费用为 357883.02 万元。

3. 经济效益的识别与估算

（1）交通量预测

本拟建项目采用"四阶段"法在区域公路网总体背景下进行交通量预测，预测交通有趋势交通量（趋势交通量主要是指区域公路系统趋势增长进行路网分配得到的交通量）、诱增交通量组成项目总交通量。拟建项目及主要相关平行公路交通量的预测结果见表 1—1—5。

表1-1-5　拟建项目及主要相关平行公路交通量预测结果　　　　　　　单位：标准小客车/日

年份	拟建项目			相关公路	
	趋势交通量	诱增交通量	总交通量	公路Ⅰ	公路Ⅱ
2026	5383	297	5680	1608	1316
2027	6028	346	6374	1778	1451
2028	6751	403	7154	1965	1599
2029	7560	469	8029	2173	1763
2030	8466	546	9012	2402	1944
2031	9267	616	9883	2582	2030
2032	10143	696	10839	2775	2119
2033	11102	785	11887	2983	2213
2034	12152	887	13039	3206	2310
2035	13301	1001	14302	3446	2412
2036	14223	1096	15319	3642	2687
2037	15209	1201	16410	2848	2751
2038	16263	1315	17578	4067	2938
2039	17390	1441	18831	4298	3138
2040	18595	1578	20173	4542	3351
2041	19884	1729	21613	4800	3579
2042	21262	1893	23155	5072	3822
2043	22735	2074	24809	5360	4082
2044	24311	2271	26582	5664	4360
2045	25996	2488	28484	5986	4556

"无项目"相关平行公路交通量预测结果见表1-1-6。

表1-1-6　"无项目"相关平行公路交通量预测结果　　　　　　　单位：标准小客车/日

年份	相关公路Ⅰ	相关公路Ⅱ
2026	6427	6135
2027	7213	6887
2028	8095	7730
2029	9086	8677
2030	10197	9740
2031	11152	10607
2032	12196	11552

年份	相关公路 I	相关公路 II
2033	13339	12580
2034	14588	13700
2035	15954	14920
2036	17044	15976
2037	18208	17106
2038	19451	18316
2039	20780	19612
2040	22199	20999
2041	23715	22485
2042	25335	24076
2043	27066	25779
2044	28914	27603
2045	30889	29556

经济效益通常包括路网范围内，趋势交通量和诱增交通量运输成本的节约、旅客时间的节约以及交通事故量的减少等三个方面的效益。

（2）趋势交通量的效益

①趋势交通量汽车运输成本节约效益（B_1）。汽车运输成本节约效益是指在项目建成后区域车辆出行运输成本降低所产生的效益，是按路网范围内"无项目"和"有项目"汽车运输成本的差计算。公式如下：

$$B_1 = (\sum_{i=1}^{n} V^{'i} V_{oc}^{'i} l^i - \sum_{i=1}^{m} V^i V_{oc}^i l^i) \times 365 \times 10^{-4} \tag{1—1}$$

公式中的 V^i 代表"无项目"的相关平行公路第 i 路线的交通量，$V_{oc}^{'}$ 代表"无项目"的相关公路第 i 路线的单位运输成本，l^i 代表"无项目"的相关公路第 i 路线的路段长度；V^i 代表"有项目"的相关公路第 i 路段的趋势交通量，V_{oc}^i 代表"有项目"的相关公路第 i 路段总交通量下的单位运输成本，l^i 代表"有项目"的相关公路第 i 路段的路段长度；i 指评价范围内的第 i 个路段，m、n 分别代表有、无项目情况下的路段总数。

汽车运输成本包括两部分：其中一部分与汽车行驶有关，包括燃料消耗、润滑油消耗、轮胎消耗、维修费用和汽车运距折旧的费用；另一部分则与使用时间有关，包括汽车时间折旧费用、人工工资以及管理费用。

汽车运输成本的计算参照 *Study of Prioritization of Highway Investments and Improving Feasibility Study Methodologies*（World Bank. 1995）研究成果中确定的各种车型在一定车速、道路状况下的基本资源消耗，包括燃料、润滑油、维修劳动时间及维修零件

消耗等基础数据。同时，根据本建设项目具体的地形条件、道路状况及特征年的交通状况及系数进行调整，已确定本项目特征年各种资料消耗，根据经济价格确定本项目特征年的汽车运输成本。本文的分析过程中，为简化计算，本项目经营期各年的汽车运输成本根据各车型比例取平均值，各年五种车型比例在 26∶19∶19∶20∶16（小客车∶中客车∶小货车∶中货车∶大货车）上下波动，按此比例计算的汽车运输成本具体结果见表 1−1−7。

表 1−1−7 有、无拟建项目汽车运输成本

年份	拟建项目 (21.185km)	相关公路 I（40km）		相关公路 II（25km）	
		有项目	无项目	有项目	无项目
2026	1.52	2.78	2.97	2.78	2.96
2030	1.85	2.79	3.01	2.78	3.00
2035	1.92	2.83	4.40	2.81	3.40
2040	1.99	2.93	5.42	2.89	4.87

②趋势交通量旅客时间节约效益（B_2）。旅客出行时间节约效益，拟建项目建成后，由于运输距离缩短、运输速度提高，旅客出行时间也会随之缩短，从而获得额外的工作时间或闲暇时间所产生的旅客支付意愿。旅客时间的节约根据小客车和大客车两种车型按照式（1−2）进行计算；

$$B_2 = \sum_{j=1}^{2} \left(\sum_{i=1}^{n} V'^i_j T'^i_j V_{otj} - \sum_{i=1}^{n} V^i_j T^i_j V_{otj} \right) \times 365 \times 10^{-4} \qquad (1-2)$$

公式中，V'^i_j 表示"无项目"相关公路第 i 路段 j 车型的交通量，T'^i_j 表示"无项目"相关公路第 i 路段 j 车型车行驶时间；V^i_j 表示"有项目"相关公路第 i 路段 j 型车的交通量，T^i_j 表示"有项目"相关公路第 i 路段 j 型车行驶时间；V_{otj} 表示车型旅客时间价值。

旅行出行时间价值根据工作时间和闲暇时间两种情况进行计算方法如下：

旅行工作时间价值，应从企业角度进行分析，等于单位时间的工资（扣除个税）加上与就业有关的其他费用，如社会福利费等（按照工资的 40% 计算）。

非工作出行时间价值按消费者对非工作出行以及休闲时间的支付意愿计算。测算休闲时间的支付意愿应充分考虑不同的出行目的和时间选择对支付意愿的影响。

根据公路出行人员构成、出行目的等特点，综合分析确定非工作出行的时间价值按工作出行时间价值的 30% 计算。

各特征年车辆的时间价值计算见表 1−1−8。

表 1-1-8 特征年客车时间价值

年份	车型	工作时间价值	闲暇时间价值	闲暇时间价值	工作出行比例	工作时间	时间价值
		（元/h）		（元/辆）	（%）	利用系数	元/（辆·h）
2026	小客车	12.8	3.8	2.5	60	0.5	16.3
	大客车	10.7	3.2	18.5	55	0.5	97.1
2030	小客车	18.70	5.60	2.5	55	0.5	23
	大客车	15.6	4.7	18.5	50	0.5	137
2035	小客车	27.5	8.2	2.5	50	0.5	32.7
	大客车	22.9	6.9	18.5	45	0.5	193.9
2040	小客车	49.2	14.80	2.50	45	0.5	56.3
	大客车	41	12.3	18.5	40	0.5	334

根据计算得到小客车和大客车各年节约的时间总量以及小客车、大客车各年的时间价值，结果见表 1-1-9。

表 1-1-9 客车节约时间以及时间价值

运营年	节约时间（h/d）		时间价值［元/（车·h）］	
	小客车	大客车	小客车	大客车
1	2477	1429	16.30	97.05
2	2665	1531	17.98	107.05
3	2873	142	19.67	117.05
4	3101	1765	21.36	127.04
5	3352	1898	23.04	137.04
6	3631	1044	21.59	128.43
7	3939	2205	23.28	138.42
8	4283	2381	24.96	148.42
9	4667	2576	26.89	159.80
10	5097	2791	32.65	193.94
11	5981	3227	27.33	162.43
12	7075	3754	29.25	173.81
13	8450	4397	35.02	207.95
14	10202	5193	29.70	176.44
15	12475	6192	31.62	187.82
16	17385	8245	37.39	221.96
17	19882	9439	32.06	190.45

运营年	节约时间（h/d）		时间价值[元/（车·h）]	
	小客车	大客车	小客车	大客车
18	26170	12279	33.99	201.83
19	36006	16999	39.75	235.97
20	44273	20962	56.32	334.03

③趋势交通量交通事故减少的效益（B_3）。交通事故减少的效益根据不同公路等级在不同交通量水平下的事故率进行测算，计算公式如下：

$$B_3 = \left(\sum_{i=1}^{n} y'^i V'^i l'^i A'^i - \sum_{i=1}^{m} y^i V^i l^i A^i \right) \times 365 \times 10^{-8} \qquad (1-3)$$

公式中的 y'^i、V'^i、l'^i、A'^i 分别表示无项目路段 i 的每公里年事故数[次/（亿车·km）]、交通量（辆·d）、路段长度、事故费用（万元·次）。y^i、V^i、l^i、A^i 分别表示有项目路段 i 的每公里年事故数[次/（亿车·km）]、交通量（辆·d）、路段长度、事故费用（万元·次）。

各等级公路交通事故模型如下：

高速公路：$y = 0.005V - 40$ [y 代表亿车事故数（年），V 代表交通量（d），下同]；

一级公路：$y = 0.003V + 37$；

二级公路：$y = 0.007V + 133$。

参考 *Study of Prioritization of Highway Investments and Improving Feasibility Study Methodologies*（World Bank，1995），本项目高速公路、一级公路、二级公路的平均事故损失费取值分别为 1.4 万元/次、1.0 万元/次和 0.65 万元/次。

根据计算得到本项目"有、无项目"各年度交通事故减少的效益，结果见表1—1—10。

表1—1—10 "有、无项目"各年度交通事故减少的效益 单位：万元

经营年份	无项目交通事故费用	有项目交通事故费用	交通事故减少的效益
2026	198	38	160
2027	211	40	171
2028	225	42	183
2029	240	43	196
2030	256	46	210
2031	273	48	226
2032	292	50	242
2033	312	53	260
2034	334	55	279
2035	358	58	300
2036	403	62	341

续表

经营年份	无项目交通事故费用	有项目交通事故费用	交通事故减少的效益
2037	454	67	387
2038	512	71	441
2039	580	82	497
2040	657	101	556
2041	796	140	657
2042	970	191	779
2043	1186	259	928
2044	1458	349	1108
2045	1799	470	1329

诱增交通量的效益（B_4）。诱增交通量是由于项目的建设使相关产业的发展而产生的，理论上此类产业部分增加值应为诱增交通量的效益，但由于相关产业效益的测算十分困难，本项目诱增交通量的效益（B_4）按照其公路运输成本节约、旅客时间节约以及交通事故减少效益的50%估算。

$$B_{41} = \frac{1}{2} \sum_{j=1}^{5} (C'_j - C_j) \times IV_j \times 365 \times 10^{-4} \qquad (1-4)$$

$$B_{42} = \frac{1}{2} \sum_{j=1}^{2} (T'_j - T_j) \times IV_j \times 365 \times 10^{-4} \qquad (1-5)$$

$$B_{43} = (A' - A) \times IV \times 365 \times 10^{-4} \qquad (1-6)$$

公式中，C'_j、T'_j、A' 分别表示无项目相关公路 j 型运输成本（元/车）、单车行驶时间（h/车）、单车事故费用（元/车）；C_j、T_j、A 分别表示有项目拟建公路 j 型运输成本（元/车）、单车行驶时间（h/车）、单车事故费用（元/车）；IV_j 表示 j 型车诱增交通量（辆/d），IV 表示诱增交通量合计（辆/d）。

此处的汽车运输成本为汽车单位运输成本与公路长度的乘积，汽车单位成本同样取平均值进行估算。

（3）其他影响效果

拟建项目工程建设将明显改善区域交通网络结构与布局。其效益主要体现在明显缩短了A城至B城时空距离，并大幅度提高通道的运输能力，从而有效促进相关区域间人员、物资、资金和信息的交流，推进整个地区的经济发展。这种效益往往通过交通量运输费用节约、时间节约及区域相关产业的发展等多种形式表现出来，因此不予单独计算。

（4）经济效益估算结果

本拟建项目降低营运成本效益为2121268.74万元，旅客时间节约效益为1173882.84万元，减少交通事故效益为9250.00万元，诱增交通量效益为229272.00万元，总效益流量估算值为3533673.58万元。

4. 国民经济评价结果

从表1中计算结果可知，本项目经济内部收益率（EIRR）为22.00%；经济净现值（ENPV）为700830.44万元；经济效益费用比（EBCR）为3.76。见表1-1-11。

表1-1-11　经济费用效益指标

指标	经济净现值 （ENPV）（万元）	经济内部收益率 （EIRR）	经济效益费用比 （EBCR）
计算结果	700830.44	22.00%	3.76

（二）财务评价

1. 项目融资前财务基准收益

项目融资前财务基准收益率是以国家对交通基础设施项目最低资本金比例（35%），贷款（65%）的规定，计算的资金成本为3.98%（税前），作为本项目融资前财务基准收益率。

2. 营业收入

一般高速公路项目的营业收入包含车辆通行费收入、附属设施（如服务区、广告牌等）营业收入。根据项目特点，本建设项目的营业收入只计算通行费收入，不计算其他收入。

①收费标准。参照项目周边区域现行高速公路收费标准，同时结合区域居民通行费支出的承受能力，确定本项目通车年收费标准。考虑目前消费者的承受能力、公路主管部门以及地方政府对公路项目收费标准的倾向性意见，本建设项目在运营期内各车型收费标准按不进行调整计算。各车型收费标准如表1-1-12所示。

表1-1-12　各车型收费标准　　　　　　　单位：元/车次

收费阶段	小客车	大客车	小货车	中货车	大货车
2026-2045年	38	76	38	76	114

②收入。参考区域现有高速公路免费车所占比重，本项目免费车按照3%计算，则有效收费率为97%。项目各年收费收入见表1-1-13。

表1-1-13　各年收费收入　　　　　　单位：万元/年

年份	小客车	大客车	小货车	中货车	大货车	合计
2026	2048.32	2993.70	1520.48	3135.51	3710.61	13006.37
2027	2298.59	3359.48	1706.26	3518.61	4163.99	14595.53
2028	2579.88	3770.59	1915.06	3949.19	4673.54	16381.61
2029	2895.42	4231.76	2149.29	4432.22	5245.16	18385.24
2030	3249.91	4749.86	2412.43	4974.86	5887.33	20636.16
2031	3564.01	5208.93	2645.59	5455.67	6456.34	22630.62
2032	3908.76	5712.80	2901.50	5983.41	7080.87	24819.73
2033	4286.69	6265.16	3182.04	6561.93	7765.50	27219.49
2034	4702.12	6872.34	3490.42	7197.87	8518.08	29857.40
2035	5157.59	7538.01	3828.52	7895.08	9343.17	32749.49
2036	5524.34	8074.03	4100.76	8456.49	10007.55	35078.27
2037	5917.77	8649.05	4392.81	9058.75	10720.28	37576.50
2038	6338.98	9264.66	4705.47	9703.51	11483.30	40251.05
2039	6790.84	9925.07	5040.89	10395.20	12301.86	43120.24
2040	7274.79	10632.38	5400.13	11136.02	13178.56	46193.22
2041	7794.08	11391.35	5785.61	11930.94	14119.28	49490.61
2042	8350.16	12204.07	6198.39	12782.16	15126.63	53021.56
2043	8946.62	13075.83	6641.15	13695.21	16207.15	56808.98
2044	9586.00	14010.31	7115.76	14673.96	17365.41	60868.89
2045	10271.90	15012.78	7624.91	15723.91	18607.94	65224.20

3. 税费

①营业税及附加。根据《财政部、国家税务总局关于公路经营企业车辆通行费收入营业税政策的通知》（财税〔2005〕77号），2005年5月11日的规定，自2005年6月1日起，对公路经营企业收取的高速公路车辆通行费收入同意减按3%的税率征收营业税；城市维护建设税按营业税的7%计征；教育费附加按营业税的3%计征，营业税及附加综合税率为3.3%。

②所得税。本项目属于西部大开发交通重点建设项目之一，通常情况按西部大开发对交通基础设施项目的优惠政策，所得税按利润总额的15%计算，按税法规定发生亏损时，进行税前补亏。

4. 运营成本及费用

①运营管理费、养护费、机电运营费及大中修费参见表1-1-4。

②公司开办费。根据《高速公路公司财务管理办法》，公司开办费用按5年（或以上）

分摊管理费，公司开办费按 200 万元计算，本文的财务分析中按 5 年分摊管理费。

③固定资产折旧。根据《高速公路公司财务管理办法》的规定，固定资产折旧以原值减去残值后，在使用年限内，按工作量法计提。

5. 资金筹措

项目资金筹措的初步方案，政府出资 35%，向银行借款 65%，借款由政府统借统还。长期借款利率为 6.12%，借款年限为 20 年。

6. 财务分析

（1）融资前财务盈利能力分析

项目融资前财务盈利能力分析，排除了项目融资方案影响，分析融资前投资获利能力，并以此作为初步投资决策与融资方案研究的基础。项目融资前财务盈利能力分析，编制融资前财务现金流量表，计算财务指标。缴纳所得税前财务内部收益率为 6.03%，大于项目财务基准收益率 3.98%（税前），说明项目财务效益较好。

（2）政府还贷模式下项目财务生存能力分析

根据项目特点，项目位于经济欠发达的西部地区，投资大、交通量相对较小，运营成本高、项目财务效益差，为促进欠发达地区的发展，此类项目实施中通常按照政府还贷公路进行运作。根据《收费公路管理条例》（中华人民共和国国务院令第 417 号），政府还贷公路项目应依法设立专门的不以营利为目的的法人组织，其收费票据由省、自治区、直辖市人民政府财政部门统一印（监）制，收费期限最长不得超过 20 年，不计营业税及附加，所得税，不计提折旧，不计提公积金。本项目按政府还贷公路运作，收费期限按照 20 年计算。

总投资的 35% 作为项目资本金，由政府投资，银行贷款 65%。贷款的偿还按照等额本息方式，以项目营业收入进行偿还，偿还期限为 20 年。根据公式（1—7）计算得出项目每年所需偿还的金额为 15244.28 万元。

等额本息还贷法的计算公式如下：

$$每年还款本息和 = P \times \frac{R \times (1+R)^N}{(1+R)^N - 1} \qquad (1-7)$$

根据融资前财务现金流量表可以看出，项目经营期前五年的净现金流量无法覆盖每年所需偿还的总金额，直到 2031 年，项目所产生的净现金流量才足以偿还当年需偿还的本息总额。

7. 财务分析结论

财务计划现金流量表的计算结果表明，长期借款可按贷款条件偿还银行。但是由于项目运营初期交通量少，现金流量不足，出现资金短缺，无法满足还贷要求。剔除大中修费用，预计交通量达到 8800 标准小客车/日左右即可满足还贷要求，若考虑大中修费用，则交通量需达到 9800 标准小客车/日左右，项目的净现金流才能满足还贷要求，项目才具备生存能力。

六、某高速公路工程建设项目的投资决策

（一）投资决策制定的依据

投资决策的制定通常根据项目计算期的现金流量计算出项目的净现值、内部收益率、投资回收期等指标，再根据计算结果是否符合规范要求或投资预定的目标对项目可行进行评

价、分析，最终结合各种分析方法得出的结论进行决策的制定。

1. 国民经济评价指标

根据经济费用、效益计算结果编制项目经济费用效益流量表，见附表1，经济费用效益指标计算结果见表1—1—14。

表1—1—14　经济费用效益指标

指标	经济净现值 （ENPV）（万元）	经济内部收益率 （EIRR）	经济效益费用比 （EBCR）
计算结果	700830.44	22.00%	3.76
规范要求	>0	>8%	>1
评价结果	符合规范要求	符合规范要求	符合规范要求

2. 财务评价指标

本项目融资前财务现金流量表见附表2，计算结果见表1—1—15。

表1—1—15　融资前财务指标

指标	财务净现值（NPV）（万元）	内部收益率（IRR）
评价结果	69699.26	6.03%
规范要求	>0	>3.98%
评价结果	符合规范要求	符合规范要求

（二）投资决策的制定

从国民经济评价指标来看，本项目的国民经济评价指标均大于所要求的最小值，说明本项目具有较好的经济效益，在经济上是合理的，该项目是可行的。

从财务评价指标来看，本项目融资前的财务净现值为69699.26万元，且其财务内部收益率为6.03%，均符合规范要求，说明该项目的财务效益较好。但该项目在政府还贷模式下，交通量需达到8800标准小客车/日，项目才具备财务生存能力。

（三）结论

通过上述分析，关于拟建项目建设的可行性得到如下结论：

（1）拟建项目的经济内部收益率为22.00%，大于8%的社会折现率，效益费用比为3.76，说明该项目的经济效益较好。

（2）拟建项目融资前的财务内部收益率为6.03%，大于融资前的基准收益率3.98%，且净现值大于0，说明该拟建项目融资前的财务效益较好。在政府还贷模式下，拟建项目经营期的资金短缺，不足以偿还长期借款每年所需偿还的本息和，说明该拟建项目不具备生存能力。

案例2 关于使用部分募集资金投资建设智慧港口
——数智化产品项目

一、项目名称

智慧港口——数智化产品项目。

二、项目简介

本项目研发的产品，是基于5G、物联网、大数据、人工智能、边缘计算等先进信息技术，为港口行业传统集装箱码头自动化、智能化升级改造和数字化转型提供整体解决方案。主要建设内容包含以下四个部分：整体的集装箱码头智能设备控制系统（IECS）的软硬件系统的开发、测试、部署和应用等工作，包括相应的数据采集方案建设、数据存储与计算方案建设、数据交互方案建设、岸桥远控自动化方案建设、场桥自动化改造方案建设、水平运输指挥与控制系统方案建设、自动化拆装锁钮方案建设、港区安全管理方案建设、港区作业协同方案建设、信息统计与展示方案建设、人机交互方案建设、5G终端方案建设、5G终端应用APP方案建设、港区水平运输调度方案建设、港区车路协同方案建设、高精地图方案建设、闸口改造方案建设、网络安全方案建设等子系统模块的建设或研发工程。

三、项目实施主体介绍

本项目以上海天玑科技股份有限公司为实施主体，公司各事业部提供全方位支持。上海天玑科技股份有限公司（以下简称"天玑科技"或"公司"），成立于2001年10月，位于上海市闵行区田林路1016号科技绿洲三期6号楼，注册资本为31345.7493万元。公司通过不断努力发展，于2011年7月19日，在深圳证券交易所创业板挂牌上市，股票代码：300245，简称：天玑科技。

公司是一家充分运用云计算、大数据等技术，致力于提供高端IT服务和整体解决方案的基础架构服务商。核心业务包括：IT支持与维护服务、数据中心整体运维外包服务、专业第三方软件测试与定制开发服务、咨询和专业服务、数据库云平台和云计算运维监控产品等。

四、募集资金及募投项目概况

（一）募集资金基本情况

经2017年7月5日中国证券监督管理委员会证监许可〔2017〕1147号《关于核准上海天玑科技股份有限公司非公开发行股票的批复》核准，本公司非公开方式发行人民币普通股股票45511698股，每股面值1元，发行价格13.25元/股，共计募集资金人民币603029998.50元。扣除承销费和保荐费及其他发行费用12866343.13元，实际募集资金为590163655.37元。截至2017年11月10日，本公司非公开发行募集的资金已全部划入公司募集资金账户。本次募集资金业经立信会计师事务所（特殊普通合伙）出具信会师报字〔2017〕第 ZA16332 号验资报告验证。

公司对上述募集资金采取了专户管理制度。

（二）原项目基本情况及终止原因说明

1. 原项目基本情况

为了更好地集中资源，贯彻公司发展战略，提高募集资金使用效率，维护公司及全体股东的利益，经审慎决策，公司于 2022 年 4 月 25 日召开第五届董事会第二次会议，审议通过了《关于终止原部分募投项目的议案》，拟终止"智慧数据中心项目"、"智慧通讯云项目——基于客服需求的企业内部数据分析与整合"募集资金投资项目，具体见表 1-2-1。

表 1-2-1 已终止的募集资金投资项目情况

序号	项目名称	拟使用募集资金投资金额（万元）	累计期末投入募集资金金额（万元）	募集资金投资进度（%）
1	智慧数据中心项目	8719.00	2701.51	30.89
2	智慧通讯云项目——基于客服需求的企业内部数据分析与整合	27297.37	1208.50	4.43

2. 原项目终止原因说明

"智慧数据中心项目"及"智慧通讯云项目——基于客服需求的企业内部数据分析与整合"终止的主要原因如下：

在国家政策支持下，2021 年、2022 年 IT 云和大数据、人工智能技术有着突飞猛进的变化，云和大数据技术组件不断革新，云原生架构理念逐步被各行业用户接受，用户使用云的习惯及需求不断出现变化，技术、需求等方面持续出现调整。"智慧通讯云项目"和"智慧数据中心项目"面临了整体线上压力和功能需求、使用习惯的变化。线上办公、远程会议、远程医疗需求的爆发性涌现带来了云基础架构、视频类、交互类、社交类、大流量高在线率等应用的爆发性上线。业务上云迎来新的发展期，对于数据中心的需求也是达到历史高峰，也将催生又一次产业升级。同时，用户对于数据中心的需求不断在改变。原募投项目"智慧数据中心项目"和"智慧通讯云项目——基于客服需求的企业内部数据分析与整合"系公司结合当时市场环境、行业发展趋势及公司实际情况等因素制定。

然而，在完成"智慧数据中心项目"和"智慧通讯云项目——基于客服需求的企业内部数据分析与整合"两个项目产品的架构设计后，由于原来的技术架构和成本投入模型，结合现在的数智转型、数字经济、东数西算建设要求，考虑到技术的不断更新进步以及探索适配行业快速发展的需求，经过审慎评估，已经无法通过原"智慧通讯云项目"和"智慧数据中心项目"的规划实现业务目标。随着外部市场环境快速变化，公司业务战略相应调整，合理利用行业有关单位资源开展技术咨询合作，为避免造成不必要的资源浪费和设备闲置，结合国家相关政策、宏观经济形势、市场需求、行业竞争状况、公司自身生产经营管理和战略发展规划现状等综合情况，基于谨慎考虑，同时为了保障公司及股东的利益，确保项目投产后及时产生良好的经济效益，公司决定终止"智慧数据中心项目"及"智慧通讯云项目——基于客服需求的企业内部数据分析与整合"。

（三）新项目基本情况

本次公司终止"智慧数据中心项目"和"智慧通讯云项目——基于客服需求的企业内部数据分析与整合"后，为了提高募集资金使用效益和募集资金投资回报，经综合考虑公司整体经营战略发展规划及行业、市场环境等因素，根据募集资金投资项目的实际情况，公司拟将尚未使用的部分原募集资金共计 210340000.00 元用于以下 1 个研发项目，见表 1-2-2。

表 1-2-2　新募集资金投资项目概况

序号	项目名称	投资总额（万元）	拟投入募集资金（万元）
1	智慧港口——数智化产品项目	21034.00	21034.00

五、项目背景、实施的必要性及可行性

（一）项目背景

1. 国家大力推动港口智能化、数字化转型升级发展

我国高度重视智慧港口建设，党的十九大以来，明确提出"要志在万里，努力打造世界一流的智慧港口、绿色港口"，"要大力发展智慧交通和智慧物流等港口"。自 2017 年以来，国家重点出台一系列政策推动智慧港口发展，如中共中央、国务院印发《交通强国建设纲要》，交通运输部等九部委联合印发《关于建设世界一流港口的指导意见》等对我国的智慧港口发展目标、发展方式、发展路径指明了方向；国家"十四五"规划文件中提出"开展智能化港口系统应用创新示范"，强调加快数字化发展，建设数字中国，引导各行各业加快数字化转型。这些均有力地推动智慧港口的建设和发展，为智慧港口的未来铺就了优质的政策和产业环境。

2. 新一代信息技术的发展为智慧港口建设提供支持

"云大物智移"等新一代信息技术向产业领域的渗透融合促成各产业数字化转型的突破和成型。随着时代的变迁和技术的发展，企业的核心竞争力也在不断升级，由关注技术产品向关注用户价值演进，需要不断获得新型能力才能在全球产业链的竞争中脱颖而出。在"工业 4.0""互联网＋"的时代背景下，港口也在进行数字化、全自动化的转型升级。北斗、5G、区块链、云计算等新一代信息技术正在给智慧港口发展带来新的变革，在无人驾驶、物流跟踪、港口调度、单证电子化等各个应用场景发挥着科技力量，为智慧港口发展释放科技势能。泛在感知、海量存储、高速传输、数据挖掘、知识共享等智能化应用与服务不断取得突破，模式识别、语义分析、人机互动将共同驱使应用服务迈向更高的智能境界。综上所述，新一代信息技术的不断演进与创新发展，为推动港口智能化运作、高效化管理、便捷化服务提供了新思路和新手段，在智慧港口建设中迅速发挥成效并持续发挥作用。

3. 天玑科技已初步实现港口业务布局

近年来，天玑科技从传统集装箱码头自动化升级改造入手，通过与通信运营商、基础云设施厂商、工业自动化专业厂商等深度配合，构建以自主可控 IT 基础架构解决方案、物联

网平台、AI 平台、港口大数据平台等组成的智慧港口解决方案框架。与此同时，公司在智慧港口领域已经组建了专业的技术研发和市场拓展团队，以业务咨询为切入点，提供业务分析及规划、架构规划及设计、方案开发与集成交付、持续运维运营的完整交付能力。2021 年以来，公司承接的上港集团传统集装箱码头自动化升级改造项目进展顺利，如期完成验收，帮助客户实现传统集装箱码头作业端到端自动化改造，实现码头作业提质增效降隐患的成果，并在此基础上持续深化合作，扩大创新实验成果。在为公司沉淀传统集装箱码头自动化升级改造解决方案能力的同时，也打造了在智慧港口领域的标杆案例。在如今客户高度注重成果落地的时代，公司在智慧港口业务的发展奠定了坚实的基础，有助于未来持续进行积极拓展，不断推进更多项目的落地。

（二）项目实施的必要性

1. 有利于顺应行业发展趋势，助力我国智慧港口建设

当前，智慧港口建设仍处于起步阶段，如何在新形势下运用科学技术手段，将可持续发展理念注入港口实际发展，将成为港口不断探索的命题。港口具有丰富的应用场景和海量的数据资源，将是我国稳投资、稳增长的重点方向，也是国家达成"双碳"目标的关键环节。在相关政策的鼓励下，融合信息科技要素赋能港口发展已成为各类港口追逐的重点领域。智慧港口将实现 5G、云计算、大数据、人工智能、物联网等新一代信息基础设施落地及相应技术与港口管理、建设、生产、运营、物流等应用场景的深度融合创新，以转型升级、提质增效驱动发展新动能，以科技引领、智慧赋能催生商业模式变革，打造高质量、现代化的港口基础设施体系。

本项目的实施，有利于公司集中优势资源，进一步拓展智慧港口应用领域，推动公司优质产品、方案和服务走向市场。顺应市场发展的需要，促使天玑科技在人工智能、5G、物联网、大数据、云计算等方面的技术积累运用于港口码头相关产业，助力我国智慧港口建设，符合国家交通强国战略的发展方向。

2. 有利于凝聚公司竞争优势，推动公司业务战略转型

智慧港口建设是将先进信息技术深度赋能港口基础设施，全面提升精准感知、精确分析、精细管理和精心服务能力。天玑科技作为一家高科技企业，目前有一个院士专家工作站，多个前沿技术研发中心，在不断进行产学研融合以及联合研发的过程中，连续获得发明专利、软件著作权和各类资质等数百项。2020 年 3 月，公司顺利通过 CMMI－ML5 级评估认证，标志着天玑科技在过程组织、软件技术研发、项目管理、方案交付等各方面能力达到行业领先，并达到了优化管理级的国际先进水平，可为国内外客户提供相当成熟的行业解决方案和高质量服务。

本项目的实施，借助上海市在智慧港口领域的科技和人才优势政策，有利于公司吸引国内外行业领先人才，形成基于移动互联网、物联网、大数据、人工智能等先进信息技术的专项研发团队，致力于实现码头作业全要素智能化改造、研发码头智能设备控制系统，打造传统集装箱码头自动化升级解决方案。通过健全以市场为导向的研发体系，逐渐凝聚起在智慧港口领域的相关的技术优势，形成以传统集装箱码头自动化升级解决方案为核心的智慧港口业务基础，推动技术高效孵化和成果的快速落地转化。同时，有利于推动公司技术持续迭代

升级，逐步实现从提供 IT 基础设施第三方服务到以云计算、大数据、人工智能技术为基础的"领先的智慧云服务提供商"转型，实现公司业务战略转型，推动公司在智慧港口领域的持续深入布局。

3. 有利于提高公司盈利能力，促进公司业务多元化发展背题

天玑科技是中国领先的 IT 基础设施解决方案提供商，业务包括 IT 基础设施产品支持服务、IT 基础设施专业服务和 IT 基础设施管理外包服务。公司较早进入并长期专注于数据中心 IT 基础设施第三方服务市场，在中国数据中心 IT 基础设施第三方服务市场排名中居于领先地位。

本项目的实施，有利于深化公司在智慧港口应用技术领域的探索和积累，为客户构建以自主可控 IT 基础架构解决方案、港口大数据平台、智能设备控制系统（IECS）等为基础的智慧港口框架，并在其上承载自动化拆装锁钮机、岸桥远控自动化改造方案、场桥自动化改造方案、集装箱运输车辆智能调度及混行方案、港口码头数字孪生等码头作业智能应用系统，为我国传统集装箱码头自动化、智能化转型提供智慧解决方案，提高公司在智慧港口领域的业务能力。项目建设有利于实现公司研发能力及技术积累的商业化价值，提高公司的盈利能力，在市场竞争日趋激烈的情况下，继续扩大和改善产品结构，促进公司业务的多元化发展。

（三）项目实施的可行性

1. 智慧港口建设试点先行，市场前景广阔

"十三五"期间，全国港口重点围绕港口作业自动化、港口陆运业务协同、信息互联共享、港口物流链、创新技术应用五大方向发展转型。"十四五"期间，国家提出建设现代化综合交通运输体系，加快建设世界级港口群。目前，智慧港口工程建设已在全国范围内有序开展，并在示范港口重点实施。2017 年 6 月，交通运输部评选确定了 10 个省（自治区、直辖市）的 13 个智慧港口示范工程项目，主要聚焦信息服务平台建设、港口监控系统等方面。

自动化码头建设是我国智慧港口发展的基础。从全国自动化码头建设投产情况来看，洋山港区四期码头最早于 2017 年建成投产；青岛港前湾港区 2 个自动化集装箱泊位已投入运营；天津港实现了传统集装箱码头的自动化改造；广州港南沙四期全自动化码头基本建成，成为大湾区首个全自动码头；北部湾港海铁联运自动化集装箱码头顺利开工；深圳妈湾智慧港成为我国散杂货码头中率先完成自动化改造的码头。另外，厦门翔安港区 20 万吨级全自动化码头泊位建设获批；招商港口旗下深圳海星港，大连港、营口港分别开展散杂货和集装箱码头智能化改造。2023 年全国各大港口继续利用大数据、物联网、云计算、区块链等技术提升智能化发展水平，国内自动化码头升级正在持续推进。

智慧港口已经成为新时代贯彻新发展理念，全面推动新一代信息技术与港口发展深度融合，引领和驱动中国港口创新发展的新路径、新形态和新模式。未来，我国要推动智慧港口快速落地，还需要将港口发展需求与新一代信息通信技术应用深度融合，以需求来规划精细化运营方向，从而找到解决规模化发展方案路径。因此，公司本项目所处行业具有及其广阔的市场前景，为项目的实施奠定了市场基础。

2. 良好的业务基础和项目承接能力为项目实施提供保障

伴随着 5G、人工智能、大数据、云计算等新一代信息技术的不断融合，中国港口已然进入了数字化转型的关键时期。天玑科技已经服务港口行业客户十余年，从提供数据中心专业服务，到打造 TOS 国产化 IT 基础平台，到如今集"云大物智"科技创新之力，打造传统集装箱码头自动化升级解决方案助力港口行业数字化转型，在智慧港口领域取得了丰硕成果。

在智慧港口业务领域，天玑科技负责承建的上港集团传统集装箱码头自动化升级项目已取得了阶段性成果。整体方案以 5G 工业互联网为载体，充分利用云计算、大数据、IoT、人工智能等先进信息化技术，实现了边生产，边改造，边调试，边上线的改造模式，在不影响客户正常作业生产、当前码头作业工艺不变、不做区域性硬隔离、场地设施不调整等的条件下，进行了一条完整的作业路、两大箱区的自动化升级改造。实现全港生产作业在一个智能指挥调度系统下，统一调度，统一控制，和谐共处，协同高效完成。

天玑科技通过与运营商、基础云设施厂商、各类解决方案提供商等专业厂商的深度配合，合力开拓智慧港口市场，并不断打造完善的上下游产业链，形成协同效应。未来，公司在销售和市场推广方面将投入更多资源，加强销售管理，增加市场推广活动聚焦完成业务目标等。随着公司智慧港口业务良好开展，其良好的项目承接及实施能力获得了市场认可，为本项目的实施提供了保障。

3. 先进的技术水平和较强的研发能力为项目实施提供支持

为解决港口发展难题，实现港口的可持续发展，建设智慧港口已成为当今港口发展的趋势，天玑科技也随之早早进入智慧港口领域业务。天玑科技产品在云计算、大数据、人工智能、工业互联网等领域持续赋能助力智慧港口行业发展，天玑科技不断增强核心研发能力，完成多行业解决方案技术攻关和实际应用检验。截至 2022 年 12 月，公司及子公司累计获专利证书 14 项，软件著作权 246 项。在视觉领域，完成人证比对、数据稽核、基站检测、5G 基站火眼金睛检测研发上线。在 NLP 领域，联合核心客户一起完成合同识别、智能搜索、推出智慧调度大脑。同时，公司研发能力获得了上海市政府的支持和认可，公司技术中心通过上海市经济和信息化委员会、上海市财政局等多机构联合审批，被评为上海市市级企业技术中心。公司还获得了上海市政府颁发的"院士专家工作站"荣誉。故此，公司先进的技术水平和较强的研发能力能够为项目实施提供有力支持。

六、新项目投资、成果、效益分析

（一）项目投资构成

本项目拟使用资金人民币 21034.00 万元，其中研发场地购置费用 3000.00 万元，办公场地租赁费用 400.00 万元，办公及研发场地装修费用 350.00 万元，设备购置及安装费用 5500.00 万元，技术研发开发投入费用 11784.00 万元，全部使用募投资金。项目整体投资估算详见表 1—2—3。

表1-2-3　项目投资概算及投资比例

序号	项目名称	投资总额（万元）	占比（%）	投资进度	
				T1	T2
1	研发场地购置费用	3000.00	14.26	3000.00	0.00
2	办公场地租赁费用	400.00	1.90	200.00	200.00
3	办公及研发场地装修费用	350.00	1.67	350.00	0.00
4	设备购置及安装费用	5500.00	26.15	3890.00	1610.00
5	技术研发开发投入费用	11784.00	56.02	6100.00	5684.00
	合计	21034.00	100.00	13540.00	7494.00

（二）项目实施周期和进度

项目建设周期2年，包括系统设计、开发测试、试运行、正式上线四个阶段，具体进度安排如下。

第一阶段：系统设计

完成系统的需求设计，总体框架设计和概要设计，讨论并制定合理的开发流程。由于本项目牵涉到基于升级改造后的集装箱码头生产作业效率和码头生产经营效益的大数据建模的预测分析等新技术，需要反复探讨和验证，我方预计这个阶段时间会比较长。

第二阶段：开发测试

编写程序，完成各系统模块的开发工作；完成各子单元测试、单元间两两测试、集成测试和整体联调测试，完成模拟生产作业压力测试，以确保系统的性能和稳定性。

第三阶段：试运行

系统投入试运行，码头一个生产泊位投入实际实船生产作业使用。部分子系统模块，如港机设备故障预测分析子系统和码头生产作业可视化子系统将尽量提前投入试运行，以便积累足够生产作业效率和码头生产经营效益的数据，进行算法调优、软件健壮性提升。

第四阶段：正式上线

根据试运行结果迭代、优化智能算法、优化系统功能和实现码头生产作业效率提升、实现码头生产经营效益提高、实现码头安全、高效、绿色生产，最终上线，全面支撑集装箱码头的数字化转型升级。

（三）项目成果

天玑科技的传统集装箱码头自动化改造和智能化升级解决方案，以5G＋工业互联网为载体，利用5G、人工智能、物联网、云计算、大数据等先进信息化技术，实现了场桥全自动化改造、岸桥远控自动化系统、智能拆装锁钮机系统、内集卡智能终端、外集卡智能管理APP、无人机智能巡检，以及全新的码头智能设备控制系统（IECS）等全域业务数字化升级的国产化技术成果。该项目成果预期包含下列主要组成部分。

1. 智能设备控制系统（IECS）：统一调度、统一管理、混合生产、协同高效作业；新增无人驾驶运输车（AIV）全自动化作业；内集卡、外集卡和AIV等水平运输车辆实现智能调度、路径规划、实时导航、高精定位、混合行驶和安全感知；内集卡、外集卡和 AIV 等水平运输车辆在岸边、场区和路口等复杂场景下的交通管理与控制；作业人员在码头全域实时高精定位、作业提示和安全管理。

2. 岸桥远控自动化系统：实现海侧远程操作，陆侧自动化作业。

3. 全自动化 RTG 改造系统：堆场内 RTG 实现全自动化作业，全域无人与有人驾驶 RTG 自动任务分配与协同作业。

4. 自动化拆、装锁钮机系统。

5. 数字孪生港口运营仿真平台：实现码头集装箱装卸业务在数字孪生全要素场景下的动态数据实时驱动。

（四）项目效益分析

整个项目建设期共 2 年，其中项目办公场地建设在 T1 年进行，设备采购安装及开发团队组建、产品完善在 T1、T2 年完成，项目于第 4 年达到稳定期。智慧港口——数智化产品项目内部收益率（税后）为 26.23%，静态投资回收期含建设期为 8.61 年，项目整体经济效益良好。项目具有一定的抗风险能力，财务评价结果显示项目具有可行性。

七、风险分析及控制措施

（一）市场风险分析及控制措施

天玑科技通过本次项目实施，将公司的人才和技术储备、项目建设经验、研发运营体系等优势集中起来，形成以传统集装箱码头自动化升级改造解决方案为核心的智慧港口业务基础。继续扩大和改善产品结构，提高公司的盈利能力，实现公司业务战略转型，实现企业的持续健康发展。

尽管公司已对项目进行了充分的可行性论证，并在项目筹备、研发技术储备等方面做了充分准备。但是，如果在项目建成后，市场状况发生不可预见的变化，例如，研发的新技术难以满足市场新的需求趋势，或市场对新技术的接纳度不高等；将存在本项目未达到预期市场效果或收益水平的风险。

应对措施：对市场形势和客户需求状况进行及时跟踪分析，科学分析市场需求、客户偏好，严格控制市场风险；不断研发新技术，利用新技术打造最新体验产品以满足市场不断的变化需求；为项目留存预备金，用于补偿差错、疏漏及其他不确定性事件的发生对项目费用估算精确性的影响，削减市场状况变动方面的风险。

（二）管理风险分析及控制措施

本项目建成后，公司的资产规模、业务规模以及服务网点规模将大幅增加，对公司现有的管理体系、管理手段、管理队伍提出更高要求，因此，公司面临着由于资产规模扩张带来的管理风险。

应对措施：按照公司法和《公司章程》的规定，进一步完善公司的法人治理结构，提高管理效率，增强经营决策的科学性；以引进和培训相结合的方式，提高管理队伍的素质，特别是中高层管理人员的素质；完善公司的激励机制和约束机制，将管理层和员工的利益与公司的利益相结合，调动全体员工的积极性和创造性。

（三）技术风险分析及控制措施

本项目建成后，将提升公司的服务能力与创新能力，但技术创新风险是不可避免的。

应对措施：改善提升技术研发软硬件水平。购置国内外先进的研发设备，以满足实施技术研发的需要；对行业内的先进技术进行跟踪分析，保证项目技术研发走在世界前沿；在做技术研发前，进行充分的风险评估，同时投入更多精力进行调研和小规模试验性研发以求以最小的代价获得最大的保障。

（四）核心人才流失风险分析及控制措施

本项目的产品研发和技术创新依赖于核心技术人员，核心技术研发人才对项目中心的建设起着至关重要的作用。虽然公司不断完善核心人才的薪酬体系和管理体系，但能否维持技术人员队伍的稳定并不断吸引优秀人才的加盟是公司能否在行业内持现有市场地位和拥有持续发展能力的关键。可能发生的核心人才流失也有可能会给公司带来核心技术泄密的风险。

应对措施：采取人才激励等更有效的激励措施，确保核心技术人员的稳定和成长；建立科学的管理制度和决策体系，形成吸引人才、留住人才的企业环境；加强与高等院校、科研机构和国内外同行的交流与合作，重视对核心人才的培养和继续教育等。

八、可行性研究的结论

通过对本项目的市场前景、必要性、技术可行性、财务效益的分析，本项目具有以下特点：

1. 本项目符合市场发展的需求，符合国家产业政策，项目的实施有利于推动行业的发展。

2. 本项目有利于提高公司业务水平和市场竞争力，为企业在国内的进一步发展奠定良好的基础。

3. 本项目重要经济指标良好，效益突出。既符合公司战略规划要求，也给公司股东带来财富增值。

4. 本项目创造新的就业岗位，解决部分劳动力就业问题，将给当地带来经济效益和社会效益。

综上所述，本项目的建设依据是可靠的、客观的，项目的实施是必要的、可行的。

【课堂讨论】

1. 对于公路工程建设项目投资决策，为什么要区分经济费用效益分析与财务分析的范围？

2. 目前对我国公路工程建设项目财务生存能力最大的影响因素是什么？如何有效提高我国公路工程建设项目财务生存能力？

3. 试对本案例中所采用的公路工程建设项目投资风险分析与控制方法进行评价。

【课后思考】

1. 公路工程建设项目的主要特征是什么？

2. 公路工程建设项目投资决策中主要考虑哪些因素？

3. 如何开展公路工程项目的可行性研究？

第二章　水利工程建设项目投资决策案例分析

【学习目的】

通过本章案例掌握水利工程建设项目投资决策的特点和主要内容。包括水利工程建设项目经济费用效益分析与财务分析的范围、内容与方法；采用"有无对比"方法分析计算项目直接与间接影响相关路网的经济费用与效益；分析水利工程建设项目在不同融资模式下的财务生存能力；掌握水利工程建设项目投资风险分析与控制方法。

【理论基础】

1. 项目评估理论
2. 项目投资决策原理
3. 项目可行性分析原理

案例 1　某综合利用水利枢纽项目经济评价案例

一、工程概况

(一) 自然地理

万宝灌区位于江西省峡江县金江乡，地处赣江水系一级支流黄金江上游，始建于20世纪50年代末，是一个以万宝水库为骨干工程，串并联众多的小型水库（孔山水库、月宫山水库、西坑水库、空山水库、茄坑水库、茶林坑水库、南水水库、长坑水库、熊坑水库、里川水库、下塘水库、毛坑水库12座）、樟木桥引水陂、雁头陂等引水工程及小塘堰联合进行灌溉的工程。灌区主要灌溉金江乡、罗田镇、砚溪镇、巴邱镇4个乡镇18个村委会的农田，区内现有人口2.6万人，耕地面积6.32万亩，其中水田5.77万亩，旱地0.55万亩。灌区总设计灌溉面积5.08万亩，有效灌溉面积4.14万亩。灌区现有总干渠1条，支渠8条，干渠长度39.5km，其中防渗20.0km，未防渗19.5km，支渠45.2km，其中防渗13.9km，未防渗31.3km。

(二) 灌溉现状

万宝水库灌区设计灌溉面积5.08万亩，灌区实灌面积2.64万亩，工程规模达到国家农业综合开发水利骨干工程项目的要求，水库运行以来，为当地的农业生产作出了重要的贡献。灌区内主要以农业为主，农业又以粮食生产为主，早晚水稻是灌区主要农作物，大豆、红薯、甘蔗、油菜等经济作物也占有较大的比重，根据现状年农业统计分析，早稻种植比例70%，二晚60%，晚秋40%，越冬作物50%，现状年复种指数2.20。灌区早稻亩产269kg/亩，晚稻亩产310kg/亩，秋杂亩产180kg/亩，越冬作物200kg/亩，其他经济作物亩产 180kg/亩，其他经济作物主要有油菜、豆类、花生、红薯、绿肥等。

（三）农业种植情况

灌区现状渠系水利用系数 0.52，渠系设施完善后，渠系水利用系数可达 0.65。本次规划项目全部发挥效益后，将充分保证灌区内农业生产发展水源需求量，提高灌溉保证率，使 4.14 万亩设计灌溉面积得以保灌。设计 2020 年水平年作物组成为：早稻 80％，晚稻 72％，晚秋 50％，越冬作物 54％（其中绿肥 45％），复种指数为 2.56。

二、项目建设投资估算

万宝灌区节水配套改造项目已完成前期可行研究报告，计划在"十四五"期间完成。此次节水配套改造的工程包括建安工程和施工临时工程。其中，建安工程包括水源工程，输配水工程，排水工程等，总投资 5573.12 万元（表 2－1－1），其中建筑工程投资 3719.10 万元，基本预备费 244.95 万元。工程静态投资为 5143.99 万元，包括：

（1）建筑工程 3719.10 万元，占总投资的 72.30％；

（2）机电设备安装工程 455.52 万元，占总投资的 8.86％；

（3）金属结构设备及安装工程 81.95 万元，占总投资的 1.59％；

（4）施工临时工程 156.86 万元，占总投资的 3.05％；

（5）独立费用 485.61 万元，占总投资的 9.44％；

（6）基本预备费 244.95 万元，占总投资的 4.76％。

表 2－1－1　万宝灌区节水配套总估算　　　　　　　单位：万元

序号	工程或费用名称	建安工程费	设备购置费	独立费用	合计	占一至五部分投资（％）
I	工程部分				5143.99	
	第一部分 建筑工程	3719.10			3719.10	72.30
一	总干渠整治（L=16.89km）	1796.29			1796.29	
二	支渠整治（L=1.0km）	12.14			12.14	
三	泄洪渠整治（L=2.5km）	191.11			191.11	
四	险工险段处理（L=3.45km）	226.11			226.11	
五	渠道建筑物	901.56			901.56	
六	量水设施及信息系统土建工程费	103.39			103.39	
七	管理设施	488.50			488.50	
	第二部分 机电设备安装工程	7.59	447.93		455.52	8.86
	信息化建设工程	7.59	447.93		455.52	
	第三部分 金属结构设备及安装工程	16.91	65.04		81.95	1.59
一	闸门（拦污）设备及安装	1.13	4.36		5.49	
二	启闭设备及安装	3.05	6.90		9.95	

续表

序号	工程或费用名称	建安工程费	设备购置费	独立费用	合计	占一至五部分投资（％）
三	输水管	12.73	53.78		66.51	
	第四部分 施工临时工程	156.86			156.86	3.05
一	施工导流	31.62			31.62	
二	施工道路工程	30.00			30.00	
三	施工房屋建筑工程	78.33			78.33	
四	其他施工临时工程	16.91			16.91	
	第五部分 独立费用			485.61	485.61	9.44
一	建设管理费			97.51	97.51	
二	建设监理费			117.01	117.01	
三	科研勘测设计费			234.03	234.03	
四	其他			37.05	37.05	
	一至五部分投资合计	3900.46	512.97	485.61	4899.04	95.24
	基本预备费			244.95	4.76	
	静态总投资				5143.99	
	建设补偿和移民征地			290.13		
	水土保持工程及环境保护工程				139.00	
	总投资			5573.12		

三、项目的资金来源与使用计划

灌区工程管理单位峡江县河库建设养护中心万宝分中心为全额拨款事业单位，峡江县河库建设养护中心隶属峡江县水利局，副科级，同时管理着万宝水库、幸福水库灌区、中小型水库等。河库养护建设中心万宝水库分中心经费来源主要为农业灌溉水费和财政拨款。项目估算总投资 5573.12 万元，其中中央投资 80％，地方配套投资 20％。计算期包括建设期和生产经营期。该拟建投资项目的建设期为 5 年，从第 6 年工程开始受益，其中第 6 年的达产率为 80％，第 7 年的达产率为 90％，第 8 年以后均为 100％，项目的生产经营期为 30 年，因此项目的计算期为 35 年。

四、项目投资决策分析

灌区节水配套改造所涉及的水源工程、输配水工程渠系工程、排水工程以及灌区信息化建设，加上灌区水资源生态系统的保护与修复，可大幅提高万宝灌区的灌溉保证率、用水效率、管理效率以及农业生产率，在最大限度发挥灌溉效益，进一步提高灌区自身的管理效率和服务效率，确保工程完好运行，改善生态环境状况，保障经济持续发展，提高灌区居民收入。具体包括提高灌溉保证率、推广节水技术、采用信息化管理手段等所带来的农业增产效益、节水效益及省工效益等直接效益、以及通过改善供水条件、水环境和人居环境所带来的各种间接效益。

本部分从国民经济、财务、环境、社会、可持续五个方面进行评价，为项目投资决策提供依据，具体分析如下：

（一）国民经济评价

国民经济评价是在合理分配的社会资源的前提下，从国家总体经济的利益出发，采用例如影子价格等，估计建设项目对国民经济的贡献，分析项目的经济效益、效果和对社会的影响，评价项目在宏观经济上的合理性[5]；财务评价则是在国家规定的财税制度和价格体系的前提下，从项目出发，采用现行价格，估算项目范围内的财务效益和费用，分析项目的结余和还债的能力，评价项目在财务上的可行性[6]。

国民经济评价采用经济净现值、内部收益率、经济效益费用比等指标进行分析。

1. 项目费用和效益估算

（1）项目费用估算

主要包括固定资产投资、年运行费和流动资金。

①固定资产投资

本工程投资估算的静态总投资为5143.99万元，按相关评价规范要求，把工程投资估算中的计划利润、价差预备费、税金等扣除，得出的投资额为4899.04万元。工程建设期5年，从2023年起至2027年建成，工程部分投资总额为3719.10万元，信息化部分投资总额为455.52万元。

②年运行费

根据江西省内已建成水利工程运行情况，信息化工程按投资额的2％收取年运行费，其他工程按调整后投资的2.0％收取年运行费，本项目不考虑大修理费。

③流动资金

参照已建成且正常运行的水利工程，按照本工程建设计划，暂定流动资金取工程正常生产年运行费的10％。流动资金从工程运行期第一年开始计算，在项目计算期末一次性收回，计入本项目的现金流入。

工程部分投资总额为3719.10万元，信息化工程建成后年运行费共计6.83万元，其他工程建成后共计77.99万元，据此得出工程建成后正常生产年运行费为84.82万元，工程所需流动资金为8.49万元。

（2）项目效益估算

项目效益主要由以下四部分构成：农业灌溉效益、节水效益、省工效益以及水费效益。

①农业灌溉效益

灌区农业灌溉效益主要包括以下两部分，一是因灌区灌溉条件改善而产生的增产效益，二是因新增灌溉面积使种植面积增加而产生的新增种植效益。据统计万宝灌区总规划灌溉面积5.08万亩，实际灌溉面积2.64万亩。新增有效灌溉面积0.6万亩，灌溉总面积为3.24万亩。通过水系疏通、整治以及灌溉输水渠道防渗的建设完善，改善了农业灌溉条件，提高灌溉保证率，作物产量增加，参照农作物增长平均水平3%增长率计算，效益分摊系数参考水利分摊系数法计算，灌溉效益分摊系数取0.4。据此可以得出，2027年起，万宝灌区每年农业灌溉效益为376.08万元，分摊后实际灌溉效益为150.43万元。增产效益与新增种植效益具体见表2-1-2。

表2-1-2　万宝灌区节水配套改造农业灌溉效益

作物	项目实施前			项目实施后			新增效益（万元）	分摊效益（万元）
	面积（亩）	影子单价（元/kg）	亩产（kg/亩）	面积（亩）	影子单价（元/kg）	亩产（kg/亩）		
早稻	6200	2.20	220	8200	2.20	226.60	108.71	43.48
晚稻	6200	2.20	310	7700	2.20	319.30	118.05	47.22
秋杂	5000	1.86	220	6000	1.86	226.60	48.29	19.31
其他经济作物	5000	2.46	210	6000	2.46	225.50	67.16	26.86
越冬作物	4000	2.00	220	4500	2.00	233.20	33.88	13.55
合计	26400			32400			376.08	150.43

②节水效益

现状年灌溉用水量为2000万 m^3。2027年全灌区农田灌溉水利用系数为0.65，据此可得到2027年灌溉节水量可达462万 m^3。

另外，灌区节水配套改造完成后，灌溉管理将采用信息化手段，灌溉管理水平将显著提升，可做到灌区水量科学高效地实时调度，还可实现灌区各观测点的水位遥控遥测和灌区管理自动化控制，这些技术手段的实施将实现水资源高效配置，也将形成一定的节水量。参照当地农业供水的影子价格（2027年灌区农业执行水价将达到运行维护成本水平，即0.14元/ m^3），据此计算出灌区2027年的节水效益为64.48万元。

③省工效益

据调查及有关资料分析，2027年本项目中采用渠道防渗和信息化、智能化等工程及技术措施后，灌区管理人员可减少临时聘用人员的工日数。若灌区每亩每年可节省0.6个工日，则 2027 年全灌区每年可节约工日 1.944 万个，2027 年农民工时费按 120 元/工日计算，得到 2027 年的省工效益为 233.28 万元。

④水费效益

灌区节水配套改造项目完成后，农业供水运行维护成本水价将达到 0.14 元/m³，农业用水量按多年平均 2200 万 m³ 计算，灌区实际水费收入，按照农业供水运行维护成本水价核算，则农业水费收入将增加 137.94 万元。

项目实施后，将产生农业灌溉效益、节水效益和省工效益，其中，农业灌溉效益 150.43 万元，节水效益 64.48 万元，省工效益 233.28 万元，水费效益增收 137.94 万元。2027 年起，万宝灌区节水配套工程改造完成后产生的总效益为 586.13 万元。

2. 国民经济评价结果

国民经济评价效益费用流量见附表。

本项目经济内部收益率（EIRR）为 9.93%，大于 8%；经济净现值（ENPV）为 2022.32 万元，大于 0；经济效益费用比（RBC）为 1.4，大于 1。国民经济评价指标如表 2—1—3 所示。

表 2—1—3　国民经济评价指标

项目	评价指标计算结果	规范要求评价结果	评价结果
经济内部收益率	9.93%	＞8%	满足规范要求
经济净现值（万元）	2022.32	＞0	满足规范要求
经济效益费用比	1.4	＞1	满足规范要求

从以上评价结果可知，本项目的国民经济评价指标均大于规范的最低值，由此说明本项目有良好经济效益，在经济方面是符合规范的，该项目是可行的。

（二）财务评价

根据《建设项目经济评价方法与参数》（第三版），财务评价主要分析项目财务生存能力。如果项目收入能够维持工程的正常运行，表明工程有财务生存能力。

1. 核算方法

（1）固定资产折旧费

固定资产折旧费由固定资产总额与固定资产折旧率的乘积计算得到。本工程的总投资为 5573.12 万元，固定资产总额为 4174.62 万元。固定资产计提折旧用的是平均年限折旧法，假设残值为 0，折旧年限为 30 年，得出每年的折旧费 139.154 万元。

（2）运行维护费

工程年运行维护费指维持工程正常运行每年所需支付的费用，具体包括人员工资和福利费、工程维修养护费、材料费、燃料动力费、修理费、管理费、保险费等。其中人员工资和福利费，主要包括管理人员的工资、福利等，工程完成后，灌区不新增管理人员，因此不计算新增人员工资和福利费。余下运行维护费构成：工程维修养护费占固定资产总额的 1%，材料费占 0.1%，修理费占 0.25%，管理费占 0.25%，保险费占 0.15%，燃料动力费 20 万元/年，其他费用占工程维修养护费和燃料动力费的 10%。

2. 成本水价核算

灌区 2027 年农业用水量为 2200 万 m³。根据成本数据，测算出灌区新增运行维护成本为 138.101 万元，新增总供水成本为 277.255 万元，具体如表 2—1—4 所示。

表 2—1—4　农业供水成本分析

编号	项目	计算式	单位	计算值
1	多年平均农业用水量		万/m³	2200.00
2	固定资产总额		万元	4174.62
3	供水全成本费用	＝3.1＋3.2	万元	277.255
3.1	固定资产折旧费	＝4174.62/30	万元	139.154
3.2	运行维护费 （供水运行成本费用）	＝3.2.1＋3.2.2＋3.2.3＋3.2.4 ＋3.2.5＋3.2.6＋3.2.7	万元	138.105
3.2.1	工程维修养护费	＝4174.62×1%	万元	41.75
3.2.2	材料费	＝4174.62×0.10%	万元	4.175
3.2.3	修理费	＝4174.62×0.25%	万元	10.437
3.2.4	燃料动力费		万元	20.00
3.2.5	管理费	＝4174.62×0.25%	万元	10.437
3.2.6	保险费	＝4174.62×0.15%	万元	6.626
3.2.7	其他费用	＝（3.2.1＋3.2.4）×10%	万元	44.68
4	全成本水价	＝277.255/2200.00	元/m³	0.126
5	运行维护成本水价	＝138.101/2200.00	元/m³	0.0627

灌区现行农业供水运行维护成本水价为 0.077 元/m³，工程节水配套改造完成后新增运行维护成本为 0.0627 元/m³，则 2027 年灌区农业供水运行维护成本水价为 0.14 元/m³。该价格水平高于当前灌区用水户的水价承受力，需要政府给予农业水费补贴。

3. 灌区财务收入

万宝灌区的财务收入主要来源于农业水费收入，当前主要为政府财政转移支付。改革后，用水户水价支付意愿将提高。这将为灌区良性运行和可持续发展提供资金保障。2027 年，灌区农业供水运行维护成本水价为 0.14 元/m³，以多年平均农业用水量 2200 万 m³ 计算，灌区农业水费收入将达到 308 万元。

4. 灌区财务支出

灌区节水配套改造完成后，其财务支出主要包括运行维护费、管理费等。根据农业供水成本分析结果可知，2027 年灌区农业供水运行维护费用年均 138.105 万元，现状灌区年均农业供水总运行维护费用为 169.4 万元，灌区农业供水总成本费用为 307.501 万元。

5. 财务生存能力分析

（1）目前灌区财务生存能力

现行年灌区农业执行水价为 0.11 元/m³（72.8 元/亩），经测算的灌区农业执行运行维护成本水价为 0.077 元/m³（49.32 元/亩），用水量为 2000 万 m³，灌区农业水费收入为 200 万元，低于现行年灌区农业供水运行维护费用 374 万元。就目前情况而言，若没有政府农业水价补贴，该项目无法正常运行，财务运营能力较差。

（2）未来灌区财务生存能力

项目是否具备财务生存能力，能否生存下去，取决于 2027 年灌区农业执行水价能否达到运行维护水平以及政府农业水费价格补助政策能否稳定执行。如果 2027 年灌区农业执行水价能达到运行维护成本且政府对农业水费进行财政补助，则灌区收入能得到保障，且大于运行开销，不需要政府分外补助该项目也能生存下去，这表明项目具有财务生存能力。

综上分析可知，项目财务生存能力取决于灌区执行水价能否达到运行维护成本水平以及政府农业水费补贴政策，如果 2027 年灌区农业供水执行水价达到运行维护成本水平时，灌区农业收入大于总运行维护费用，项目具有财务生存能力。

（三）环境影响评价

通过工程措施对灌区进行全面节水改造后，对灌区环境产生了极大影响。具体包括以下几个方面：

一是提升灌区生态环境质量。项目实施后，改善了灌溉条件，扩大了绿洲面积。现有水地将得到改善，保灌率提高，农作物和林草业生产得到了水源保证。农业结构将会得到合理的调整，林草业比例将提高，林草的生态保护功能将发挥更大作用。

二是对水土资源的影响。通过工程措施对灌区进行全面节水改造后，可以充分提高灌区水的利用率和灌溉水的保证率。使灌区的水土资源得到合理开发和利用。同时，随着灌区节水灌溉和排碱设施的修建，使灌区实现灌排结合，减少灌溉水的深层渗漏，地下水位有所下降，土地盐碱化得到有效控制和改良，为农业生产创造了良好的生产条件。

三是对局部气候的影响。灌区田间配套将会促进农田防护林的建设，农田防护林的完善将使灌区内的风速和风力得以减弱，整个灌区冬春季的气候将有所改善，有利于作物生长。

四是实现人与自然和谐发展。灌区拨动渠道配套生态修复的实施，打造出人与自然互惠和谐共生的局面，改善了沟渠生态景观，保护环境，实现了灌溉渠道与周边区域的完美融合，促进了人与自然和谐发展。

项目实施过程中对环境也会有不利影响，其主要影响有以下几个方面：

一是施工期间，工程所需各种当地材料，土料，泵站，大坝等工程开挖，拨动原地面，破坏原地貌和植被，引起局部水土流失，施工结束应对地面予以恢复。

二是施工期间，各种运输车辆，机械设备施工场地将产生扬尘、废弃物、噪声以及排放的一些废污水，要及时处理同时与周边群众搞好关系。

（四）社会影响评价

万宝灌区节水配套工程的社会影响主要体现在以下几个方面：

一是万宝灌区节水配套改造将进一步提高农业供水保障能力，提高单位污水处理量和用水量，节地率提高，现代农业和林业在生产过程中得到水源保证，绿洲面积得到范围扩大，响应国家绿色政策。

二是万宝高效节水灌溉配套升级改造实施后，灌排基本设施将更加完善，灌改面积合理用水灌溉和排碱设施的修建，使灌区同步实现除涝全面分析，减少滴灌肌底渗漏现象，地下高水位明显下降，土地盐碱化得到更有效的掌控和改良。使水土资源在范围内得到合理开发和利用，为农业生产创造了良好的生产条件，向农业现代化方向迈进。

三是实现灌区管理现代化。万宝灌区用水配套和用水循环改造提升显著提高了业务效率，实现了灌溉用水精准控制和智能管理，提高了灌溉供水的可靠程度、灵活性和高效性，降低了引水人力消耗，减少了各灌溉管理单位管理人员，进而促进灌区管理中现代化。

四是促进农业增收。万宝灌区节水配套改造项目的建设，提高了灌区作物产量、增加了节水灌溉面积、提升了作物的整体品质、促进了农民收入增长。通过大力发展当地特色优势农业，增加了农民规模种植收益；提高了农业产品溢价，促进当地经济飞速发展，带动当地农民就业，显著提高农民收入。

五是促进经济发展与社会和谐稳定。灌区节水配套改造的实施，将完善灌区水资源调配体系的建立，提高灌区供水灌溉水量，减少无关的水事赔偿纠纷，促进社会层面较为稳定的经济发展。灌区绿植面积的扩大，局部区域气候的改善，空气质量的提升，人民的幸福感提升。

（五）可持续性评价

万宝灌区节水配套改造项目的可持续性评价主要包括以下几个方面：

一是水利发展扶持政策的出台保障了项目的可持续实施。推进水利工程建设工作取得新的更大成效。国家明确提出要进一步夯实农田水利基础，开展灌区节水配套改造试点。江西省专门出台了《江西省水利改革发展"十四五"规划编制工作方案》，为万宝灌区节水配套改造指明了方向。因此，水利发展扶持政策的出台，保证了水利事业发展的稳定性，这为项目的可持续实施提供了政策保障。

二是地区经济社会发展要求水利持续发挥支撑和保障作用。万宝灌区的兴建和运行对于全面实施峡江乡村振兴战略，促进灌区受益（区）县乃至全县人民富民增效具有重大现实意义。因此，地区经济社会发展，迫切要求实施万宝灌区节水配套改造，这也为项目的可持续实施打下了基础。

三是落实新时代水利改革发展政策离不开改革的持续推进。新时代治水方针和水利改革发展总基调，全面落实最严格水资源管理制度，扎实推进标准化规范化管理，这要求灌区深入推进管理体制机制改革。落实好新时代水利改革发展支撑要求灌区把管理改革作为一项重要工作来抓，持续推进，这为项目的可持续实施提出了要求。

五、结论及建议

（一）投资决策

从以上五个方面的分析可得该项目是可投的。但也还存在一定的风险因素。首先，万宝灌区由政府全额拨款，会导致政府负债率高而使得后期资金费用不到位，基础资料不全面等条件，不但延长了水利项目前期工作，同时也影响项目施工质量。其次，自然条件风险因素也是不可忽略的因素之一，例如暴雨、洪水等。所以，对于开展一个项目，必须做好全面规划同时做好安全防范措施。

（二）建议

万宝灌区投资由政府全额拨款，这容易导致政府负债过重，资金费用不到位，所以，政府可以适时通过政企合作，引进资金，提高投资资金使用效率，一方面降低政府前期负债率，另一方面通过新的方式提高企业参与率，也是一种新的带动当地经济发展的重要举措。万宝灌区处于雨水充沛区，工程开展过程中，难免会遇到暴雨、洪水，要注意安全防范措施，尽量避免耽误工期。

案例2 青衣江灌区续建配套与现代化改造项目投资决策分析

一、项目概况

（一）自然地理

青衣江灌区位于我国四川省乐山市，地处四川盆地，岷江与大渡河之间，幅员面积745.3km²。灌区划分为5个分灌区，分别为跃进渠灌区、东风堰灌区、牛头堰灌区、江公堰灌区和峨眉河湖管理处灌区，涉及乐山市市中区、峨眉山市和夹江县3个行政区。灌区内乡镇共26个，其中峨眉山市12个、夹江县9个、市中区5个。

（二）河流水系分布

青衣江灌区主要有三条江，分别是青衣江、峨眉河以及临江河，详细资料见表2—2—1。

表2—2—1 青衣江灌区主要河流水系

河名	流域面积（km²）	干流长度（km）	境内			发源地名
			流域面积（km²）	河长（km）	平均比降（‰）	
青衣江	12928	289	646	49.5	1.38	宝兴县北面蜀西营
峨眉河	484.4	61.5	484.4	61.5	5.1	峨眉山神挂山、洗象池、九老洞
临江河	338.4	50.6	338.4	50.6	8.13	峨眉山万佛顶、金顶

（三）渠系工程

青衣江灌区内设计流量大于1m³/s的骨干灌排渠道共57条，总长341.783km，目前青衣江灌区续建配套项目已完成12期，完成整治灌排渠道共计20条，总长165.944km，建筑物2183座（处）；灌区内骨干工程中尚有37条灌排渠道，共计175.839km未整治，2232座（处）建筑物未进行整治；整治完成的灌排渠道中共有7条，总长30.42km需提升打造；尚有排洪流量大于3m³/s的排洪沟共26条，总长168.48km。灌区渠系工程情况见下表2—2—2。

表2-2-2　**青衣江灌区各灌区渠系工程情况**

灌区	干渠长度（km）	支渠长度（km）	灌溉面积（万亩）	渠首流量表（m³/s）	灌溉水源
跃进渠灌区	43.05	218.20	12.01	30.00	青衣江
东风堰灌区	47.60	62.46	9.05	50.00	青衣江
江公堰灌区	3.89	21.73	2.40	5.00	青衣江
牛头堰灌区	6.56	1.80	0.39	50.00	青衣江

（四）农业种植情况

青衣江灌区耕地主要种植粮食作物、油菜、花生、甘蔗、土烟、蔬菜及菜用瓜、药材、饲料，园地种植茶树和果树。据二次调查数据、统计资料与2018年各乡镇统计上报数据，灌区范围内耕地面积43.66万亩，作物播种面积65.97万亩，复种指数1.51。根据实际调查，现状灌溉面积33.32万亩，灌面上作物播种面积56.34万亩，复种指数1.69。各分灌区的农业种植结构情况详见表2-2-3。

表2-2-3　**青衣江灌区农业种植结构调查**　　　　　　　　　　单位：万亩

灌区/县市区	耕地面积	播种面积	灌溉面积	灌面播种面积
跃进渠灌区	15.27	29.96	12.01	24.06
东风堰灌区	13.09	12.79	9.05	12.80
峨眉河湖管理处	10.81	17.29	9.47	14.27
牛头堰灌区	3.94	5.72	2.40	5.00
江公堰灌区	0.55	0.21	0.39	0.21
总计	43.66	65.97	33.32	56.34

（五）管理体制

青衣江乐山灌区实行统一领导和分级管理、专业管理和民众管理相结合的管理体制，按局、处（中心）、站（所）三级建制组建管理机构，具体包括青衣江乐山灌区（流域）管理局和灌区管理处（中心）。青衣江灌区现行管理体制如图2-2-1所示。

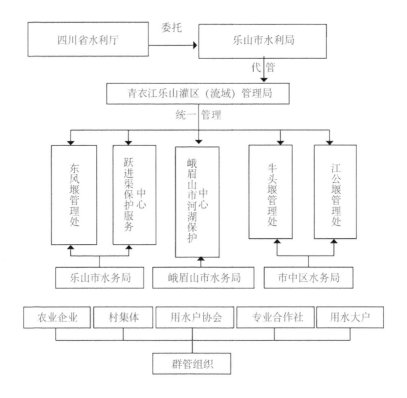

图 2-2-1　青衣江乐山灌区现行管理体制结构

二、灌区工程面临的问题

青衣江灌区内部分灌排干、支渠存在堵塞、渗漏、淤积、渠坡垮塌问题，部分渠系建筑物年久失修、老化，难以维持正常运行。灌区建设时，仅考虑了洪水入口（泄洪闸），闸后排洪渠均未整治，在渠道排洪时，下游排洪沟常翻渠、垮塌，部分渠道工程部位阻水严重。

由于灌区所处的地理位置自然灾害频发严重破坏了各类工程项目，此外由于开发情况一般，在自然灾害的影响下，灌区人民的生活生产受到严重影响。峨眉河湖管理处及跃进渠灌区部分渠道受灾情况严重，大量灌道被毁，大量灌区工程倒塌。

由于历史原因，灌区的部分渠、堰虽有充足的水量保证，但由于大多为土渠，加之年久失修，其过水能力都达不到设计要求，或无法适时灌溉，水量损失大，无法保证灌区综合用水的需要。

三、工程改造项目

四川省青衣江灌区续建配套与现代化改造工程项目建设内容包括水源工程、输配水工程、泵站工程、排水工程、灌溉试验站和信息化建设。

（一）水源工程

水源工程分为引水工程和蓄水工程。跃进渠灌区内符溪镇滚水坝、长滩堰滚水坝运行多年，破损严重，已无法正常引水，本次规划全部拆除，在原址重建；本次规划将牛头堰取水口上移 6.0km 至毛滩电站库区，在库岸新建进水口，在青衣江右岸沿岸坡通过管道向下游输水，满足牛头堰灌溉生产用水。峨眉河湖管理处新建蓄水池 69 座，单口容积 200m³，相邻蓄水池采用管道连通，蓄水池建于小水沟附近，引水沟水及区间天花水作为主要水源。

（二）输配水工程

青衣江灌区内部分灌排干、支渠存在堵塞、渗漏、淤积、渠坡垮塌问题，部分渠系建筑物年久失修、老化，难以维持正常运行。为保证灌区的正常运行，满足未来发展的需要及灌区现代化建设的要求，对输配水系统进行整治。灌溉渠道，骨干渠道建设内容包括渠道衬砌、生态护坡、高边坡渠道渠顶加盖、渠改管、渠顶道路、渠道护栏等。渠系建筑物，青衣江灌区渠系建筑物设施基本能够满足灌区灌排和过水需求，大部分运行状态良好，但有部分建筑物存在年久失修，设备老化等问题需要改造。

（三）泵站工程

跃进渠灌区、东风堰灌区内共有 7 座泵站，因修建年代久远，机组老化，提水能力不足等，对其进行拆除重建，总装机 920kW，改善灌面 3800 亩。跃进渠灌区部分为丘陵灌区，自流灌溉不了的区域，采用泵站提水灌溉，新建泵站 4 座，总装机 440kW，改善灌面 2000 亩。峨眉河湖管理处灌区主要为丘陵灌区，自流灌溉不了的区域，均采用泵站提水灌溉，新建泵站 12 座，总装机 1900kW，改善灌面 19780 亩。

（四）排水工程

灌区建设时，仅考虑了洪水入口（泄洪闸），闸后排洪渠均未整治，在渠道排洪时，下游排洪沟常翻渠、垮塌、阻水严重。本次规划，整治排洪沟共 23 条，总长 78.4km，排洪流量 2.02～78.4m/s，其中跃进渠灌区 15 条，共 36.7km；峨眉河湖管理处灌区 6 条，共 32.2km；牛头堰灌区 2 条，共 16.5km。

（五）灌溉试验站

水稻和旱作物灌溉试验区拟规划 50 亩，测坑/蒸渗仪、测筒、温室及其他观测试验区等拟布置约占地 12 亩，其他配套设施如灌排和水源工程、试验管理用房等，总占地约 100 亩，考虑灌排条件和种植结构的代表性，灌溉试验站规划拟布置于东风堰灌区。

（六）信息化建设

信息化工程建设主要是在灌区开展自动化、信息化、智能化的监控，包括水量、水质、闸泵站控制、视频图像监视、高效节水灌溉等内容，是实现整个灌区信息化的核心基础设施，也是管理单位实现远程感知、控制现地设备设施的必需手段。机制建设主要涉及灌区信息化相关的现代化管理机制、运行维护、保障措施等内容。

四、工程改造投资估算

工程项目的投资估算是工程项目可行性分析的关键一步，其具有技术性、政策性、规则性等特点。完成工程项目的投资估算，对项目整体具有关键性作用。

投资估算一般有两种计算方法：一是在确定建设规模及编制标准的前提下对完成项目建设所需金额的预估；二是在确定总工程投资金额前提下，预期估算其所建项目大概能达到的规模大小及可实现的相关功能。本文将采用第一种方法进行工程项目投资估算。

（一）工程建设规模

四川省青衣江流域乐山灌区续建配套与现代化改造计划中，计划整治的渠道共 42 条，长 155.14km，改造排洪沟 16 条，长 45.7km，整治水坝 2 座，泵站 2 座，其他渠系建筑物共计 1431 座（处），计划建设信息化工程项目共 131 项，智能化监控工程 739 项。

（二）估算标准

估算编制原则执行四川省水利厅现行有关标准，以 2019 年 12 月作为价格水平进行编制。主要文件依据：

（1）《水利工程设计概（估）算编制规定》（水总〔2014〕429 号）；

（2）《水利工程营业税改征增值税计价依据调整办法》（办水总〔2016〕132 号）；

（3）《水利建筑工程概算定额》（2002）；

（4）《水利工程施工机械台时费定额》（2002）；

（5）《水利水电设备安装工程概算定额》（2002）；

（6）《水利工程概（估）算补充定额》（水总〔2005〕389 号）。

（7）设计文件及图纸。

（三）投资估算

以四川省青衣江灌区改造项目为例，分年度计算投资额。

（1）人工费用

本工程属于引水工程，根据"有关规定"该工程所在地为一般地区，工资标准：工长 9.27 元/工时，高级工 8.57 元/工时，中级工 6.62 元/工时，初级工 4.64 元/工时。

（2）材料预算价格

进入工程单价价格按"有关规定"计算，材料预算价格为乐山造价信息网公布的 2019 年 12 月峨眉山市价格（不含税）加上 10km 运输费用。

主要材料预算价格详见表 2-2-4。

表 2-2-4　主要材料预算价格汇总　　　　　　　　单位：元

编　号	材料名称	单位	材料预算价格	编规规定调差限价
1	水泥	t	464.17	255
2	钢筋	t	3841.48	2560
3	沙	m³	178.27	70
4	卵石	m³	151.96	70
5	板枋材	m³	1342.11	1100
6	汽油	t	8250	3075
7	0#柴油	t	6710	2990

（3）电、风、水单价

根据项目施工设计提供的单价资料和四川发改委价格标准〔2019〕257 号，经计算电价为 0.6498 元/kW·h，风价为 0.181 元/m³，工程用水价为 1.1435 元/m³。

（4）机电设备及金属结构价格

机电设备及金属结构价格根据各相关专业询价组价。

根据工程量和标准费用算得：实施方案估算静态总投资 42972.96 万元，总投资 42972.96 万元。其中工程部分投资 38329.21 万元，占总投资的 89.19%；基本预备费 3832.92 万元，占总投资的 8.92%；移民环境部分投资 810.83 万元，占总投资的 1.89%。

投资估算数据见表 2—2—5。

表 2—2—5　青衣江灌区续建配套投资估算　　　　　单位：万元

序号	工程或费用名称	建安工程费	设备购置费	其他费用	合计
一	工程部分投资				
Ⅰ	第一部分 建筑工程	28574.68			28574.68
Ⅱ	第二部分 机电设备及安装工程	586.75	3357.70		3944.45
Ⅲ	第三部分 金属结构设备及安装工程	160.15	482.71		642.85
Ⅳ	第四部分 施工临时工程	733.04			733.04
Ⅴ	第五部分 独立费用			4434.18	4434.18
	一至五部分合计	30054.62	3840.41	4434.18	38329.21
	基本预备费				3832.92
	静态总投资				42162.13
二	移民环境部分投资				
	环境保护工程				170.00
	水土保持工程				640.83
	静态总投资				810.83
一十二	工程投资总计				
	静态总投资				42972.96
	总投资				42972.96

五、项目投资决策分析

本次灌区续建配套与现代化改造所涉及的水源工程、输配水工程、泵站工程、渠系工程、排水工程灌溉实验站以及灌区信息化建设，加上灌区水资源生态系统的保护与修复，灌区管理体制改革的深化，灌区标准化规范化管理的扎实推进，可大幅提高青衣江的灌溉保证率、用水效率、管理效率以及农业生产率，可最大限度发挥灌溉效益，进一步提升灌区自身的管理能力和服务水平，确保工程良性运行，改善生态环境状况，保障经济持续发展，提高灌区居民收入。具体包括提高灌溉保证率、推广节水技术、采用信息化管理手段等所带来的农业增产效益、节水效益及省工效益等直接效益，以及通过改善供水条件、水环境和人居环境所带来的各种间接效益。

（一）国民经济评价

国民经济评价是在合规分配的社会资源的前提下，从国家总体经济的利益出发，采用例如影子价格等，估算建设项目对国民经济的贡献，分析项目的经济效率、效果和对社会的影响，评价项目在宏观经济上的合理性[5]；财务评价则是在国家规定的财税制度和价格体系的前提下，从项目出发，采用现行价格，估算项目范围内的财务效益和费用，分析项目的盈利和清偿的能力，评价项目在财务上的可行性[6]。

本次灌区续建配套与现代化改造的国民经济效益和社会效益显著。本项目国民经济评价采用经济效益费用分析方法，遵循有项目、无项目两者效益对比，按照有项目的增量费用和增量效益和无项目时费用效益的对比开展国民经济评价。

1. 评价依据、计算方法和基本参数

（1）评价依据

①《建设项目经济评价方法与参数》（第三版）；

②《水利建设项目经济评价规范（SL72—2013）》；

③《投资项目可行性研究指南》；

④《全国农产品成本收益资料汇编 2019》。

（2）计算方法

本规划中的国民经济评价，采用经济内部收益率法、经济净现值法、经济效益费用比法进行。

①经济内部收益率（EIRR）

经济内部收益率是项目计算期内经济净现值累计等于零时的折现率。其经济含义是：项目占用的投资对国民经济的净贡献能力。计算公式如下：

$$\sum_{t=1}^{n} (B-C)_t \cdot (1+EIRR)^{-t} = 0 \qquad (2-1)$$

式中，B 为年效益（万元）；

C 为年费用（万元）；

$(B-C)_t$ 为第 t 年的净效益（万元）；

n 为计算期（年）。

根据水利建设项目经济评价规范，经济内部收益率的结果大于 6% 时，则表明该项目在经济上具有合理性。

②经济净现值（ENPV）

经济净现值是表现建设项目对社会经济所作出贡献的绝对指标，它是用社会折现率将建设项目计算期内各年的净收益折算到建设起点（第 0 年）的现值之和。计算公式如下：

$$ENPV = \sum_{t=1}^{n} (B-C)_t \cdot (1+i_s)^{-t} \qquad (2-2)$$

式中，B 为年效益（万元）；

C 为年费用（万元）；

$(B-C)_t$ 为第 t 年的净效益（万元）；

n 为计算期（年）；

i_s 为社会折现率。

③经济效益费用比（RBC）

经济效益费用比是以项目计算期内效益现值与费用现值之比来表示。经济效益费用比大于或等于 1.0 时，该项目在经济上是合理可行的。计算公式如下：

$$R_{BC} = \frac{\sum_{t=1}^{n} B_t \cdot (1+i_s)^{-t}}{\sum_{t=1}^{n} C_t \cdot (1+i_s)^{-t}} \tag{2-3}$$

式中，B_t 为第 t 年的效益（万元）；

C_t 为第 t 年的费用（万元）

i_s 为社会折现率。

（3）基本参数

①基准年和基准点：以工程建设第一年为折算基准年，并以该年年初作为折算基准点。

②计算期：参照相关标准，防洪、治涝、灌溉等工程建成后的正常运行期可取 30~50 年，本项目取 30 年，工程建设期 5 年，因此本项目的 s 计算期为 35 年。

③社会折现率：该工程的社会折现率 i_s 取值为 6%。

2. 项目费用和效益估算

（1）项目费用估算

主要包括固定资产投资、年运行费和流动资金。

①固定资产投资

本工程投资估算的静态总投资为 42972.96 万元，按相关评价规范要求，把工程投资估算中的计划利润、价差预备费、税金等扣除，得出的投资额为 38329.21 万元。工程建设期 5 年，从 2021 年起至 2025 年建成，工程部分投资总额为 34664.76 万元，信息化部分投资总额为 3664.45 万元。

②年运行费

根据四川省内已建成水利工程运行情况，信息化工程按投资额的 1.5% 收取年运行费，其他工程按调整后投资的 2.0% 收取年运行费，本项目不考虑大修理费。

③流动资金

参照已建成且正常运行的水利工程，按照本工程建设计划，暂定流动资金取工程正常生产年运行费的 10%。流动资金从工程运行期第一年开始计算，在项目计算期末一次性收回，计入本项目的现金流入。

工程部分投资总额为 34664.76 万元，信息化工程建成后年运行费共计 54.97 万元，其他工程建成后共计 693.30 万元，据此得出工程建成后正常生产年运行费为 748.27 万元，工程所需流动资金为 74.83 万元。

（2）项目效益估算

项目效益主要由以下三部分构成：农业灌溉效益、节水效益以及省工效益。

①农业灌溉效益

灌区农业灌溉效益主要包括以下两部分，一是因灌区灌溉条件改善而产生的增产效益，二是因新增灌溉面积使种植面积增加而产生的新增种植效益。灌区现代化改造完成后，将产生农业增产、灌溉节水、管理省工等直接效益。青衣江乐山灌区 2018 年现状有效灌溉面积 33.32 万亩，规划期内因城镇化建设用地需要，灌区灌溉面积将减少 2.19 万亩，因灌溉条件改善通过旱地改水田等方式将新增灌溉面积 2.25 万亩，2025 年灌区续建配套与现代化改造完成后，有效灌溉面积将达到 33.38 万亩。据此可得出到 2025 年末灌区净增加有效灌溉面积 0.06 万亩。据此计算，农业灌溉效益 1380.8 万元。

②节水效益

现状年灌溉用水量为 1.78 亿 m^3。2025 年全灌区农田灌溉水利用系数为 0.550，据此可得到 2025 年灌溉节水量可达 0.246 亿 m^3。

另外，灌区现代化改造完成后，灌溉管理将采用信息化手段，灌溉管理水平将显著提升，可做到灌区水量科学高效地实时调度，还可实现灌区各观测点的水位遥控遥测和灌区管理自动化控制，这些技术手段的实施将实现水资源高效配置，也将形成一定的节水量。本规划中管理环节的节水量按总用水量的 3% 进行估算，由于 2025 年灌溉需水量为 1.34 亿 m^3，则 2025 年的年均节水潜力为 0.040 亿 m^3。灌区现代化改造完成后，参照当地农业供水的影子价格（2025 年灌区农业执行水价将达到运行维护成本水平，即 0.168 元/m^3），据此计算出灌区 2025 年的节水效益为 480.48 万元。

③省工效益

据调查及有关资料分析，2025 年本项目中采用渠道防渗和信息化、智能化等工程及技术措施后，灌区管理人员可减少临时聘用人员的工日数。若灌区每亩每年可节省 0.6 个工日，则 2025 年全灌区每年可节约 20.03 万个工日，2025 年农民工时费按 120 元/工日计算，得到 2025 年的省工效益为 2403.36 万元。

项目实施后，将产生农业灌溉效益、节水效益和省工效益，其中，农业灌溉效益 1380.8 万元，节水效益 480.48 万元，省工效益 2403.36 万元。从 2026 年起，青衣江乐山灌区续建配套与现代化改造完成后产生的总效益为 4264.64 万元。

3. 国民经济评价结果

国民经济评价效益费用流量见附表。

本项目经济内部收益率（EIRR）为 7.97%，大于 6%；经济净现值（ENPV）为 7705.35 万元，大于 0；经济效益费用比（EBCR）为 1.19，大于 1。国民经济评价指标如表 2-2-6 所示。

表 2-2-6 国民经济评价指标

项目	评价指标计算结果	规范要求评价结果	评价结果
经济内部收益率	7.97%	>6%	满足规范要求
经济净现值（万元）	7705.35	>0	满足规范要求
经济效益费用比	1.19	>1	满足规范要求

从以上评价结果可知，本项目的国民经济评价指标均大于规范的最低值，由此说明本项目有良好的经济效益，在经济方面是符合规范的，该项目是可行的。

（二）财务评价

根据《建设项目经济评价方法与参数》（第三版），财务评价主要分析项目财务生存能力。如果项目收入能够维持工程的正常运行，表明工程有财务生存能力。

1. 核算方法

（1）固定资产折旧费

固定资产折旧费由固定资产总额与固定资产折旧率的乘积计算得到。本工程的总投资为 42972.96 万元，固定资产的形成率为 90%，得出固定资产总额为 38675.67 万元。固定资产计提折旧用的是平均年限折旧法，假设残值为 0，折旧年限为 30 年，得出每年的折旧费为 1289.19 万元。

（2）运行维护费

工程年运行维护费指维持工程正常运行每年所需支付的费用，具体包括人员工资和福利费、工程维修养护费、材料费、燃料动力费、修理费、管理费、保险费等。其中人员工资和福利费，主要包括管理人员的工资、福利等，工程完成后，灌区不新增管理人员，因此不计算新增人员工资和福利费。余下运行维护费构成：工程维修养护费占固定资产总额的 1%，材料费占 0.1%，修理费占 0.25%，管理费占 0.25%，保险费占 0.15%，燃料动力费 60 万元/年，其他费用占工程维修养护费和燃料动力费的 10%。

2. 成本水价核算

灌区 2025 年农业用水量为 1.34 亿 m³。根据成本数据，测算出灌区新增运行维护成本为 781.50 万元，新增总供水成本为 2070.69 万元，具体如表 2-2-7 所示。

表 2-2-7　农业供水成本分析

编号	项目	计算式	单位	计算值
1	多年平均农业用水量		万/m³	13400.00
2	固定资产总额		万元	38675.67
3	供水全成本费用	=3.1+3.2	万元	2070.69
3.1	固定资产折旧费	=38675.67/30	万元	1289.19
3.2	运行维护费（供水运行成本费用）	=3.2.1+3.2.2+3.2.3+3.2.4 +3.2.5+3.2.6+3.2.7	万元	781.51
3.2.1	工程维修养护费	=38675.67×1%	万元	386.76
3.2.2	材料费	=38675.67×0.10%	万元	38.68
3.2.3	修理费	=38675.67×0.25%	万元	96.69
3.2.4	燃料动力费		万元	60.00
3.2.5	管理费	=38675.67×0.25%	万元	96.69
3.2.6	保险费	=38675.67×0.15%	万元	58.01
3.2.7	其他费用	=（3.2.1+3.2.4）×10%	万元	44.68
4	全成本水价	=2070.69/13400.00	元/m³	0.155
5	运行维护成本水价	=781.50/13400.00	元/m³	0.058

灌区现行农业供水运行维护成本水价为 0.110 元/m³，工程现代化改造完成后新增运行维护成本为 0.058 元/m³，则 2025 年灌区农业供水运行维护成本水价为 0.168 元/m³。该价格水平高于当前灌区用水户的水价承受力，需要政府给予农业水费补贴。

3. 灌区财务收入

青衣江乐山灌区的财务收入主要来源于农业水费收入，当前主要为政府财政转移支付。改革后，用水户水价支付意愿将提高。这将为灌区良性运行和可持续发展提供资金保障。2025 年，灌区农业供水运行维护成本水价为 0.168 元/m³，以多年平均农业用水量 1.34 亿 m³ 计算，灌区农业水费收入将达到 2251.2 万元。

4. 灌区财务支出

灌区现代化改造完成后，其财务支出主要包括运行维护费、管理费等。根据农业供水成本分析结果可知，2025 年灌区农业供水运行维护费用年均 781.50 万元，现状年灌区农业供水运行维护费用年均 1468.00 万元，因此灌区年均农业供水总运行维护费为 2249.5 万元，灌区农业供水总成本费用为 3538.69 万元。

5. 财务生存能力分析

（1）目前灌区财务生存能力

现行年灌区农业执行水价为 0.06 元/m³（33.6 元/亩），用水量为 1.34 亿 m³，经测算的农业供水运行维护成本水价为 0.110 元/m³，灌区农业水费收入为 804 万元，远低于现行年灌区农业供水运行维护费用 1468.00 万元。就目前情况而言，若没有水价改革或乐山市政府农业水价大量补贴，该项目无法正常运行，财务运营能力较差。

（2）未来灌区财务生存能力

项目是否具备财务生存能力，能否生存下去，取决于 2025 年灌区农业执行水价能否达到运行维护水平以及乐山市政府农业水费价格补贴政策能否稳定执行。如果 2025 年灌区农业执行水价能达到运行维护成本且乐山市政府对农业水费进行财政补贴，则灌区收入能得到保障，且大于运行支出，不需要政府额外补贴该项目也能生存下去，这表明项目具有财务生存能力。

综上分析可知，项目财务生存能力取决于灌区执行水价能否达到运行维护成本水平以及乐山市政府农业水费补贴政策，如果 2025 年灌区农业供水执行水价达到运行维护成本水平时，灌区农业收入大于总运行维护费用，项目具有财务生存能力。

（三）主要结论

1. 国民经济评价

根据国民经济评价相关规范，通过对青衣江乐山灌区续建配套与现代化改造项目的效益分析，计算得出该项目的经济内部收益率为 7.97%，大于社会折现率 6%，经济净现值为 7705.35 万元，经济效益费用比为 1.19，说明该项目经济上合理可行。

2. 财务评价

经测算灌区农业供水运行维护成本水价为 0.168 元/m³，农业供水全成本水价为 0.265 元/m³，均超出当前灌区用水户可承受范围，需要政府给予水费补贴才能确保 2025 年农业供水执行水价达到运行维护成本水平。2025 年，当灌区农业执行水价达到运行维护成本水平时，灌区水费收入大于运行支出，不需要政府额外提供运行维护补贴。和现状年相比，政府的水费补贴额将显著增加，且补贴额随用水户实际承担水费的变化而变化。

　　财务评价结果表明，在农业供水执行水价达到运行维护成本水平时，该项目具有财务生存能力，不需要政府额外补贴也能维持运行。

【课堂讨论】

　　1. 对于水利工程建设项目投资决策，如何进行效益评估？

　　2. 目前对我国水利工程建设项目财务生存能力最大的影响因素是什么？如何有效提高我国水利工程建设项目财务生存能力？

　　3. 试对本案例中所采用的水利工程建设项目投资风险分析与控制方法进行评价。

【课后思考】

　　1. 水利工程建设项目的主要特征是什么？

　　2. 水利工程建设项目投资决策中主要考虑哪些因素？

　　3. 如何开展水利工程项目的可行性研究？

第三章 工业工程建设项目投资决策案例分析

【学习目的】

通过本章案例掌握工业工程建设项目投资决策的特点和主要内容。包括工业工程建设项目经济费用效益分析与财务分析的范围、内容与方法；采用"有无对比"方法分析计算项目直接与间接影响相关路网的经济费用与效益；分析工业工程建设项目在不同融资模式下的财务生存能力；掌握工业工程建设项目投资风险分析与控制方法。

【理论基础】

1. 项目评估理论
2. 项目投资决策原理
3. 项目可行性分析原理

案例1 某拟建投资项目经济评价案例

一、概述

（一）项目概况

某拟建投资项目是新建项目，且其经济评价是在可行性研究报告阶段（完成市场需求预测，生产规模选择，工艺技术方案，原材料、燃料及动力的供应，建厂条件和厂址方案，公用工程和辅助设施，环境保护，企业组织和劳动定员以及项目设施规划等多方面进行研究论证和多方案比较并确定了最佳方案）进行的。

该拟建投资项目生产的产品是在国内外市场上比较畅销的产品，且该项目投产后可以产顶进（替代进口）。

该项目拟占地（农田）250亩，且交通较为便利。其原材料、燃料、动力等的供应均有保证，该拟建投资项目主要设施包括生产车间，与工艺生产相适应的辅助生产设施、公用工程以及有关的管理、生活福利设施。

该拟建投资项目的年设计生产能力为23万件。

（二）编制依据

本经济评价的编制依据为项目可行性研究报告推荐的技术方案、产品方案、建设条件、建设工期、《建设项目经济评价方法与参数（第三版）》及国家现行财税政策、会计制度与相关法规。

（三）计算期

计算期包括建设期和生产经营期。该拟建投资项目的建设期为3年，从第4年开始投产，其中第4年的达产率为80%，第5年的达产率为90%，第6年以后均为100%，项目的生产经营期为15年，则项目计算期为18年。

二、费用与效益估算

（一）总投资估算

1. 固定资产投资估算

（1）固定资产投资额估算是根据概算指标估算法进行的。根据概算指标估算法估算的固定资产投资额为40200万元。

（2）建设期利息按投资借款计划及估算公式估算为4550万元。即：

建设期第一年的投资借款利息＝10000÷2×10%＝500（万元）

建设期第二年的投资借款利息＝（10500＋9000÷2）×10%＝1500（万元）

建设期第三年的投资借款利息＝（10500＋10500＋9000÷2）×10%＝2550（万元）

固定资产投资估算见表3-1-1。

表3-1-1 固定资产投资估算　　　　　单位：万元

序号	工程或费用名称	估算价值				
		建筑工程	设备购置	安装工程	其他费用	总值
1	固定资产投资	3400	22300	8600	5900	40200
1.1	第一部分工程费用	3400	22300	8600		34300
1.1.1	主要生产项目	1031	17443	7320		25794
1.1.2	辅助生产车间	383	1021	51		1455
1.1.3	公用工程	383	2488	956		3827
1.1.4	环境保护工程	185	1100	225		1510
1.1.5	总图运输	52	248			300
1.1.6	厂区服务性工程	262				262
1.1.7	生活福利工程	1104				1104
1.1.8	厂外工程			38		38
1.2	第二部分其他费用				1200	1200
	第一、第二部分费用合计	3400	22300	8600	1200	35500
1.3	预备费用				4700	4700
1.3.1	基本预备费				3500	3500
1.3.2	涨价预备费				1200	1200
2	建设期利息				4550	4550
	合计（1+2）	3400	22300	8600	10450	44750

2. 无形资产投资的估算

该拟建项目无形资产投资主要是取得土地使用权所需支付的费用，并在项目建设期的第 1 年中投入。其估算额为 1800 万元（且假设其全部用自有资金投入，其摊销期与项目的生产期一致）。

3. 流动资金估算

流动资金的估算，按分项详细估算法进行（估算表中的有关数字作了必要的调整），估算总额为 7000 万元。

流动资金估算见表 3－1－2。

总投资＝固定资产投资＋建设期利息＋无形资产投资＋流动资金

＝40200＋4550＋1800＋7000＝53550（万元）

表 3－1－2　流动资金估算　　　　　　　　　　　单位：万元

序号	项目	最低周转天数	周转次数	投产期		达到设计能力生产期												
				4	5	6	7	8	9	10	11	12	13	14	15	16	17	18
1	流动资产			6440	7425	8050	8050	8050	8050	8050	8050	8050	8050	8050	8050	8050	8050	8050
1.1	应收账款	18	20	1600	1800	2000	2000	2000	2000	2000	2000	2000	2000	2000	2000	2000	2000	2000
1.2	存货			4800	5400	6000	6000	6000	6000	6000	6000	6000	6000	6000	6000	6000	6000	6000
1.3	现金	18	20	40	45	50	50	50	50	50	50	50	50	50	50	50	50	50
2	流动负债			840	945	1050	1050	1050	1050	1050	1050	1050	1050	1050	1050	1050	1050	1050
2.1	应付账款	18	20	840	945	1050	1050	1050	1050	1050	1050	1050	1050	1050	1050	1050	1050	1050
3	流动资金（1－2）			5600	6300	7000	7000	7000	7000	7000	7000	7000	7000	7000	7000	7000	7000	7000
4	流动资金增加额			5600	700	700	0	0	0	0	0	0	0	0	0	0	0	0

（二）总成本费用的估算

全厂定员为 1000 人，工资及福利费按每人每年 11400 元估算（其中工资为 10000 元/年，福利费按工资的 14％计提），全年工资及福利费为 1140 万元（其中生产性工人的工资为 920 万元，其他为 220 万元，且在后面的分析中假设生产工人的工资是变动成本，即工资数额与项目的达产率保持一致）。

经估算，拟建项目产品的单位变动成本（假设其单位成本即为单位变动成本）为840元，其单位成本估算见表3—1—3。另不包括固定资产折旧、无形资产摊销及借款利息的年固定成本为2000万元。

表3—1—3 单位产品生产成本估算 单位：元

序号	项目	单位	消耗定额	单价	金额
1	原材料、化工料及辅料				
	A	件	1	450	450
	B	件	1	160	160
	C	件	0.8	20	16
	D	件	0.1	240	24
	小计				650
2	燃料及动力				
	水	吨	150	0.40	60
	电	度	100	0.20	20
	煤	吨	0.05	200	10
	小计				90
3	工资及福利费	元			40
4	制造费用	元			60
5					
6	单位生产成本（1+2+3+4+5）	元			840

另外，固定资产年折旧为2800万元，无形资产摊销为120万元［二者均按使用年限法平均计提，且考虑固定资产的残值为2750万元。即固定资产年折旧＝（44750－2750）÷15＝2800（万元），无形资产摊销为1800÷15＝120（万元）］。总成本费用估算见表3—1—4。

（三）年销售收入及年税金的估算

经预测该项目产品的销售单价（不含增值税）为1600元，年销售收入估算值在正常年份为36800万元。

年销售税金及附加按国家有关规定计提缴纳。估计销售税金及附加在正常年份为2500万元（其中第4年、第5年的销售税金及附加分别为2000万元、2250万元）。所得税税率为33%。

（四）利润总额及其分配

利润总额＝产品销售收入－总成本费用－产品销售税金及附加

净利润＝利润总额－应交所得税

应交所得税＝利润总额×所得税税率

利润分配按有关财务会计制度进行，且假设在项目的还款年份不进行向投资者支付利润等有关利润分配业务。即项目在还款年份可先以提取的固定资产折旧和无形资产摊销偿还投资借款，不够部分可以项目实现的净利润在进行法定的提取扣除后（需先提取法定盈余公积金）来偿还。利润与利润分配见表3-1-5。

表3-1-4　总成本费用估算

单位：万元

序号	费用名称	4	5	6	7	8	9	10	11	12	13	14	15	16	17	18
1	年经营成本	17456	19388	21320	21320	21320	21320	21320	21320	21320	21320	21320	21320	21320	21320	21320
2	年折旧费	2800	2800	2800	2800	2800	2800	2800	2800	2800	2800	2800	2800	2800	2800	2800
3	年摊消费	120	120	120	120	120	120	120	120	120	120	120	120	120	120	120
4	建设投资借款利息	3255	2755.025	2138.794	1399.295	615.21										
5	流动资金借款利息	360	430	500	500	500	500	500	500	500	500	500	500	500	500	500
6	总成本费用	23991	25493	26879	26139	25355	24740	24740	24740	24740	24740	24740	24740	24740	24740	24740

表3-1-5　利润与利润分配

单位：万元

序号	项目	合计	投产期		达到设计能力生产期												
			4	5	6	7	8	9	10	11	12	13	14	15	16	17	18
	生产负荷（%）		80	90	100	100	100	100	100	100	100	100	100	100	100	100	100
1	产品销售收入	540960	29440	33120	36800	36800	36800	36800	36800	36800	36800	36800	36800	36800	36800	36800	36800
2	销售税金及附加	36750	2000	2250	2500	2500	2500	2500	2500	2500	2500	2500	2500	2500	2500	2500	2500
3	总成本费用	375257.33	23991	25493.03	26878.79	26139.30	25355.21	24740	24740	24740	24740	24740	24740	24740	24740	24740	24740
4	利润总额 1-2-3	128952.67	3449	5376.97	7421.21	8160.70	8944.79	9560	9560	9560	9560	9560	9560	9560	9560	9560	9560
5	所得税（33%）	42554.38	1138.17	1774.40	2449.00	2693.03	2951.78	3154.8	3154.8	3154.8	3154.8	3154.8	3154.8	3154.8	3154.8	3154.8	3154.8
6	税后利润 4-5	86398.29	2310.83	3602.57	4972.21	5467.67	5993.01	6405.2	6405.2	6405.2	6405.2	6405.2	6405.2	6405.2	6405.2	6405.2	6405.2
7	提取法定盈余公积金（10%）	8639.83	231.083	360.26	497.22	546.77	599.30	640.52	640.52	640.52	640.52	640.52	640.52	640.52	640.52	640.52	640.52
8	应付利润	59808.46					2161.66	5764.68	5764.68	5764.68	5764.68	5764.68	5764.68	5764.68	5764.68	5764.68	5764.68
9	未分配利润	20111.66	2079.747	3242.31	4474.99	4920.90	3232.05	0	0	0	0	0	0	0	0	0	0
10	息税前利润	146406	7064	8561.995	10060	10060	10060	10060	10060	10060	10060	10060	10060	10060	10060	10060
11	息税折旧摊销前利润	190206	9984	11482	12980	12980	12980	12980	12980	12980	12980	12980	12980	12980	12980	12980

三、资金来源与使用计划

项目使用自有资金 16000 万元，其余全部为借款。其中，第 1 年投入自有资金 3000 万元，借入投资借款 10000 万元；第 2 年投入自有资金 8000 万元，借入固定资产投资借款 9000 万元；第 3 年投入自有资金 3000 万元，借入投资借款 9000 万元；第 4 年投入自有资金 2000 万元，借入流动资金借款 3600 万元；第 5 年、第 6 年分别借入流动资金借款 700 万元、700 万元。其中固定资产投资借款、流动资金借款的年利率均为 10%，以年为计息期。固定资产投资借款的偿还，以项目预计生产年份所实现的净利润在扣除必要的留存后（需提取 10% 的盈余公积金），及项目所提取的固定资产折旧和无形资产摊销额，且先用固定资产折旧和无形资产摊销偿还，不够部分以可用来偿还投资借款的净利润抵偿。流动资金借款假设在项目结束时归还。固定资产投资借款还款计算见表 3-1-6。

表 3-1-6　固定资产投资还本付息　　　　　　　　　单位：万元

年份	年初借款余额	当年借款本金	当年借款利息	当年应还本金	年末借款余额
1		10000	500		10500
2	10500	9000	1500		21000
3	21000	9000	2550		32550
4	32550		3255	4999.747	27550.253
5	27550.253		2755.0253	6162.313	21387.94
6	21387.94		2138.794	7394.99	13992.95
7	13992.95		1399.295	7840.9	6152.05
8	6152.05		615.205	6152.05	0

借款偿还期为 7.74（年）［（8-1）+6152.05/（5393.71+2800+120）］。

四、基准收益率的确定

采用加权平均资本成本法确定项目的基准收益率。总投资中资本金占 32.65%，资本金成本为 8%，债务资金占 67.35%，债务资金成本为 10%，则所得税前加权平均资本成本为 9.347%，所得税后加权平均资本成本为 6.2625%。则当所得税前项目投资财务内部收益率大于 9.347%、所得税后项目投资财务内部收益率大于 6.2625%、项目资本金财务内部收益率大于 8% 时项目即可以被接受。

五、财务分析

（一）盈利能力分析

1. 融资前分析

融资前分析是指在考虑融资方案前就可以开始进行的财务分析，即不考虑债务融资条件下进行的财务分析。项目投资财务现金流量表是融资前财务分析报表，就是通常所说的全部投资都认为是自有资金（资本金）。融资前分析只进行盈利能力分析，计算项目投资内部收益率、净现值指标和投资回收期指标。各项融资前盈利能力分析指标见表3－1－7。

所得税后项目投资财务内部收益率15.11%，大于设定的基准收益率6.2625%，所得税前项目投资财务内部收益率20.31%，大于设定的基准收益率9.347%，项目在财务上可以被接受。

2. 融资后分析

在融资前分析结论满足要求的情况下，初步设定融资方案，再进行融资后分析。项目资本金现金流量表是融资后财务分析报表，既包括盈利能力分析，又包括偿债能力分析和财务生存能力分析等内容。融资后盈利能力分析指标见表3－1－8。

项目资本金财务内部收益率19.62%，大于设定的基准收益率8%，项目在财务上可以被接受。

（二）偿债能力分析

各年利息备付率与偿债备付率见表3－1－9，各年资产负债率见表3－1－10。通过计算，项目综合利息备付率8.39，综合偿债备付率2.68，均大于1，并随借款本金的偿还而逐年上升，借款偿还期末利息备付率和偿债备付率达到20.12和19.65，项目利息保证程度较高。

计算期内项目资产负债率最高为77.78%，并随着长期借款的偿还而逐年下降，长期借款偿清后降到13.63%，以后各年资产负债率进一步下降。

（三）财务生存能力分析

根据项目资金来源与运用（见表3－1－11），项目在偿清建设贷款以后各年盈余资金都为正，表明项目具备财务生存能力。

表3-1-7　项目投资现金流量

单位：万元

序号	项目	合计	建设期 1	2	3	投产期 4	5	6	达到设计能力生产期 7	8	9	10	11	12	13	14	15	16	17	18
	生产负荷（%）					80	90	100	100	100	100	100	100	100	100	100	100	100	100	100
1	现金流入	550710				29440	33120	36800	36800	36800	36800	36800	36800	36800	36800	36800	36800	36800	36800	46550
1.1	产品销售收入	540960				29440	33120	36800	36800	36800	36800	36800	36800	36800	36800	36800	36800	36800	36800	36800
1.2	回收固定资产余值	2750																		2750
1.3	回收流动资金	7000																		7000
2	现金流出	399754	13000	17000	12000	25056	22338	24520	23820	23820	23820	23820	23820	23820	23820	23820	23820	23820	23820	23820
2.1	固定资产投资	40200	11200	17000	12000															
2.1	无形资产投资	1800	1800																	
2.3	流动资金	7000				5600	700	700												
2.4	经营成本	314004				17456	19388	21320	21320	21320	21320	21320	21320	21320	21320	21320	21320	21320	21320	21320
2.5	销售税金及附加	36750				2000	2250	2500	2500	2500	2500	2500	2500	2500	2500	2500	2500	2500	2500	2500

续表

序号	项目	合计	建设期			投产期			达到设计能力生产期											
			1	2	3	4	5	6	7	8	9	10	11	12	13	14	15	16	17	18
3	所得税前净现金流量	150956	−13000	−17000	−12000	4384	10782	12280	12980	12980	12980	12980	12980	12980	12980	12980	12980	12980	12980	22730
4	累计所得税前净现金流量		−13000	−30000	−42000	−37616	−26834	−14554	−1574	11406	24386	37366	50346	63326	76306	89286	102266	115246	128226	150956
5	调整所得税	48314				2331	2825	3320	3320	3320	3320	3320	3320	3320	3320	3320	3320	3320	3320	3320
6	所得税后净现金流量	102642	−13000	−17000	−12000	2053	7957	8960	9660	9660	9660	9660	9660	9660	9660	9660	9660	9660	9660	19410
7	累计所得税后净现金流量		−13000	−30000	−42000	−39947	−31991	−23030	−13370	−3710	5950	15610	25271	34931	44591	54251	63911	73572	83232	102642

计算指标：

所得税前：项目投资财务内部收益率=20.3+（20.4−20.3）×[20.3/（39.588+127.431）]=20.31%所得税后：项目投资财务内部收益率=15.1+（15.2−15.1）×[45.58+166.22）]=15.11%；项目投资财务净现值（i=9.347%）=37250.7137万元；项目投资财务净现值（i=6.2625%）=35135.8万元；项目投资回收期（静态）=7−1+（1574.73/12980）=6.12（年）；项目投资回收期（静态）=8−1+（3709.98/9660.2）=7.384（年）

表 3-1-8　项目资本金现金流量表

単位：万元

序号	项目	合计	建设期			投产期					达到设计能力生产期									
			1	2	3	4	5	6	7	8	9	10	11	12	13	14	15	16	17	18
	生产负荷（%）					80	90	100	100	100	100	100	100	100	100	100	100	100	100	100
1	现金流入	550710				29440	33120	36800	36800	36800	36800	36800	36800	36800	36800	36800	36800	36800	36800	46550
1.1	产品销售收入	540960				29440	33120	36800	36800	36800	36800	36800	36800	36800	36800	36800	36800	36800	36800	36800
1.2	回收固定资产余值	2750																		2750
1.3	回收流动资金	7000																		7000
2	现金流出	464312	3000	8000	3000	31209	32760	36303	36253	34039	27475	27475	27475	27475	27475	27475	27475	27475	27475	27475
2.1	自有资金	16000	3000	8000	3000	2000														
2.2	借款本金偿还	37550				5000	6162	7395	7841	6152	0	0								5000
2.3	借款利息支出	17453				3615	3185	2639	1899	1115	500	500	500	500	500	500	500	500	500	500
2.3.1	建设投资借款利息支付					3255	2755	2139	1399	615	0									

续表

序号	项目	合计	建设期			投产期						达到设计能力生产期								
			1	2	3	4	5	6	7	8	9	10	11	12	13	14	15	16	17	18
2.3.2	流动资金借款利息支付					360	430	500	500	500	500	500	500	500	500	500	500	500	500	500
2.4	经营成本	314004				17456	19388	21320	21320	21320	21320	21320	21320	21320	21320	21320	21320	21320	21320	21320
2.5	销售税金及附加	36750				2000	2250	2500	2500	2500	2500	2500	2500	2500	2500	2500	2500	2500	2500	2500
2.6	所得税	42554				1138	1774	2449	2693	2952	3155	3155	3155	3155	3155	3155	3155	3155	3155	3155
3	净现金流量	86398	-3000	-8000	-3000	-1769	360	497	547	2761	9325	9325	9325	9325	9325	9325	9325	9325	9325	14075
4	累计净现金流量		-3000	-11000	-14000	-15769	-15409	-14911	-14365	-11604	-2279	7047	16372	25697	35022	44347	53673	62998	72323	86398

计算指标：项目资金财务内部收益率＝19.62%

表 3—1—9　借款还本付息计划表

单位：万元

序号	项目	合计	建设期			投产期					达到设计能力生产期									
			1	2	3	4	5	6	7	8	9	10	11	12	13	14	15	16	17	18
1	建设投资借款																			
1.1	期初借款余额			10500	21000	32550	27550	21388	13993	6152										
1.2	当期借款本金	28000	10000	9000	9000															
1.3	当期借款利息	4550	500	1500	2550															
1.4	当期还本付息	42713				8255	8917	9534	9240	6767										
1.4.1	其中：还本	32550				5000	6162	7395	7841	6152										
1.4.2	付息	10163				3255	2755	2139	1399	615										
2	期末借款余额		10500	21000	32550	27550	21388	13993	6152	0										
2.1	流动资金借款																			
2.2	期初借款余额						3600	4300	5000	5000	5000	5000	5000	5000	5000	5000	5000	5000	5000	5000

续表

序号	项目	合计	建设期			投产期					达到设计能力生产期									
			1	2	3	4	5	6	7	8	9	10	11	12	13	14	15	16	17	18
2.3	当期借款本金	5000				3600	700	700												
2.4	当期借款利息																			
2.5	当期还本付息	12290				360	430	500	500	500	500	500	500	500	500	500	500	500	500	5500
2.5.1	其中：还本	5000																		5000
2.5.2	付息	7290				360	430	500	500	500	500	500	500	500	500	500	500	500	500	500
	期末借款余额					3600	4300	5000	5000	5000	5000	5000	5000	5000	5000	5000	5000	5000	5000	0
3	计算指标：																			
	利息备付率	8.39				1.95	2.69	3.81	5.30	9.02	20.12	20.12	20.12	20.12	20.12	20.12	20.12	20.12	20.12	20.12
	偿债备付率	2.68				1.03	1.04	1.05	1.06	1.38	19.65	19.65	19.65	19.65	19.65	19.65	19.65	19.65	19.65	1.79

表3-1-10　资产负债表

单位：万元

序号	项目	建设期			投产期					达到设计能力生产期									
		1	2	3	4	5	6	7	8	9	10	11	12	13	14	15	16	17	18
1	资产	13500	32000	46550	50301.08	48546.34	46928.56	44555.33	44396.29	50801.49	57206.69	63611.89	70017.09	76422.29	82827.49	89232.69	95637.89	102043.09	113198.29
1.1	流动资产																		
1.1.1	应收账款				1600	1800	2000	2000	2000	2000	2000	2000	2000	2000	2000	2000	2000	2000	2000
1.1.2	存货				4800	5400	6000	6000	6000	6000	6000	6000	6000	6000	6000	6000	6000	6000	6000
1.1.3	现金				40	45	50	50	50	50	50	50	50	50	50	50	50	50	50
1.1.4	累计盈余资金				231.08	591.34	1088.56	1635.33	4396.29	13721.49	23046.69	32371.89	41697.09	51022.29	60347.49	69672.69	78997.89	88323.09	102398.29
1.2	在建工程	11700	32000	46550															
1.3	固定资产净值				41950	39150	36350	33550	30750	27950	25150	22350	19550	16750	13950	11150	8350	5550	2750
1.4	无形资产净值	1800			1680	1560	1440	1320	1200	1080	960	840	720	600	480	360	240	120	0
2	负债及所有者权益	13500	32000	46550	50301.08	48546.34	46928.56	44555.33	44396.29	50801.49	57206.69	63611.89	70017.09	76422.29	82827.49	89232.69	95637.89	102043.09	108448.29

续表

序号	项目	建设期			投产期				达到设计能力生产期										
		1	2	3	4	5	6	7	8	9	10	11	12	13	14	15	16	17	18
2.1	流动负债				840	945	1050	1050	1050	1050	1050	1050	1050	1050	1050	1050	1050	1050	1050
2.1.1	应付账款				3600	4300	5000	5000	5000	5000	5000	5000	5000	5000	5000	5000	5000	5000	5000
2.1.2	流动资产借款																		
2.2	投资借款（固定资产、无形资产）	10500	21000	32550	27550.253	21387.94	13992.95	6152.05	0	0	0	0	0	0	0	0	0	0	0
2.3	负债小计	10500	21000	32550	31990.253	26632.94	20042.95	12202.05	6050	6050	6050	6050	6050	6050	6050	6050	6050	6050	6050
2.4	所有者权益	3000	11000	14000	18310.83	21913.40	26885.61	32353.28	38346.29	44751.49	51156.69	57561.89	63967.09	70372.29	76777.49	83182.69	89587.89	95993.09	102398.29
2.4.1	资本金	3000	11000	14000	16000	16000	16000	16000	16000	16000	16000	16000	16000	16000	16000	16000	16000	16000	16000
2.4.2	累计公积金				231.083	591.34	1088.56	1635.33	2234.63	2875.15	3515.67	4156.19	4796.71	5437.23	6077.75	6718.27	7358.79	7999.31	8639.83
2.4.3	累计未分配利润				2079.747	5322.06	9797.05	14717.95	20111.66	25876.34	31641.02	37405.70	43170.38	48935.06	54699.74	60464.42	66229.10	71993.78	77758.46
	计算指标																		
	资产负债率（%）	77.78	65.63	69.92	63.60	54.86	42.71	27.39	13.63	11.91	10.58	9.51	8.64	7.92	7.30	6.78	6.33	5.93	5.34

注：流动资产中累计盈余资金中包括"资金来源与运用表"中的"盈余资金"和"提取法定公积金"项目。

表3—1—11　资金来源与运用表

单位：万元

序号	项目	合计	建设期			投产期					达到设计能力生产期									
			1	2	3	4	5	6	7	8	9	10	11	12	13	14	15	16	17	18
	生产负荷（%）					80	90	100	100	100	100	100	100	100	100	100	100	100	100	100
1	资金来源	193498.29	13500	18500	14550	10830.83	7222.57	8592.21	8387.67	8913.01	9325.2	9325.2	9325.2	9325.2	9325.2	9325.2	9325.2	9325.2	9325.2	19075.2
1.1	净利	86398.29				2310.83	3602.57	4972.21	5467.67	5993.01	6405.2	6405.2	6405.2	6405.2	6405.2	6405.2	6405.2	6405.2	6405.2	6405.2
1.2	折旧费	42000				2800	2800	2800	2800	2800	2800	2800	2800	2800	2800	2800	2800	2800	2800	2800
1.3	摊销费	1800				120	120	120	120	120	120	120	120	120	120	120	120	120	120	120
1.4	长期借款	32550	10500	10500	11550															
1.5	流动资金借款	5000				3600	700	700												
1.6	其他短期借款																			
1.7	自有资金	16000	3000	8000	3000	2000														
1.8	其他																			
1.9	回收固定资产余值	2750																		2750
1.10	回收流动资金	7000																		7000

续表

序号	项目	合计	建设期			投产期					达到设计能力生产期									
			1	2	3	4	5	6	7	8	9	10	11	12	13	14	15	16	17	18
2	资金运用	99739.83	13500	18500	14550	10830.83	7222.57	8592.21	8387.67	6751.35	640.52	640.52	640.52	640.52	640.52	640.52	640.52	640.52	640.52	5640.52
2.1	固定资产投资	40200	11200	17000	12000															
2.2	建设期利息	4550	500	1500	2550															
2.3	无形资产投资	1800	1800																	
2.4	流动资金	7000				5600	700	700												
2.5	长期借款本金偿还	32550				4999.75	6162.31	7394.99	7840.9	6152.05	0	0								
2.6	流动资金借款本金偿还	5000																		5000
2.7	提取法定公积金	8639.83				231.08	360.26	497.22	546.77	599.30	640.52	640.52	640.52	640.52	640.52	640.52	640.52	640.52	640.52	640.52
3	盈余资金	93758.46	0	0	0	0	0	0	0	0	8684.68	8684.68	8684.68	8684.68	8684.68	8684.68	8684.68	8684.68	8684.68	13434.68
4	累计盈余资金									2161.66	10846.34	19531.02	28215.70	36900.38	45585.06	54269.74	62954.42	71639.10	80323.78	93758.46

六、不确定性分析

1. 盈亏平衡分析

以产量表示的盈亏平衡点（BEP），其计算公式为：

BEP＝年固定成本/（单位产品的售价－单位产品的变动成本－单位产品的销售税金及附加）＝5420÷651.3＝8.3218（万件）

达到盈亏平衡时的产销量占项目年设计生产能力的比率（或生产能力利用率）为：

8.3218÷23×100%＝36.18%

计算结果表明，该项目只要达到设计生产能力的36.18%，也就是年产量达到8.3218万件，就可以保本，由此可见该项目风险较小。

2. 敏感性分析

项目建设投资、经营成本、销售价格等数据来源于预测，存在变化的可能，具有一定的不确定性，其发生变化对所得税后项目投资财务内部收益率的影响程度见表3－1－12，敏感度系数见表3－1－13。

表3－1－12　所得税后项目投资财务内部收益率敏感性分析　　　单位:%

序号	变化因素	变动幅度						
		－30	－20	－10	基本方案	＋10	＋20	＋30
1	建设投资				15.1	13.8	12.6	11.5
2	经营成本				15.1	12.6	9.85	6.8
3	销售价格	0.25	6.2	11.0	15.1			

表3－1－13　敏感度系数表

变动趋势	变动区间	变动因素		
		建设投资	经营成本	销售价格
增加	0～＋10%	－0.861	－1.6556	
	＋10%～＋20%	－0.8696	－2.1825	
	＋20%～＋30%	－0.873	－3.0964	
	0～＋30%平均	－0.7947	－5.4967	
减少	0～－10%			－2.7152
	－10%～－20%			－4.3636
	－20%～－30%			－9.5968
	0～－30%平均			－9.8344

从表 3—1—12 和表 3—1—13 中可以看出，各种不确定性因素中，产品销售价格的上下波动对指标影响最大，售价降低时，敏感度系数平均为 −9.8344。其次是经营成本的影响，经营成本降低时，敏感度系数平均为 −5.4967。对指标影响最小的因素是建设投资。

七、评价结论

所得税后项目投资财务内部收益率 15.11％，大于设定的基准收益率 6.2625％，所得税前项目投资财务内部收益率 20.31％，大于设定的基准收益率 9.347％，项目资本金财务内部收益率 19.62％，大于设定的基准收益率 8％。偿债分析指标较好，偿债能力较强，并且财务生存能力较强，所以项目在财务上是可以接受的。

案例 2 中国核电——浙江三门核电站项目投资评价案例

一、项目基本情况

1. 项目背景

随着工业化与城市化进一步推进，我国仍将保持较高的电力需求增长，未来十年全国电力需求将保持年均 7％左右的增长速度。预计 2015 年全社会用电量达到 6.3 万亿千瓦时，2020 年达到 8.3 万亿千瓦时。尽管随着各地区经济社会发展阶段的变化，西部地区用电增速将高于全国平均水平，但产业结构调整和转移是一个长期过程，中东部地区在相当长时期内将一直是我国电力消费最集中的地区。2020 年，华北受端（北京、天津、河北、山东）、华东（上海、江苏、浙江、安徽、福建）、华中东四省（河南、湖北、湖南、江西）的全社会用电量将分别达到 14 万亿千瓦时、1.9 万亿千瓦时和 1.1 万亿千瓦时，这 13 个"三华"（华北、华中和华东）受端省份全社会用电量合计仍占全国的 53％，具备大规模接受外来电力的市场空间。三门核电站靠近我国经济最发达的沪三角地区，其市场规模庞大，同时能有效缓解我国东部地区的用电紧张问题。同时，我国煤炭资源的不断开采不仅导致资源需求的紧张，还导致我国环境问题的恶化，因此发展清洁能源势在必行。

2. 项目概况

中核集团三门核电有限公司成立于 2005 年 4 月 17 日，由中国核能电力股份有限公司、浙江浙能电力股份有限公司、中电投核电有限公司、中国华电集团公司、中核投资有限公司共同出资组建，其中中国核能电力股份有限公司出资 51％，全面负责三门核电站的建造、调试、运营和管理。

三门核电工程采用美国西屋公司开发的第三代核电技术 AP1000，规划建设 6 台 125 万千瓦的核电机组，总装机容量 750 万千瓦，分三期建设，预计 2020 年前全部建成，总投资超过 1000 亿元人民币。一期工程于 2009 年 4 月 19 日正式开工，投资约 400 亿元，是浙江省有史以来投资最大的单项工程，还是我国首个三代核电自主化依托项目，也是中美两国最大的能源合作项目，其 1 号机组更是全球首台 AP1000 核电机组。

三门核电一期工程建成后将能提供 250 万千瓦供电能力、年均 175 亿千瓦时发电量，年产值约 80 亿元人民币，预计到 2015 年能承担浙江全省 3.3％的电力负荷、4％的全社会用电量，能为浙江增加约 1600 亿元/年生产总值提供电力支撑。

建设三门核电一期工程与建设相同发电能力的火力发电厂相比，可以每年减少500万吨优质动力煤（从北方产地到浙江）的运输量、11490吨二氧化硫排放量、19088吨氮氧化物排放量、1345吨烟尘排放量，是浙江满足新增电力需求、调整电力结构、达到节能减排目标的重大举措。

中国将通过三门核电等依托项目的建设，逐步掌握三代核电工程设计和设备制造技术，建立健全核电技术标准体系，形成自主开发和建设中国品牌三代核电站的能力，使民族核电技术尽快达到世界先进水平。

该项目2009年4月开工建设，计划于2017年建成投产。项目寿命60年。预计回收期为15年。

厂址位于浙江省东部沿海的台州市，坐落在三门县健跳镇猫头山半岛上，西北距杭州市171km、北邻宁波市83km、南靠台州市51km、离温州市150km。

二、项目具体安排

1. 项目建设具体内容

中核集团三门核电有限公司是三门核电工程的业主，全面负责工程的建造、调试、运营和管理。公司成立于2005年4月，实行董事会领导下的总经理负责制，由中国核工业集团公司、浙江省能源集团有限公司、中电投核电有限公司、中国华电集团公司和中国核工业建设集团公司共同出资组建。

本项目由中国核能电力股份有限公司控股子公司三门核电负责具体实施，中国核能电力股份有限公司、浙江浙能电力股份有限公司、中电投核电有限公司、中国华电集团公司和中核投资有限公司分别持有三门核电51%、20%、14%、10%和5%股权。

2. 项目实施计划

根据《印发国家发展改革委关于核准浙江三门核电一期工程的请示的通知》（发改能源〔2009〕974号），浙江三门核电一期工程已于2009年4月15日获得核准。浙江三门核电一期工程1号机组已于2009年4月开工建设，2号机组已于2009年12月开工建设，均计划于2017年建成投产。

浙江三门核电一期工程采用核岛工程总承包模式，由总承包商负责核岛部分的设计、设备采购和建设施工；三门核电作为业主负责常规岛、电站配套设施等部分的设备采购、施工建设以及工程管理，并整体负责工程的项目管理、协调和调试工作。

核电自主化依托项目第三代技术招标工作从2004年9月2日发出招标书、2005年2月28日收标，通过两年来的招标谈判，2006年12月16日，中国国家发改委主任和美国能源部长代表中美两国政府签署了《中华人民共和国和美利坚合众国政府关于在中国合作建设先进压水堆核电项目及相关技术转让的谅解备忘录》，国家核电技术招标机构宣布选择美国西屋公司（Westinghouse Electric Co.）和肖工程公司（Shaw Group Inc.）联合体作为优先中标方。三门核电工程将采用西屋公司AP1000技术建设。

三、项目资金

浙江三门核电一期工程的项目初步设计概算（建成价）为408.26亿元。三门核电一期工程为全球首个采用美国设计的AP1000三代压水堆核电技术建设的核电项目，受关键设备制造及设计固化影响，工程进度和投资控制面临较大挑战。在项目实施过程中，受工程延误、人工及原材料价格上涨、进口环节关税增加等因素影响，预计项目的建成价可能进一步增加。中国核能项目预算成本比例见表3-2-1。

中国核能电力股份有限公司控股子公司三门核电负责具体实施，中国核能电力股份有限公司、浙江浙能电力股份有限公司、中电投核电有限公司、中国华电集团公司和中核投资有限公司分别持有三门核电51%、20%、14%、10%和5%股权，其中中国核能电力股份有限公司投入142800万元。

商业贷款：2014年4月27日，中国银行与中核集团签署了战略合作协议，中国银行提供等值于600亿元人民币的巨额授信，全力支持中核集团公司各个领域的项目建设。三门核电有限公司日前与中行浙江省分行签署了三门核电一期工程金融服务合作协议暨贷款合同。其中，中行浙江省分行将向三门核电提供3亿美元长期贷款。

表3-2-1　中国核能项目预算成本比例　　　　　单位：%

预算科目编码	预算科目名称	成本构成（%）
20	前期准备工程	0.65
21	土建工程	10.30
22	核岛设备	19.65
23	常规岛设备	8.55
24	电厂辅助设备	12.03
25	首炉核燃料	4.95
26	安装工程	5.90
27	联合试运转	6.76
28	工程服务	9.51
31	基建管理费	7.79
51	财务费用	11.80
61	进口关税与增值税	2.11
	合计	100

资金来源：中国核能电力股份有限公司、浙江浙能电力股份有限公司、中电投核电有限公司、中国华电集团公司和中核投资有限公司投入的股本资金。

商业银行贷款：中国银行给予600亿元巨额授信，给予6亿美元长期贷款支持。

财政支持：三门政府给予22亿元支持。

出口信贷：从美国西屋进口AP1000技术，获得美国银行信贷支持。

四、融资方案

1. 融资结构

三门核电站项目采用投资者通过项目公司安排项目融资。本项目由中国核能电力股份有限公司控股子公司三门核电负责具体实施，中国核能电力股份有限公司、浙江浙能电力股份有限公司、中电投核电有限公司、中国华电集团公司和中核投资有限公司分别持有三门核电 51%、20%、14%、10%和5%股权。同时通过银行贷款和供应商出口信贷获取资金。2014年4月27日，中国银行与中核集团签署了战略合作协议，中国银行提供等值于600亿元人民币的巨额授信，全力支持中核集团公司各个领域的项目建设。三门核电有限公司目前与中行浙江省分行签署了三门核电一期工程金融服务合作协议暨贷款合同。其中，中行浙江省分行将向三门核电提供3亿美元长期贷款。项目一期比例如图3—2—1所示。

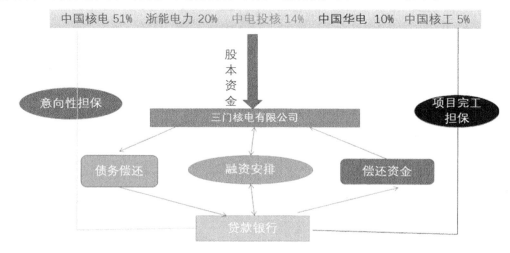

图3—2—1　项目一期比例

2. 融资分析

（1）中国核能电力股份有限公司、浙江浙能电力股份有限公司、中电投核电有限公司、中国华电集团公司和中核投资有限公司以其出资额承担有限责任。该项目通过成立项目公司——三门核电有限公司来实现其融资，中国核能电力有限公司等公司为该项目提供担保，只以其投入股本资金承担有限责任。这种方式实现了项目融资的有限追索，使中国核电承担的风险更小，同时会有更多的资金和空间去从事其他项目的建设，中国核电对该项目具有51%的控股权，实现了对该项目的绝对控股，因此在未来对该项目的收益也有最大的份额，达到一种"四两拨千斤"的收获。

（2）该种融资方式实现了资产负债表以外融资。本项目所需资金约400亿元，数额巨大，中国核电投入资金14亿元，其他绝大多数资金需要发行债券股票和贷款来实现融资，如果将项目贷款反映到项目发起人的资产负债表中，则项目发起人本身的资产负债率将受到很大的影响，从而影响自身的经营和发展。而该项目通过中国核能电力股份有限公司、浙江浙能电力股份有限公司、中电投核电有限公司、中国华电集团公司和中核投资有限公司成立项目公司，由项目公司来实现融资。通过这种方式中国核电可以不将子公司负债反映在母公司的资产负债表中，从而实现了资产负债表外融资。

（3）融资风险小，费用低，还款期限长。该项目设备通过国外供应商提供的出口信贷购买，同时中国银行浙江分行为其提供了600亿元的授信，并提供了6亿美元的贷款。该项目同时获得了国家财政支持，三门政府给予22亿元支持。本项目的融资都为长期融资，以其发电后的收益作为偿还，短期内不需考虑还本付息。还款压力小。同时该项目的融资获得中国核电等公司的担保，融资风险小。该项目获得国家政策支持，其融资获得的优惠性政策多，所以融资费用更低。但是该项目由于贷款银行将要承担过多的风险，这导致了银行、总公司对该项目的严重监管。

（4）三门核电站作为国家战略性项目，利用外资比例高，鉴于目前国际环境，其金融风险较大。由于项目建设初期国际经济环境，当时签订的贷款合同利率较高，而且以银行贷款为主的融资方式，而近年来随着国际环境的变化，美元利率大幅下调，资本市场也在不断地完善过程中。面对国际经济环境，三门核电站项目的融资风险也就更大。因此应该在政策允许的前提下，三门核电项目应积极探索并实施融资方式，比如通过债务管理和债务重组，优化债务结构，降低债务成本等。

（5）该种融资方式可以通过中国核电等公司在管理、技术、市场和资信方面的优势为项目获得优惠的贷款条件。中国核电是我国最大的核电公司，其在管理、技术、市场和资信方面的优势其他企业无可比拟，通过中国核电来融资，简单快捷。但是这种方式缺乏灵活性，在税务上，项目的税务优惠或亏损只能保留在项目公司，也就是中国核电不能通过三门核电项目公司来减轻自己的税务。

五、项目效益分析

浙江三门核电一期工程的项目初步设计概算（建成价）为408.26亿元。三门核电一期工程为全球首个采用美国设计的AP1000三代压水堆核电技术建设的核电项目，受关键设备制造及设计固化影响，工程进度和投资控制面临较大挑战。在项目实施过程中，受工程延误、人工及原材料价格上涨、进口环节关税增加等因素影响，预计项目的建成价可能进一步增加。根据《国家发展改革委关于完善核电上网电价机制有关问题的通知》（发改价格〔2013〕1130号）规定："全国核电标杆上网电价低于核电机组所在地燃煤机组标杆上网电价的地区，承接核电技术引进、自主创新、重大专项设备国产化任务的首台或首批核电机组或示范工程，其上网电价可在全国核电标杆电价基础上适当提高，具体由省级价格主管部门提出方案报我委核批。"浙江三门核电一期工程为世界首个采用AP1000三代压水堆核电技术的核电项目，符合《国家发展改革委关于完善核电上网电价机制有关问题的通知》中关于在标杆电价基础上提高的条件。根据项目核准投资估算中的预期收益率9%测算，如项目建成价最终增加20%，浙江三门核电一期工程的上网电价为510元/兆瓦时（含税），发行人将在该项目建设末期，依据上述政策开展上网电价的申报工作。

作为我国首个三代核电自主化依托项目和全球首座AP1000核电站，浙江三门核电一期工程将于2018年底或2019年初建成投产。三门核电站建设期间，对地方财政的贡献比例大于5%，一旦投产发电，该比例将提升至10%以上。除了直接的税收贡献，三门核电对当地基础设施建设、就业、消费的拉动也有一定的作用。数据显示，健跳镇工业总产值已从2007年的22.33亿元增加到了2013年的44.39亿元。

据了解，三门核电站一期工程建成后将提供250万千瓦供电能力、年均175亿千瓦时发电量，年产值约80亿元，能为浙江每年增加约1600亿元生产总值提供电力支撑。与建设相同发电能力的火电厂相比，三门核电一期工程可以每年减少500万吨优质动力煤的运输量、11490吨二氧化硫排放量、19088吨氮氧化物排放量、1345吨烟尘排放量，对浙江满足新增电力需求、调整电力结构、完成节能减排目标有重大意义。

六、项目评估

三门核电一期工程为全球首个采用美国设计的 AP1000 三代压水堆核电技术建设的核电项目，年发电量 175 亿千瓦时，年产值约 80 亿元。该项目使用寿命 60 年，投资回收周期大概为 15 年。该项目的建设将有效缓解浙江电力紧张的局面。在建设期间，该项目拉动当地 GDP 的贡献率超过 5%。不仅具有良好的经济效益，还具有良好的社会效益。

该项目也具有巨大风险。该项目建设周期长，在建设期间可能会发生各种不可抗拒因素，同时还有各种技术风险。而在建成后该项目投资回收周期长，各种利率风险，汇率风险比较大。

【课堂讨论】

1. 对于工业工程建设项目投资决策，如何进行项目评估？如何评估项目效益？

2. 目前对我国工业工程建设项目财务生存能力最大的影响因素是什么？如何有效提高我国工业工程建设项目财务生存能力？

3. 试对本案例中所采用的工业工程建设项目投资风险分析与控制方法进行评价。

【课后思考】

1. 工业工程建设项目的主要特征是什么？

2. 工业工程建设项目投资决策中主要考虑哪些因素？

3. 如何开展工业工程项目的可行性研究？

第四章　建筑工程建设项目投资决策案例分析

【学习目的】

通过本章案例掌握建筑工程建设项目投资决策的特点和主要内容。包括建筑工程建设项目经济费用效益分析与财务分析的范围、内容与方法；采用"有无对比"方法分析计算项目直接与间接影响相关路网的经济费用与效益；分析建筑工程建设项目在不同融资模式下的财务生存能力；掌握建筑工程建设项目投资风险分析与控制方法。

【理论基础】

1. 项目评估理论
2. 项目投资决策原理
3. 项目可行性分析原理

案例1　"香溢花城"项目商业计划书

一、项目概况

（一）地块概况

1. 开发项目名称与规模

公司以竞价方式，取得青山湖畔东岸483亩土地开发权，规划容积率为1.5。公司将楼盘定名为"香溢花城"，主要产品为别墅、花园洋房、公寓和高层，配有1∶1地下车位。

2. 开发项目所处区域及其评价

"青山湖·香溢花城"项目地处南昌市区第一大天然湖——青山湖风景区。青山湖号称南昌市的西湖，水质清澈、环境优美，香思林、湖滨、燕鸣岛3个公园环绕湖滨。燕鸣岛公园与"青山湖·香溢花城"近在咫尺。

（1）地理位置与环境

南昌市青山湖风景区位于城区东北隅，南倚市中心繁华闹市，北靠秀丽的赣江，总面积为405公顷，其中水域面积316公顷，为市区最大的独立内湖。自1976年以来经过20年的治理改造，环湖筑起10公里长堤，砌立式护岸，构筑东西截污渠，湖中堆筑岛屿，开发游览景点，植树10万余株。

青山湖风景区总体规划共分六大景区，九个游览单元。分为：游乐区、候鸟保护区、丹霞区、名人区、竞舟区、青山区，用治理湖床的淤泥建起大小参差错落各具特色的13个岛屿。青山湖现已开发、兴建青山湖游乐园、烟波园（钓鱼俱乐部）、江西儿童少年活动中心、江西（国际）野生生物宣传中心、豪门山庄、雁鸣秋水等游乐活动场所。

（2）交通状况

沿湖大道纵横交错，东邻青山湖大道，南接南京东路，与南昌高新技术开发区毗邻，西靠规划中的湖滨大道，北连青山路，随着青山湖周边房地产开发，路网将进一步完善。已开通的公交车有 5 路和 231 路两条线路。

（3）周边单位、人口与收入状况

青山湖地处南昌市高校园区，与南昌高新技术开发区毗邻。南昌大学、南昌航空学院、江西师范大学等十余所大专院校距青山湖都在 2000 米以内；南昌市重点企业、利税大户清华泰豪科技股份有限公司、赣能电力股份有限公司等数十家企业，均在区内。青山湖周边云聚教师和公司白领阶层，人口素质较高，是南昌市最有购买力群体之一。据我公司不完全调查：高校与中学教师年收入在 3 万～6 万元、公司白领年收入在 3 万～8 万元、国有企业中层以上管理与技术骨干年收入在 2 万～5 万元，根据房地产经济学评价，他们都是潜在的消费者。

（二）南昌市经济状况与发展趋势

1. 南昌市概况

江西省委、省政府于 2002 年提出江西要在中部地区崛起，"南看深圳、中看南昌、北看大连"，将南昌建设成为适合人居和旅游的花园城市。南昌是江西省省会，全省政治、经济、科技和文化中心，现有人口 440 余万人，辖区面积 7402 平方公里。2003 年 11 月 6 日，南昌市规划委员会第十八次会议通过《南昌市 2003—2020 年城市总体规划》，根据规划，南昌城市人口将由现在的 140 万人增加至 2020 年的 350 万人（其中，中心城区人口为 255 万人），人口净增加 210 万人，增长率为 150%；城市规划面积为 900 平方千米，城市建设用地将由现在的 165 平方公里增加至 2020 年的 350 平方千米，从而使南昌成长为集山水、历史、生态、文化和谐统一的现代化园林城市。

2. 南昌经济现状

南昌市委、市政府加快改革开放步伐，提出投资环境最优、回报最快等口号，引起了世人瞩目，经济进入快速发展时期，综合经济实力明显增强。改革开放优惠政策，吸引了一大批知名企业来南昌投资。

2001 年 GDP 为 485.62 亿元；2002 年 GDP 为 552.37 亿元，2002 年 GDP 比 2001 年增长 13.8%；2003 年 1—9 月完成 GDP 为 463.07 亿元，前三季度 GDP 比上年同期增长 14.5%（预计全年 GDP 将达到 620 亿元）。2003 年全市经济在去年持续稳步回升的基础上，继续保持快速健康发展态势，增幅在中部六个省会城市中列第二位。

投资需求增势强劲，民间投资活跃。前三个季度，全市固定资产投资完成 105.48 亿元，同比增长 81.6%，增幅比上年同期提高 18.7 个百分点，在中部六个省会城市中列第一位。

财政收入增长较快，金融支持力度加大。前三个季度，全市财政总收入 52.93 亿元，同比增长 20.9%；各项存款余额 1092.78 亿元（城、乡居民储蓄近 500 亿元），比年初增加 164.65 亿元；各项贷款余额 765.78 亿元，比年初增加 147.68 亿元。

城乡居民收入继续增长，生活水平继续改善。前三个季度，该市城镇居民人均可支配收入 5560 元，同比增长 7.2%；农民人均现金收入 2141 元，增长 4.7%；在岗职工平均工资 8926 元，同比增长 14.8%。

3. 南昌市经济发展趋势

南昌市具有得天独厚的地理位置优势，南连珠江三角洲、东承长江三角洲和闽南三角洲，是东、西部经济发展对接地，可以承接发达地区的产业梯度转移。事实发展证明，南昌已经成为全国经济发展热点地区之一，大量海内、外知名企业云聚南昌市经济开发区和高新技术产业开发区，南昌市已经成为一块投资热土。根据南昌市发展规划，2020 年城市人口将达到 350 万人，比 2003 年净增加 210 万人；GDP 将由 2003 年 620 亿元增至 2020 年的 3000 亿元左右。

二、项目规划与设计

（一）规划思想

本着规划与设计为产品核心竞争力的思想，通过招投标确定了深圳筑博来规划与设计"青山湖·香溢花城"项目。

规划思想——美式加洲西班牙风情　城市中的田园湖畔社区

（二）项目特色——青山湖畔　香溢花城　浓妆淡抹总相宜

◆美式加洲西班牙风情——异域风情社区；

◆景观优势社区——湖景和广场景观；

◆产品创新——个性化住宅，填补市场空白；

◆中轴景观——300 米水景音乐长廊；

◆围合组团——人性化生活空间；

◆低密度——尺度宜人、亲近自然。

（三）建筑产品

1. 产品品质

产品品质是公司经营首要考虑的因素，是公司参与市场竞争的有力措施。"青山湖·香溢花城"项目产品与同类板块或同类楼盘相比，产品品质差异主要体现在：

（1）产品功能设计合理、科学，抓住和领会了房地产发展未来趋势。在南昌市首次推出 2＋1、3＋1 多功能房，引入了功能房概念，适应了学习型、生活享受型等不同类型家庭对住房功能日益扩展的需要。

（2）小高层大阳台，设计空中花园。足不出户，就可享受到私家花园所带来的清新、舒适和休闲的生活。

（3）多层一楼送花园。庭院是中国老百姓传统生活的必需品，一楼送花园，让住户有返璞归真、接近自然的亲切感。

（4）景观高层。设置观光电梯，全景俯瞰青山湖水景，陶醉在大自然风光之中，美不胜收。

2. 产品类别（见表4-1-1、表4-1-2）

表4-1-1　第一期（C地块）：住宅及商业产品一览表

类　型	套　数	面积（平方米）	所占比重（%）
别墅	25	5240	4.4
花园洋房	24	3600	3
多层	527	57429	48
小高层	120	16000	13.4
高层	252	29231	24.5
商业		8000	6.7
合计	948	119500	100

表4-1-2　第一期（C地块）：主力户型（占总量的81%）

类别	户型	面积（平方米）	数量
二房	2+0	84	93
	2+1	93	195
	小　计		288
三房	3+0	117	261
		130	80
	3+1	130	99
		140	40
	小　计		480
分析：　二房/三房=0.6			

三、证照办理计划（见图4-1-1）

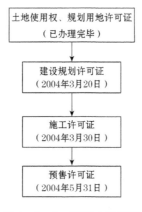

图4-1-1　证照办理流程

四、开发计划

合理安排开发周期、降低开发风险。

1. 开发节奏（C 地块）

一期工程 2004 年 4 月 1 日开工（C 地块的多层、花园洋房、别墅、小高层）2005 年 5 月 1 日入住。

二期工程 C 地块高层部分视市场情况待机而动。2004 年 10 月 B 地块多层、花园洋房、别墅、小高层启动。

2. 高层适度缓建

从南昌房地产市场来看：消费者对高层的接受程度尚未成熟、高层市场竞争激烈；高层缓建的优势：利于迅速回款、田忌赛马的启示、实现高层的利益最大化。

3. 前期准备

◆规划、建筑设计单位确定，目前正在进行建筑设计。

◆2003 年 12 月底完成主体施工单位考察工作。

◆2004 年 2 月招投标确定景观设计单位。

◆2004 年 3 月中旬招投标确定一期工程主体施工单位。

◆2004 年 3 月底完成一期工程报建工作。

4. 工程计划

一期工程（C 地块的多层、花园洋房、别墅、小高层）。

2004 年 4 月 1 日开工；

2004 年 9 月 1 日售楼处及样板区开放；

2005 年 5 月 1 日入住。

二期工程（高层部分）。目前南昌市场对高层住宅的接受情况一般，考虑延期开工。

五、营销推广

（一）南昌市房地产现状与未来发展趋势

城市发展必然带动房地产业发展，并为房地产业可持续发展提供巨大的空间。南昌市房地产业发展大致可分为三个时期：1992—2000 年属于起步期，2001—2002 年属于发展期，2003 年起属于逐步成熟期。

1. 南昌市房地产现状

2001—2003 年，房地产业进入快速发展时期，房地产公司注重环境和园林景观建设，商品房以多层为主，小高层为辅。随着全国知名度较高的房地产大鳄纷纷进军南昌，为南昌房地产经营带来了新理念。

南昌市房地产市场投资与消费同步增长，存量与增量相互拉动。2003年1—10月房地产市场呈现如下特点。一是房地产投资快速增长，投资比重越来越大。全市完成房地产开发投资36.19亿元，同比增长53.78%，占同期全市固定资产投资总额的比重达29%。其中住宅投资完成27.51亿元，占房地产投资总额的76%。二是商品房销售强劲增长，交易金额达51.67亿元，同比增长135.29%（见表4—1—3）。

表4—1—3　南昌市房地产有关情况一览表（2003年）

年份	施工面积		商品房新开工面积	商品房竣工面积	商品房成交面积	商品房空置面积
	商品房	其中：住宅				
2002	127.52	116.53	45.43	11.6 (1—6月)	109 (1—10月)	15.55 (1—10月)
2003	380	289	184	84.46 (1—6月)	195.19 (1—10月)	10.83 (1—10月)
同比增长	198%	148%	305%	6.3倍	78.8%	−30.35%

2. 南昌市房地产未来发展趋势

自从江西省委、省政府提出将南昌市建设成为花园城市以来，南昌市委、市政府积极改善投资环境，招商引资，用经营理念来经营城市。整治城市卫生、改造城区湖泊、疏浚河道、拓宽和建造城区公路网，亮化美化城市，为房地产业发展提供了良好的基础环境。

南昌市中心城区将形成"一江两岸"的现代化滨江城市格局，拉开城市发展骨架，重点建设新区，同时改造旧城区，旧城区人口将外迁10万余人至新城区，以赣江为主轴形成昌南、昌北两个相对独立的城区。昌北重点发展红谷滩中心区和凤凰洲生活居住区，红谷滩中心区房地产开发公司主要有上海绿地、大连万达、洪城房地产开发有限公司、江信国际等几家企业，最大楼盘为大连万达的"万达星城"（1000亩），楼盘定位于中、低档。昌南分三个片区，即朝阳洲片区、象湖片区和青山湖片区，朝阳洲片区房地产启动最早，依托于南昌市商业批发区，房型以传统为主；象湖片区以象湖为背景，大做水景文章，房型以小高层为主，象湖片区缺点是紧靠工业和商业贸易区；青山湖片区刚启动，又是南昌城区最大的湖泊，具有得天独厚的人文、自然和科技等优势，已经成为南昌市民二次置业首选之地。

青山湖片区房地产必将代表南昌市房地产未来发展趋势。房地产概念不再是简单的"造房子＋环境＋园林景观"，而是更注重人文和社区文化建设，有利于邻里沟通；户型设计关注私密性、空间利用更趋于合理，2＋X或3＋X多功能房子将逐步成为消费主流；多层和小高层住宅将逐步过渡到高层住宅。

（二）竞争对手与项目优劣势分析

从南昌市现有房地产公司和正在开发的楼盘来看，竞争分以下三个层面：一是商品房所在区域与区域的竞争；二是区域内楼盘之间的竞争；三是公司之间实力与品牌的竞争。

1. 板块之间的竞争与分析

同青山湖板块竞争的主要是象湖、朝阳和红谷滩三个板块。竞争优、劣势分析：

（1）象湖板块的优势是有水景，靠洪城大市场，经商便利；劣势是周边属于重工业区，小区居民混杂，设计容积率偏高，舒适性不够。

（2）朝阳板块的优势是开发最早，属于成熟的社区，东临抚河，西接赣江；劣势是规划落后，社区建设不配套，居民素质不平衡。

（3）红谷滩板块的优势是紧靠市委、市政府，规划起点较高，地价相对便宜，开发成本较低，有价格竞争优势；劣势是地理位置偏僻、人气不旺、市政配套设施需要几年才能到位，市民出行难，要求市民有备车能力。

（4）青山湖板块的优势是拥有市内最大的青山湖，环境优美，属于市区的次中心，被南昌市民普遍认可为最佳的高尚住宅区；劣势是地价较高，导致房价过高。

2. 青山湖板块各项目之间的竞争与分析

在青山湖板块从事房地产开发，投资价值得到商家和买家共同认可。该板块现有房地产开发公司及楼盘：

（1）江中实业公司开发的"江中花园"（全部是小高层和高层）；

（2）北京同创公司开发的"碧海云天"（多层和小高层为主）；

（3）旅游房地产开发公司开发的"白金翰水景花园"（TOWNHOUSE 为主）；

（4）南昌金昌利房地产开发公司与浙江合作开发的"秀泊经典"（TOWNHOUSE、多层和小高层）；

（5）深圳北方地产集团接手改造的"金色水岸"（高层）等楼盘；

（6）浙江烟草南昌中溢置业有限公司开发的"青山湖·香溢花城"。

本区域房地产开发公司中，深圳北方地产集团虽有一定名气，但楼盘只有一栋，而且属于烂尾楼改造而来，对本公司经营构不成竞争威胁；其他公司知名度均有限，基本处于同一起跑线，青山湖片区之间竞争，主要体现在楼盘品质和公司实力。本公司开发的"青山湖·香溢花城"项目，属于青山湖片区最大的楼盘，小区规划和资金实力有优势；劣势是主要地理位置相对偏僻，交通有待改善，只要扬长避短，将小区定位于休闲、观光和人文社区，就能将劣势转化为优势。

（三）市场定位

青山湖得天独厚的自然风光和地价决定了该板块的房地产价值。"青山湖·香溢花城"地价达 101 万元/亩，加上 4% 的契税，最终地价达到 105.04 万元/亩，按 1.5 容积率计算可开发的商品房每平方米土地成本就达 1100 元，商品房造价会比其他板块商品房高，能够购买该项目商品房者，必定是收入水平较高的人士。

市场定位：　　南昌市中高档楼盘

　　　　　　　城市中的田园湖畔社区

　　　　　　　南昌的中南海（与江西省委、省政府高级干部住宅区相邻）

（四）客户定位

"青山湖·香溢花城"目标客户是中高收入者，细分市场主要购买对象是金融、电信、铁路、电力等行业职工、教师、政府公务员、IT 行业专业人士和公司白领阶层。

客户定位：金融、电信、铁路、电力等行业职工；教师；政府公务员；IT行业专业人士；公司白领阶层；二次置业人士；房地产投资者。

（五）产品定位

适度导入沿海发达地区前瞻性功能产品；

充分发掘湖景与市政广场的景观资源；

适度缩小单体户型面积，降低购买总价款；

制造高层景观居住概念。

（六）形象与主题

推广形象：　青山湖畔　香溢花城　浓妆淡抹总相宜　加州风情　美式居住形态

推广主题：

音乐主题——水景音乐长廊以及环境音乐小品；

休闲主题——广场开阔空间和湖畔美丽景观；

健康主题——良好的生态系统和小区健身运动设施。

（七）销售阶段（2004年）

工作准备期　　2004.02.01——2004.04.19

市场预热期　　2004.04.19——2004.05.31

市场升温期　　2004.06.01——2004.08.31

市场引爆期　　2004.09.01——2004.10.31

市场恒温期　　2004.11.01——2004.12.31

六、销售计划（见表4—1—4）

表4—1—4　2004年销售计划表

时间	销售商品房（套）	销售面积（平方米）	销售金额（万元）
9月	180	20600	6440
10月	100	11420	3560
11月	45	5130	1600
12月	25	2850	900
全年目标	350	40000	12500

七、资金筹措（来源）

1. 公司自有资金36300万元。

一是股东投入资本金5000万元；

二是股东委托浙江工商信托借款31300万元。

2. 项目滚动开发的销售回款资金。

3. 适度银行信贷资金（用销售回款归还本息）。

预测：一区银行借款5000万元（借款1年）；二区银行借款10000万元（借款2年）。

八、物业管理

南昌中溢置业有限公司自行组织物业管理队伍，时间为 2004 年 3 月。其理由：

◆目前南昌市现有物业公司管理水平、服务意识一般。

◆"青山湖·香溢花城"项目定位为中高档社区，需要具备一流的物业管理水平和管理团队。

◆目前南昌市整体物业管理费用偏低，外省市优秀物业管理公司不愿进入南昌市场。

◆自有物业公司在楼盘移接、后续维护等方面对项目延续开发较为有利。

◆物业公司管理水平与团队素质直接影响到地产公司的品牌塑造。

物业公司管理理念：

◆以人为本。

◆尽善尽美。

◆共享美好生活。

组建与管理：

◆物业管理团队的组建与专业化培训。

◆物业公司服务宗旨：酒店式全程服务。

◆管理模式：业主自治与专业服务相结合。

九、投资收益与风险分析（C 地块）

1. 项目成本分析（见表 4—1—5）

项目占地 80877 平方米，容积率 1.5，总建筑面积 127450m²，可售面积 119500m²。

表 4—1—5 项目成本分析表   单位：万元

项 目	合 计	多层	高层	可售公建	别墅洋房
土地价款	13355	6418	5055	894	988
开发前期准备费用	2713	1304	1027	181	201
主体建筑工程费	8241	3122	3906	740	473
主体安装工程费	2001	721	1106	72	102
社区管网工程费	1068	513	404	72	79
园林环境费	1212	582	459	81	90
配套设施费	255	123	96	17	19
开发间接、期间费	3340	1605	1264	224	247
总投资合计	32185	14388	13318	2281	2198

成本分析说明：

◆中富集团退出补偿款 829.25 万元，C 地块按面积分摊 210.83 万元。

◆本项目前期发生的规划设计、工程、销售、广告等费用共计 109.82 万元。

◆自 2002 年 10 月中溢公司成立至 2003 年 10 月，发生的管理费用共计 163.60 万元。

◆成本测算中地价款及前期准备费用等按项目可售面积分摊。

◆配套设施费为项目内会所、幼儿园建筑造价。

◆资本化利息为 1195 万元（按融资 1.5 亿元一年半期限计算的利息，年利率 5.31%），注册资金 5000 万元作为股本金未计算利息。

◆为提高 C 地块开发整体品质，降低多层的容积率，增大高层比例，致使建造成本增加。

◆本测算建造成本按目前南昌市价格估算。由于 2003 年以来南昌房地产发展迅猛，导致建材价格偏高（见表 4—1—6）。

表 4—1—6 项目单方成本分析表

项　目	多　层	高　层	可售公建	别墅洋房
总投资	14388 万元	13318 万元	2281 万元	2198 万元
单方成本	2505.44 元	2944.40 元	2851.28 元	2486.83 元
保本售价	2643.24 元	3106.35 元	3008.10 元	2623.60 元
平均单方成本	2693（元/平方米）			
平均保本售价	2850（元/平方米）			

2. 利润分析（见表 4—1—7）

表 4—1—7 项目利润分析表

项　目	多层	小高层	高层	商业	别墅	洋房
单方成本	2505.44	2944.40	2944.40	2851.28	2486.83	2486.83
总成本	32185 万元					
销售均价	3000	3300	3400	5000	4500	3300
总销售额	39993 万元					
营业利润	7808 万元					
成本利润率	24.3%					
减：税金	4050 万元（营业税 2199.6 万元　所得税 1850.40 万元） 按协议塘山镇政府应退还部分税金					
净利润	3758 万元					
成本净利润率	11.7%					
资本净利润率	75.14%（3757/5000）					

3. 项目盈亏平衡分析

项目可售部分销售均价：3346.7元/平方米

项目可售部分保本均价：2850元/平方米

销售率盈亏平衡点：84.9%

4. 项目敏感性分析

根据项目性质，对成本、销售价格两方面进行单因素敏感性分析。

表4－1－8结果显示本项目对销售价格最敏感，成本次之。

表4－1－8　敏感性分析表　　　　　　　单位：万元

变动因素	变化幅度	总成本	总销售额	利润	净利润	影响程度
基准方案	0	32185	39993	7808	3758	
成本	−6%	30255	39993	9738	5051	35%
	−4%	30899	39993	9094	4619	23%
	−2%	31542	39993	8451	4188	12%
	2%	32830	39993	7163	3325	−12%
	4%	33473	39993	6520	2895	−23%
	6%	34117	39993	5876	2463	−35%
销售价格	−6%	32185	37593	5408	2237	−41%
	−4%	32185	38393	6208	2744	−27%
	−2%	32185	39193	7008	3251	−14%
	2%	32185	40793	8608	4264	14%
	4%	32185	41593	9408	4770	27%
	6%	32185	42393	10208	5277	41%

十、融资组合计划

"青山湖·香溢花城"项目投资总额在12亿元左右。其中C地块融资组合情况见表4－1－9。

表4－1－9　融资组合计划表　　　　　　　单位：万元

项目	需要量	解决方案					
		流动资金贷款	一期土地抵押贷款	担保贷款	烟草公司借款	销售收入	小计
C地块流动资金	8000	3700				4300	8000
二期土地资金	24300	300	9000	11000	4000		24300
合计	32300	4000	9000	11000	4000	4300	32300

十一、公司治理

1. 确定组织架构

房地产公司是资金密集型和经营理念创新型企业，高效运转的组织体系是确保公司实现经营目标的前提。公司将根据经营与管理需要，着眼于长远发展，搭建高效、精干的组织架构，并选聘优秀人才。

公司采取分层管理与扁平管理相结合的模式，做到责、权分明，简捷、高效，提升公司整体运作与管理水平。

2. 完善制度建设

制度建设是治理公司的基础。根据房地产行业特点和公司实际需要，制定一系列规章制度，有利于完善公司运行机制，确保公司经营管理层对股东负责；公司内部各部门和全体职员对经营管理层负责。主要制度：人力资源管理制度、财务管理制度、薪资制度、招投标制度、工程与质量管理制度、公司行政管理制度等。完善公司制度建设，提高项目运作计划性、目标性和前瞻性，加强计划执行和监督力度，做到事后及时汇报、评估和检查。

3. 薪酬体系设计

人才是公司核心竞争力。结合南昌市当地和房地产行业薪资实际情况，按照略高于当地同行业薪资水平的原则，设计有竞争力和吸引力的薪酬体系。

4. 人力资源与培训

公司致力于长远发展目标，建立一支业务素质高、道德品质好、忠诚于公司的团队，加强培训是关键。通过培训，灌输公司经营理念和服务理念，提高员工各项素质，增强公司凝聚力，有利于提升公司核心竞争力。

5. 企业文化与品牌建设

开发"青山湖·香溢花城"，创楼盘和公司品牌，把南昌中溢置业有限公司打造成有企业文化内涵的个性化公司。

十二、风险分析与规避

公司风险分为经营风险和财务风险。经营风险主要有：

①房地产发展形势和金融政策变化。例如：人民银行2003年出台的房地产信贷宏观调控政策。

②市场购买力。

③项目规划与设计理念不符合南昌市现实、产品功能定位不准。

④项目开发周期过长，导致管理成本和财务费用大幅度上升。

⑤同类产品供大于求和同板块楼盘集中上市，加剧竞争。2003年，南昌市房地产投资增幅排在全国第一位，新开工房地产面积达到300万平方米，可见未来房地产市场竞争激烈程度。

规避经营风险的主要对策是：

①与金融企业广泛合作，分散筹资，防止资金链断裂的风险。

②密切关注房地产市场变化，及时调整经营策略，化解市场风险。

③项目规划和设计要符合南昌市消费市场，既要有自己的特色，又要有一定的前瞻性，

能吸引和引导消费者。适度控制套房面积，降低总价款，拓宽消费者层面。

④开发周期长、短结合，一期项目要体现公司实力和品位，增强消费者信心，以提高公司在业界知名度。别墅、多层、花园洋房开发时间短；小高层随后跟进；高层在充分论证后，放在最后推盘，以减少投资风险和防止资金积压风险。

⑤控制成本费用，主要材料公开招标，由公司优选供应商并确定采购价格。

⑥楼盘特色明显，与同类产品相比，有明显并不可复制的差异性。

财务风险是资金风险，规避风险的对策：

①控制开发节奏，防止资金过度积压（二期开发视一期市场情况而定）。

②多方融资有机组合。

③选择服务质量和政策相对宽容的金融企业合作，降低法律诉讼风险。

案例2　昌江河西区综合开发项目

一、概述

（一）项目概况

项目名称：昌江河西区综合开发项目（二期、三期）

项目单位：景德镇市城开投金岭开发投资有限责任公司

建设地点：昌江河西区综合开发项目（二期、三期）分为两期内容，其中：

（1）昌江河西区综合开发项目（二期）——中渡口古码头防洪改造工程位于江西省景德镇市人民公园以南，昌江西岸。

（2）昌江河西区综合开发项目（三期）——中渡口古码头公共停车场位于中渡口古码头旁，三河村附近。

项目性质：项目为改造及新建，其中二期为改造工程，三期为新建工程。

建设规模及内容：项目分为两期内容，其中二期内容为中渡口古码头防洪改造工程，三期内容为中渡口古码头公共停车场。

其中主要建设内容如下：

（1）昌江河西区综合开发项目（二期）——中渡口古码头防洪改造工程包含防洪道路工程、防洪广场码头工程、防洪堤改造工程、活动式防洪墙工程、浮桥工程、排涝站工程、沿河驳岸提升改造工程及截污干管改造工程。

（2）昌江河西区综合开发项目（三期）——中渡口古码头公共停车场包含地上市政广场与地下建设工程、机动车停车位等。

投资估算：总投资为42850.0万元。

资金筹措：资金由建设单位自筹和银行贷款解决。

项目施工期：12个月。

（二）项目建设背景及必要性

1. 项目建设背景

长江是中华民族的母亲河之一，不仅滋养着华夏大地，还孕育了悠久璀璨的华夏文明，更是中华民族得以发展的重要支撑。但随着经济社会的快速发展和两岸的人类活动影响，长江流域的生态环境也遭受到了相当程度的污染和破坏。

2018 年 12 月 31 日，生态环境部、国家发展改革委联合印发了《长江保护修复攻坚战行动计划》，明确以改善长江生态环境质量为核心，以长江干流、主要支流及重点湖库为突破口，统筹山水林田湖草系统治理，坚持污染防治和生态保护"两手发力"，推进水污染治理、水生态修复、水资源保护"三水共治"，突出工业、农业、生活、航运污染"四源齐控"，深化和谐长江、健康长江、清洁长江、安全长江、优美长江"五江共建"。

自《长江保护修复攻坚战行动计划》印发以来，各大银行积极响应国家区域发展战略，倾力支持长江大保护项目。江西作为长江经济带的重要一员，境内的鄱阳湖水系是长江的重要分支水系，抓好长江大保护，责任重大、责无旁贷。

昌江作为鄱阳湖水系之一的饶河支流，由北向南贯穿景德镇的全境，为景德镇自古以来的"水土宜陶"创造了条件，是景德镇市的母亲河、陶瓷文化的孕育者。

景德镇市积极响应国家政策、把握发展机遇，下大决心保护生态环境，大力推进生态文明建设。尤其是抓住 2017 年 3 月列入全国第二批"城市双修"（生态修复、城市修补）试点城市的契机，结合创建全国文明城市、创建国家卫生城市，明确提出了高起点规划，高标准设计，高质量建设，举全市之力打造昌江百里风光带。

昌江百里风光带以修复山体、保护水系、打造景观节点、提升周围农村环境为目标，大力推进沿线范围内的山水生态修复和城乡环境治理，塑造良好的山体、水系、河湖岸线及独具特色的城乡风貌，构组山水林田湖草生命共同体，打造出"蓝天白云、青山绿水"的生态环境。

本项目位于景德镇市中心城区，是昌江百里风光带的核心风貌展示带。目前，项目区域的沿河两岸并未建设标准的驳岸线，部分驳岸由于遭受河水、洪水冲刷，土质疏松，影响了现状道路的稳定性；沿河两岸的植被覆盖率不高，使得两岸水土流失现象较为严重，特别是当汛期来临时，会影响到两岸居民的生活出行，农产品种植得不到保障；另外，由于项目区域未敷设市政排水管网，两岸居民的生活污水直接排入昌江河，使昌江河的水体受到污染，严重破坏了水系生态环境。

本项目是基于上述政策背景与现状条件，以保护为原则，以改善昌江水系生态环境为目的，统筹环境与经济协调发展。项目的建设将大力推进沿线范围内山水生态修复和城乡环境治理、推进水生态文明建设，成为集生态样板、旅游观光、健身休闲、文化传承、防洪排涝保护于一体的城市亮丽风景线。

2. 项目建设必要性

本项目的建设在统筹昌江沿线景观、修复山体、保护水系，推进生态文明建设和城乡环境治理，提升城市风貌和形象，改善人民生活水平和保障安全等方面具有重要意义。具体论证如下：

（1）《长江保护修复攻坚战行动计划》的具体落实，是景德镇市"双创双修"、建设生态文明卫生城市的需要。

近年来，景德镇市坚持走绿色发展之路，大力推进生态文明建设，提出了高标准高起点规划和打造昌江百里风光带，并分步付诸实施。特别是在 2017 年 3 月，景德镇市成为江西省唯一一个入选全国第二批生态修复城市修补试点城市，昌江百里风光带被列为该市"城市双修"的重点建设项目，并谋划建设了一批受百姓欢迎的景点。

　　根据景德镇市"双创双修"工作方案，昌江百里风光带以治山理水、显山露水为重点，以"一江三河六山"（昌江、南河、西河、东河，凤凰山、五龙山、龙塘山、吻府山、石埭山、南山）为核心，推进视线所及范围内的山水生态修复和城乡环境治理，塑造良好的山体、水系、河湖岸线及独具特色的城乡风貌。系统开展河湖水系的整治提升，恢复河湖水域的自然岸线、滩涂和滨水植被群落，增强水体自净能力，保护城乡水系自然形态。在科学规划和合理布局的基础上，通过对沿线渡口、码头、亭台楼阁等重要景观节点的系统改造，实现景观与自然的和谐统一，全面提升昌江百里风光带的综合品位。

　　昌江百里风光带是立足于保护母亲河昌江的"一江清水"，把水安全、水环境、水景观、水文化、水经济结合起来，科学谋划的水系综合治理项目，不仅从源头上解决污水直排昌江的问题，还开展了水域整治和沿江两侧的环境治理，打造了一系列特色景观，使昌江成为瓷都一道亮丽的风景线。

　　（2）本项目是昌江百里风光带的核心部分，因此，本项目的建设是《长江保护修复攻坚战行动计划》的具体落实，是景德镇市"双创双修"、建设生态文明卫生城市的需要。

　　江西是成为首批全境列入生态文明先行示范区建设的省份之一，认真落实《关于加快推进水生态文明建设工作的意见》及《江西省水生态文明建设五年（2016—2020）行动计划》，积极推进重点区域水土流失综合治理，全面加强预防保护及生态修复，着力改善生态环境，促进群众脱贫致富，将新理念转化为新举措新行动，用实践与实效诠释了"绿水青山就是金山银山""改善生态环境就是发展生产力"的生态文明发展之道。

　　（3）是"加强水资源基础设施建设，合理配置昌江水资源，实现城乡供水一体化，保障昌江水资源环境"的需要。

　　在《景德镇市中心城区发展规划》中指出"加强水资源基础设施建设，合理配置昌江水资源，实现城乡供水一体化，保障昌江水资源环境"是非常必要的。

　　规划指出：加强水资源基础设施建设，合理配置昌江、南河水资源，中远期增加浯溪口水库水源、玉田水库水源，形成江库连通、相互补给、灵活调度的多层次供水网络，实施城乡供水一体化，新建洋湖水厂、扩建第四水厂、浮梁水厂、洪源水厂、湘湖水厂、三龙水厂等，加快村村通自来水工程建设，实现城乡供水管网连通，提高农村自来水普及率，全面保障城市饮水安全；西瓜洲、吕蒙及罗家湾污水处理厂进行扩建升级，提高其污水处理规模和水平，实现郊区乡镇污水集中处理，满足城镇发展需要。

　　（4）是完善防洪体系、保障城市防洪安全、促进生态建设的需要。

　　水利设施是城市重要的基础设施，水环境是城市环境的重要组成部分，防洪安全是城市经济社会发展的保障。昌江是景德镇的母亲河，是景德镇市重要水源保护区，整条昌江河市政基础设施的建设在本次项目中起到非常重要的作用。

　　随着景德镇市发改委出具《关于初步同意昌江百里生态风光带景德镇水利枢纽工程可行性研究报告的意见》，标志着景德镇市水生态文明"一号工程"的景德镇水利枢纽项目正式获批立项。

　　本项目区域范围的昌江西岸位于景德镇城区边缘，大部分现状河堤并未进行系统的防洪建设，河堤两岸的植被没有进行统一规划种植，两岸水土保持较差，生态景观面貌不佳，城市防洪安全得不到有效保障。

本项目将系统规划与建设沿江两岸的驳岸，在防洪要塞处重点建设防洪墙，并将防洪与改善水系生态环境、美化河道两岸景观结合起来，通过以"水、城、景"三位一体的设计理念，形成"交通轴、经济轴、文化轴、生态轴、景观轴"的功能布局，为市民提高生活环境水平，提高社会效益、经济效益、环境与生态效益，保障经济社会的可持续发展。

（5）是顺应景德镇市城市总体规划、建设"一核、二轴、六组团"的城市空间结构的需要。

为了加快新型城镇化进程和转变经济发展的方式，实现景德镇"繁荣和谐魅力瓷都"的宏伟目标，景德镇市加大了中心城区的建设力度。根据《景德镇市城市总体规划（2012—2030）》，景德镇将按照"绿楔聚心、交通导向、组团生长"的规划理念，形成"一核、二轴、六组团"的城市空间结构：

一核：昑府山生态绿核，建设城市生态绿心；

二轴：昌江文化展示轴、站前二路—珠山路—新厂路文化展示轴；

六组团：核心组团、景东组团、浮梁组团、昌南拓展区、高新组团和罗家组团。

本项目区位属于景德镇城市空间结构中的核心，即昑府山生态绿核，城市生态绿心；也是昌江文化展示轴中重要的官道蛇曲文化段。本项目通过对河堤两岸进行区段功能性划分，集生态环保、生活休闲、文化熏陶于一体，打造城市生态绿色空间、提供文化交流与活动的场所、完善旧城功能、提升老城区的生活品质，塑造城市新形象。因此，本项目的建设是《景德镇市城市总体规划（2012—2030）》的具体落实，是景德镇完善城市空间结构建设的需要。

（三）工程建设条件

本报告通过深入的调查分析研究，认为景德镇市地理位置等自然条件较优越，社会经济持续稳定快速发展，经济总量位居区域前列，本项目所需建设材料丰富，运输条件较便利，具有良好的工程建设条件。

（四）建设进度设想

根据计划安排，项目进度安排如下：

（1）2020 年 11 月前，完成立项、环评、可研及其他前置性审批工作；

（2）2020 年 12 月底，完成地质勘查、测量、工程招标，开始进行三通一平工作；

（3）2021 年 1 月开始工程建设，至 2021 年 12 月底完成工程建设。

（五）环境评价结果

本建设项目论述了项目周边环境特征，建设项目对生态环境、社会环境、土地利用等可能产生的影响，以及减缓工程环境影响所采取昌江河西区综合开发项目（二期、三期）可行性研究报告的对策。经综合评价，本项目对地方基础设施、资源利用以及社区的发展均是利大于弊，本项目在建设期和营运期间，均能满足环境保护要求。

（六）投资估算和资金筹措

1. 投资估算

昌江河西区综合开发项目（二期、三期）总投资 42850.0 万元。估算成果详见表 4—2—1。

表 4—2—1 总投资估算表

序号	工程或费用名称	金额（万元）	占总投资比例（%）
Ⅰ	昌江河西区综合开发项目（二期）	21850.00	50.99
（1）	建安工程费	18798.63	
（2）	工程建设其他费用	1253.20	
（3）	预备费	1604.18	
（4）	建设期利息	194.00	
Ⅱ	昌江河西区综合开发项目（三期）	21000.00	49.01
（1）	建安工程费	17970.80	
（2）	工程建设其他费用	1294.02	
（3）	预备费	1541.19	
（4）	建设期利息	194.00	
Ⅲ	项目总投资	42850.00	100.00

2. 资金筹措

本项目工程投资大，分项工程多，结合本项目的实际情况，项目（二期、三期）总投资共计 42850.00 万元，分以下两个途径筹措：

（1）建设单位自筹 26850.00 万元，占总投资比例 62.66%；

（2）申请银行贷款 16000.00 万元，占总投资比例 37.34%。

目前，建设单位正在进行本项目的资金筹措和前期工作。

（七）经济财务评价结果

（1）项目（二期、三期）总投资 42850.00 万元；

（2）项目综合偿债备付率 1.20；

（3）本项目静态投资回收期 13.41 年，动态投资回收期 13.44 年；

（4）项目内部收益率（IRR）4.33%（税后）；

（5）项目净现值 1352.59 万元（税后）（i＝4%）。

（八）结论及建议

1. 结论

本项目建成后，对改善景德镇市生态环境、提高沿线人民群众生活质量、树立景德镇乡村形象、优化景德镇投资环境等方面都将有着明显的作用；为树立文明、整洁、优美的景德镇形象打下了良好的基础；为完善景德镇投资环境、带动经济发展提供了良好的条件，能发挥较好的社会和经济效益。

项目建设内容与规模符合景德镇市生态修复、城市修补系列规划，符合景德镇发展建设的要求，工程技术合理，建设方案切实可行，建设条件具备，建议尽快实施。

2．建议

为保证项目能够顺利、稳妥地建设和发展，建议注意以下几点：

（1）积极争取市政府在政策和财政方面的支持，使本项目发展有较好的外部环境。

（2）积极争取项目所在地政府的支持，做好群众协调工作，加快前期绿化用地工作，清理附属物，确保施工中不受干扰，为绿化施工创造一个宽松的环境。

（3）在建设和经营期间要尽量避免扬尘和保护好原有较好生态，切实做好生态环境的保护工作，做到环保"三同时"。另外，要合理安排施工期间的交通，防止车辆拥堵，影响正常交通。

（4）做好宣传教育工作，制定好管理养护措施，加强文明施工，树立良好的形象。

二、实施方案及实施进度

（一）工程条件

1．交通条件

工程地处景德镇中心城区，属于景德镇市区范围，对外交通便利，公路有 206 国道、瓷都大道、杭瑞高速、景鹰高速等，火车站距项目地 4.7 公里，以上道路可作为主要材料的运输通道。

项目涉及的中渡口古码头改造工程及地下公共停车场工程，沿线均有已建成的道路，方便项目材料运输至施工地点，有利于项目建成，施工场地布置较为便利。

2．水文、气象条件

昌江河属亚热带季风性湿润气候区，气候温暖，四季分明，降水充沛，日照时间长，无霜期长。

雨量方面，据景德镇气象站及渡峰坑站雨量资料统计，渡峰坑站多年平均降水量为 1821.3mm，实测年最大降水量为 2738.2mm（1954 年），年最小降水量为 1063.8mm（1978 年）；气温方面，最冷月为 1 月，平均气温为 4.8℃，最热月为 7 月，平均气温为 28.9℃，多年平均风速为 2.1m/s，多年平均最大风速为 12.5m/s；多年平均相对湿度为 78%，多年平均日照时数为 1904 小时，多年平均无霜期为 250 天。

3．工程地质条件

项目区域位于昌江区东北部，工程区所处河段为昌江西岸，为丘陵地区，地势起伏较大，主要地貌单元为剥蚀丘陵地貌以及河流侵蚀堆积地貌，沿河发育一级阶地，漫滩不发育。区内地表水系发达，河流发育。

昌江河水对混凝土构件具重碳酸性中等腐蚀性，对钢结构具弱腐蚀性；地下水对混凝土构件无腐蚀性，对钢结构具弱腐蚀性。

根据《江西省地震动参数区划图》（2001 年），该区地震参数＜0.05g（地震烈度低于 Ⅵ 度），区域稳定性较好。

（二）施工总布置

根据本项目施工特点，拟采用集中和分散相结合的布置方式进行施工总布置。中渡口古码头防洪改造及中渡口古码头改造工程可同时启动、独立实施。其中中渡口古码头防洪堤坝建设选址枯水期进行，从土方平衡角度考虑，防洪堤填土来自湖面开挖的土方，堤防施工应与湖面开挖工作相互协调。

工程对外交通均采用公路运输为主，辅以河道运输。施工现场共需新建临时施工路道3km，机耕路拓宽、维修 2km。

生产用水可直接采用水泵从江中抽取，生活用水可接附近居民用水，施工用电可从附近变电站架设一条施工专用 10kV 输电线供应施工用电。

（三）施工进度

根据本工程特点及具体实际情况综合确定，本项目计划施工期 12 个月。具体进度安排为：

（1）2020 年 11 月前，完成立项、环评、可研及其他前置性审批可行性研究报告工作；

（2）2020 年 12 月底，完成地质勘查、测量、工程招标，开始进行三通一平工作；

（3）2021 年 1 月开始工程施工建设，至 2021 年 12 月底完成工程建设。

三、投资估算与资金筹措

（一）投资估算

1. 估算依据

（1）《江西省房屋建筑与装饰工程消耗量定额及统一基价表（2017 年版）》；

（2）《江西省通用安装工程消耗量定额及统一基价表（2017 年版）》；

（3）《江西省市政工程消耗量定额及统一基价表（2017 年版）》；

（4）《江西省园林工程消耗量定额及单位估价表》（2006 年）；

（5）《中华人民共和国土地管理法》及《江西省实施〈中华人民共和国土地管理法〉办法》；

（6）江西省住房和城乡建设厅《江西省造价信息》景德镇材料价。

2. 有关费用和费率的确定

（1）人工单价执行赣建价〔2018〕5 号文。

（2）建设单位管理费：根据财政部财建〔2016〕504 号文以工程总投资为计费基数，采用分档累进制进行计算。

（3）建设工程监理费：根据国家发改委、建设部发改价格〔2007〕670 号及景德镇市市场行情进行定价。

（4）建设项目前期工作咨询费：根据国家发改委、建设部发改价格〔2007〕670 号文及景德镇市市场行情进行定价。

（5）工程设计费、工程勘察费、工程造价咨询费：根据景德镇市市场行情进行定价。

（6）施工图预算编制费及竣工图编制费：施工图预算编制费按设计费的 10% 计算，竣工图编制费按设计费的 8% 计算。

（7）环境影响咨询服务费：根据 2017 年（环保部令 44 号）办理。

（8）招投标代理服务费：根据国家计委计价格〔2002〕1980 号文按工程费用差额定率累进计费。

（9）施工图审查费：根据赣价房字〔2000〕6 号文及景德镇市市场行情进行定价。

（10）贷款利率：根据 LPR 贷款市场报价利率（5 年期以上）4.65%，上浮 20 个基准点，项目贷款年利率为 4.85%。

3. 投资估算成果

昌江河西区综合开发项目（二期、三期）总投资 42850.0 万元。其中二期总投资为 21850 万元，三期总投资为 21000 万元。其投资简表见表 4—2—2：

表 4—2—2 项目（二期、三期）总投资简表

序号	工程或费用名称	金额（万元）	占总投资比例（%）	备注
一	昌江河西区综合开发项目（二期）			景德镇中渡口古码头防洪改造工程
Ⅰ	二期总投资	21850.00	50.99%	
（1）	建安工程费	18798.63		
（2）	工程建设其他费用	1253.20		
（3）	预备费	1604.18		
（4）	建设期利息	194.00		贷款金额 8000 万元
二	昌江河西区综合开发项目（三期）			
Ⅱ	三期总投资	21000.00	49.01%	中渡口古码头公共停车场
（1）	建安工程费	17970.80		
（2）	工程建设其他费用	1294.02		
（3）	预备费	1541.19		
（4）	建设期利息	194.00		贷款金额 8000 万元
Ⅲ	项目总投资	42850.00	100.00%	

（二）资金筹措

1. 筹集方式

昌江河西区综合开发项目（二期、三期）总投资 42850.00 万元，分以下两个途径筹措：

（1）建设单位自筹 26850.00 万元，占总投资比例 62.66%；

（2）申请银行贷款 16000.00 万元，占总投资比例 37.34%。

2. 资金使用计划（见表 4—2—3）

表 4—2—3 项目（二期、三期）资金使用计划表

序号	项目名称	合计	建设期	
			第 1 年	第 2 年
一	总投资	42850.00	26850.00	16000.00
二	资金筹募	42850.00	26850.00	16000.00

续表

序号	项目名称	合计	建设期	
			第 1 年	第 2 年
1	企业自筹	26850.00	26850.00	0.00
2	贷款	16000.00	0.00	16000.00

四、财务评价

（一）计算依据及相关说明

财务评估将在项目财务效益与费用估算的基础上，主要计算项目有关财务指标。分析项目盈利能力，进而分析项目在财务上的可行性。

为贴合实际，本次财务测算依据项目的定位与运营规划进行。

1. 评价指标的选取

根据项目的性质和目标，本项目主要分析计算以下财务评估指标：

（1）投资回收期（P_t）

（2）财务内部收益率（FIRR）

（3）财务净现值（FNPV）

（4）资本金净利润率（ROE）

（5）总投资收益率（ROI）

2. 评价依据及参数

（1）基础数据

A. 计算期取 14 年，其中建设期为 1 年，运营期 13 年；

B. 贷款期为 14 年，宽限期（建设期）1 年，还款期 13 年。

（2）评价参数

全部投资基本折现率：综合考虑贷款利率和项目开发单位的期望收益率，取为 4%。

（3）税及税率

A. 价格增长率：充电桩自营不考虑增长率，其他业态年增长率按 3%计取；

B. 增值税销项税率：夜游昌江河自营、轮船特色产品经营、浮桥水上游乐设施自营、广场码头儿童游乐设施自营、停车位自营、充电桩自营、广告位出租按 6%计算；

C. 增值税销项税率：各类燃料、动力、耗材按 13%计取，固定资产进项抵扣按 9%计取。

D. 城建税及教育附加费分别按营业税的 7%和 3%计算；

E. 所得税按利润总额的 25%计算。

（二）项目收入测算

1. 项目二期、三期各项收入测算

（1）项目二期、三期运营模式

项目二期、三期能产生营收的内容：二期地面停车位 240 个、二期地下停车位 280 个（二期全部设置充电桩），同时在夜游轮船上设置景德镇特色产品经营，浮桥设置水上游乐设施经营，码头地面广场设置儿童游乐区，同时在地下车位两侧布置广告牌，在夜游昌江河两岸，中渡口古码头及沿线设置广告位，具体运营模式内容如表4-2-4所示：

表4-2-4 运营模式一览表

序号	业态名称	规模	单位	运营模式	备注
1	夜游轮船	4.9	km	自营	游船范围为中渡口古码头至宝石码头，全长4.9km
2	夜游轮船特色产品经营	1	处	自营	在夜游轮船设置特色小商品经营
3	浮桥水上游乐设施	1	处	自营	在中渡口古码头设置水上游乐设施
4	广场码头儿童游乐设施	1	处	自营	在地上广场设置儿童游乐设施
5	地下停车场	280	个	自营	三期地下停车位
6	快充充电桩	280	个	自营	地下车位全部设置充电桩
7	地上停车位	240	个	自营	三期地上停车位
8	广告位投放	558	个	出租	沿河两岸及停车场，广场码头设置广告位

（2）二期、三期经营项目定价标准

项目中渡口古码头设置夜游昌江轮船，游船范围起于中渡古码头，终于宝石码头，游船轮船游览长度为4.9km，往返游船，长度为9.8km，采用收取门票夜游昌江河模式。

根据近五年数据，景德镇市旅游增长模型如表4-2-5所示。

表4-2-5 景德镇2014－2019年旅游指标统计表

序号	年份	年旅游总人次（万人次）	旅游人次同比增长（%）	年旅游总收入（亿元）
1	2014	2585.08	15.3	200.87
2	2015	3112.59	20.4	261.32
3	2016	3981.37	27.9	359.26
4	2017	5454.87	37.0	528.89
5	2018	6735.02	29.3	683.7
6	2019	8506.33	29.9	888.24

项目建成,昌江河西岸综合开发项目中 4.9km 夜游轮船项目,预计实现景德镇市 2019 年旅游总人次(8506.33 万人)的 0.17％,昌江河西岸轮船夜游项目年旅游人数预计为 14.19 万人次,可实现日均游客数 389 人次。具体旅游人次预测情况如表 4－2－6 所示。

表 4－2－6　夜游昌江河旅游人流量预测一览表

序号	日旅游人次(工作日)	日旅游人次(节假日)	年旅游人次(人次/年)
1	日游船次数		
	1 次(7：40－8：40)	2 次(6：30－7：30/7：40－8：40)	
2	日游船人次		
2.1	300 人	300 人/次×2 次＝600 人	(365－108)×300＋108×600＝141900

注：每年工作日定 257 天;双休日及法定节假日为 108 天。

根据查询游船信息,经整理如表 4－2－7 所示。

表 4－2－7　夜游轮船信息取价表

序号	地点	业态	对标景德镇价格城市弹性系数值	收费标准(元/人次)	对标本项目价格预测值(元/人次)	备注
1	滕王阁游轮	游行	0.5	100	50	
2	长江双岛一日游	游行	0.45	99	44.55	
3	厦门游艇盛宴	线路游玩	0.5	158	79	
4	港澳珠一日游	线路游玩	0.5	99	49.5	
5	本项目取值				50	

由于景德镇市昌江河目前没有夜游轮船项目,此时市场是空缺,现在通过调研目前市场上已有的游船项目,均分布在不同城市商圈,通过对标景德镇区域,采用价格弹性系数法测算,本次夜游昌江河轮船项目基年收费定价为 50 元/人次,基本符合景德镇市市场情况,具有较强的市场竞争优势,同时结合景德镇旅游资源,能保证项目游客量。

本项目基准期游客轮船定价为 50 元/人次,计算期第 2 年运营负荷为 60％,第 3 年运营负荷为 70％,第 4 年运营负荷为 75％,第 5 年运营负荷为 80％,第 6 年至第 14 年运营负荷为 85％;同时考虑物价上涨因素,游客轮船均按每年增长 3％考虑,与我国近期物价增长水平相吻合(见表 4－2－8)。

表 4－2－8　定价一览表

序号	项目名称	基年票价（元/人·次）
1	增长率	每年增长 3％计取
2	游客轮船（含灯光秀）	50

（3）二期、三期收入测算

根据二、三期运营模式测算的收入见表 4－2－9。

表 4－2－9　收入测算一览表

序号	各经营项目	各项总收入（万元）	各项收入占比（％）
1	夜游轮船自营收入	9288.20	28.52
2	夜游轮船特色产品自营收入	2786.46	8.56
3	浮桥水上游乐设施自营收入	4587.15	14.08
4	码头广场儿童游乐设施自营收入	5492.52	16.86
5	停车场临停收入	3913.18	12.02
6	充电桩自营	2989.35	9.18
7	广告位出租收入	3511.64	10.78
8	合计	32568.50	100.00

2. 项目二期、三期总收入测算

经测算，本项目计算期 14 年内，总收入为 32568.50 万元，应缴增值税 0.00 万元，其他税金及附加 0.00 万元。具体详见附表 2：销售收入、销售税金及附加和增值税估算表。

（三）项目二期、三期成本测算

1. 外购原材料费

本项目中小商品经营涉及外购原材料购买，其中该项成本占其营业收入的 30％计取。详见表 4－2－10。

2. 外购燃料、动力

外购燃料动力仅考虑自营内容和室外照明，出租建筑的燃料、动力费不计入本评价，计算本项目燃料、动力费用，详见表 4－2－11。

表 4-2-10　外购原材料费用估算表

序号	项目	合计	计算期													
			1	2	3	4	5	6	7	8	9	10	11	12	13	14
1	原材料费用(1.1+1.2+……)	835.94	—	39.46	47.42	52.33	57.50	62.92	64.81	66.75	68.76	70.82	72.94	75.13	77.39	79.71
1.1	游轮特色产品物料消耗	835.94	—	39.46	47.42	52.33	57.50	62.92	64.81	66.75	68.76	70.82	72.94	75.13	77.39	79.71
	耗材比例(%)			30%	30%	30%	30%	30%	30%	30%	30%	30%	30%	30%	30%	30%
	年运营收入	2654.92	—	131.54	158.07	174.44	191.65	209.74	216.03	222.51	229.19	236.06	243.14	250.44	257.95	265.69
	进项税额	96.17	—	4.54	5.46	6.02	6.61	7.24	7.46	7.68	7.91	8.15	8.39	8.64	8.90	9.17
1.2	原材料 B	—														
	耗材比例(%)				0%	0%	0%	0%	0%	0%	0%	0%	0%	0%	0%	0%
	年运营收入	—														
	进项税额	—														
1.3	原材料 C	—														

续表

序号	项目	合计	计算期													
			1	2	3	4	5	6	7	8	9	10	11	12	13	14
	单价（含税）		—	—	—	—	—	—	—	—	—	—	—	—	—	—
	数量		—	—	1.00	1.00	1.00	1.00	1.00	1.00	1.00	1.00	1.00	1.00	1.00	1.00
	进项税额	—	—	—	—	—	—	—	—	—	—	—	—	—	—	—
1.4	原材料D		—	—	—	—	—	—	—	—	—	—	—	—	—	—
	单价（含税）		—	—	—	—	—	—	—	—	—	—	—	—	—	—
	数量		—	—	1.00	1.00	1.00	1.00	1.00	1.00	1.00	1.00	1.00	1.00	1.00	1.00
	进项税额	—	—	—	—	—	—	—	—	—	—	—	—	—	—	—
	……															
2	辅助材料费用	—														
	进项税额															
3	其他材料费用	—														
	进项税额															

表 4-2-11　外购燃料动力费用估算表

单位：万元

序号	项目	合计	计算期													
			1	2	3	4	5	6	7	8	9	10	11	12	13	14
	运营负荷（%）	—	0%	60%	70%	75%	80%	85%	85%	85%	85%	85%	85%	85%	85%	85%
1	燃料费用	—	—	—	—	—	—	—	—	—	—	—	—	—	—	—
1.1	燃气	—	—	—	—	—	—	—	—	—	—	—	—	—	—	—
	单价（含税）	—	4.40	4.40	4.40	4.40	4.40	4.40	4.40	4.40	4.40	4.40	4.40	4.40	4.40	4.40
	数量（万立方米）	—	—	—	—	—	—	—	—	—	—	—	—	—	—	—
	进项税额	—	—	—	—	—	—	—	—	—	—	—	—	—	—	—
	……															
2	动力费用	775.39	—	44.31	51.69	55.39	59.08	62.77	62.77	62.77	62.77	62.77	62.77	62.77	62.77	62.77
2.1	电	775.39	—	44.31	51.69	55.39	59.08	62.77	62.77	62.77	62.77	62.77	62.77	62.77	62.77	62.77
	单价（含税）（元/度）	—	0.60	0.60	0.60	0.60	0.60	0.60	0.60	0.60	0.60	0.60	0.60	0.60	0.60	0.60
	数量（万度）	—	—	73.85	86.15	92.31	98.46	104.62	104.62	104.62	104.62	104.62	104.62	104.62	104.62	104.62
	进项税额	—	—	5.10	5.95	6.37	6.80	7.22	7.22	7.22	7.22	7.22	7.22	7.22	7.22	7.22
	水	—	—	—	—	—	—	—	—	—	—	—	—	—	—	—
2.2	单价（含税）（元/吨）	—	2.30	2.30	2.30	2.30	2.30	2.30	2.30	2.30	2.30	2.30	2.30	2.30	2.30	2.30
	数量（吨）	—	—	—	—	—	—	—	—	—	—	—	—	—	—	—
	进项税额	—	—	—	—	—	—	—	—	—	—	—	—	—	—	—
	……															
3	外购燃料及动力费用合计	775.39	—	44.31	51.69	55.36	59.08	62.77	62.77	62.77	62.77	62.77	62.77	62.77	62.77	62.77
4	外购燃料及动力进项税额合计	89.20	—	5.10	5.95	6.37	6.80	7.22	7.22	7.22	7.22	7.22	7.22	7.22	7.22	7.22

3. 工资、福利费

本项目运营饱和年所需员工数量及其薪酬待遇估算见表4－2－12。

表4－2－12　人员安排情况一览表

人员	人数（人）	年薪（万元/人）	福利
工作人员	4	3.6	17％
技术人员	3	4.5	17％
管理人员	7	5	17％
维护人员	4	3.6	17％
合计	18		

根据上表结合项目实际运营饱和度，估算项目工资福利费用，详见表4－2－13。

表4－2－13　工资及福利费估算表　　　　　　　　　单位：万元

序号	项目	合计	计算期													
			1	2	3	4	5	6	7	8	9	10	11	12	13	14
	运营负荷（％）		0％	60％	70％	75％	80％	85％	85％	85％	85％	85％	85％	85％	85％	85％
1	工作人员															
	人数		——	2.00	2.00	3.00	3.00	3.00	3.00	3.00	3.00	3.00	3.00	3.00	3.00	3.00
	人均年工资		3.60	3.60	3.60	3.60	3.60	3.60	3.60	3.60	3.60	3.60	3.60	3.60	3.60	3.60
	工资额	133.20	——	7.20	7.20	10.80	10.80	10.80	10.80	10.80	10.80	10.80	10.80	10.80	10.80	10.80
2	技术人员															
	人数		——	1.00	2.00	2.00	2.00	2.00	2.00	2.00	2.00	2.00	2.00	2.00	2.00	2.00
	人均年工资		4.50	4.50	4.50	4.50	4.50	4.50	4.50	4.50	4.50	4.50	4.50	4.50	4.50	4.50
	工资额	112.50	——	4.50	9.00	9.00	9.00	9.00	9.00	9.00	9.00	9.00	9.00	9.00	9.00	9.00
3	管理人员															
	人数		——	4.00	4.00	5.00	5.00	5.00	5.00	5.00	5.00	5.00	5.00	5.00	5.00	5.00

续表

序号	项目	合计	计算期													
			1	2	3	4	5	6	7	8	9	10	11	12	13	14
	人均年工资		5.00	5.00	5.00	5.00	5.00	5.00	5.00	5.00	5.00	5.00	5.00	5.00	5.00	5.00
	工资额	315.00	——	20.00	20.00	25.00	25.00	25.00	25.00	25.00	25.00	25.00	25.00	25.00	25.00	25.00
4	维修人员(保洁人员)															
	人数		——	2.00	2.00	3.00	3.00	3.00	3.00	3.00	3.00	3.00	3.00	3.00	3.00	3.00
	人均年工资		3.60	3.60	3.60	3.60	3.60	3.60	3.60	3.60	3.60	3.60	3.60	3.60	3.60	3.60
	工资额	133.20	——	7.20	7.20	10.80	10.80	10.80	10.80	10.80	10.80	10.80	10.80	10.80	10.80	10.80
5	人员E															
	人数		——	——	——	——	——	——	——	——	——	——	——	——	——	——
	人均年工资		——	——	——	——	——	——	——	——	——	——	——	——	——	——
	工资额	——	——	——	——	——	——	——	——	——	——	——	——	——	——	——
6	工资总额	693.90	——	38.90	43.40	55.60	55.60	55.60	55.60	55.60	55.60	55.60	55.60	55.60	55.60	55.60
7	福利费	117.96	——	6.61	7.38	9.45	9.45	9.45	9.45	9.45	9.45	9.45	9.45	9.45	9.45	9.45
	合计	811.86	——	45.51	50.78	65.05	65.05	65.05	65.05	65.05	65.05	65.05	65.05	65.05	65.05	65.05

4. 折旧、摊销费用

本项目中无土地购置费，不考虑摊销，其余按折旧考虑，折旧按 30 年，采用直线折旧法，残值取 5%；详见表 4－2－14、表 4－2－15。

表4—2—14 固定资产折旧费估算表

单位：万元

（下表中"计算期"为第 1～14 年）

序号	项目		合计	1	2	3	4	5	6	7	8	9	10	11	12	13	14
1	房屋、建筑物	原值	42850.00	42850.00													
		本年折旧费			1356.92	1356.92	1356.92	1356.92	1356.92	1356.92	1356.92	1356.92	1356.92	1356.92	1356.92	1356.92	1356.92
		净值			41493.08	40136.17	38779.25	37422.33	36065.42	34708.50	33351.58	31994.67	30637.75	29280.83	27923.92	26567.00	25210.08
2	机器设备	原值	—		—												
		本年折旧费			—												
		净值			—												
	……																
3	合计	原值	42850.00	42850.00													
		本年折旧费			1356.92	1356.92	1356.92	1356.92	1356.92	1356.92	1356.92	1356.92	1356.92	1356.92	1356.92	1356.92	1356.92
		净值			41493.08	40136.17	38779.25	37422.33	36065.42	34708.50	33351.58	31994.67	30637.75	29280.83	27923.92	26567.00	25210.08

表 4—2—15　无形资产及递延资产摊销费估算表　　　　　单位：万元

序号	项目	合计	计算期													
			1	2	3	4	5	6	7	8	9	10	11	12	13	14
1	无形资产															
	原值	—	—													
	本年摊销费			—	—	—	—	—	—	—	—	—	—	—	—	—
	净值		—	—	—	—	—	—	—	—	—	—	—	—	—	—
2	递延资产															
	原值	—	—													
	本年摊销费			—	—	—	—	—	—	—	—	—	—	—	—	—
	净值		—	—	—	—	—	—	—	—	—	—	—	—	—	—
	……															
3	合计															
	原值		—	—	—	—	—	—	—	—	—	—	—	—	—	—
	本年摊销费		—	—	—	—	—	—	—	—	—	—	—	—	—	—
	净值		—	—	—	—	—	—	—	—	—	—	—	—	—	—

5. 财务费用

根据项目还款付息计划，项目运营期财务费用成本为 5984.90 万元，具体详见表 4—2—16。

单位：万元

表 4-2-16　借款偿还计划表

序号	项目	合计	计算期													
			1	2	3	4	5	6	7	8	9	10	11	12	13	14
1	借款															
1.1	年初本息余额	—	—	16000.00	15400.00	14400.00	13400.00	12400.00	11200.00	10000.00	8600.00	7200.00	5800.00	4400.00	3000.00	1600.00
1.2	本年借款	16000.00	16000.00	—	—	—	—	—	—	—	—	—	—	—	—	—
1.3	本年应计利息	6372.90	388.00	776.00	746.90	698.40	649.90	601.40	543.20	485.00	417.10	349.20	281.30	213.40	145.50	77.60
1.4	本年还本息		388.00	1376.00	1746.90	1698.40	1649.90	1801.40	1743.20	1885.00	1817.10	1749.20	1681.30	1613.40	1545.50	1677.60
	其中：还本	16000.00	—	600.00	1000.00	1000.00	1000.00	1200.00	1200.00	1400.00	1400.00	1400.00	1400.00	1400.00	1400.00	1600.00
	利息	6372.90	388.00	776.00	746.90	698.40	649.90	601.40	543.20	485.00	417.10	349.20	281.30	213.40	145.50	77.60
1.5	付息	6372.90	388.00	776.00	746.90	698.40	649.90	601.40	543.20	485.00	417.10	349.20	281.30	213.40	145.50	77.60
	年末本息余额	16000.00	16000.00	15400.00	14400.00	13400.00	12400.00	11200.00	10000.00	8600.00	7200.00	5800.00	4400.00	3000.00	1600.00	—
2	债券															
2.1	年初本息余额	—	—	—	—	—	—	—	—	—	—	—	—	—	—	—
2.2	本年发行债券	—	—	—	—	—	—	—	—	—	—	—	—	—	—	—
2.3	本年应计利息	—	—	—	—	—	—	—	—	—	—	—	—	—	—	—
2.4	本年还本息	—	—	—	—	—	—	—	—	—	—	—	—	—	—	—
	其中：还本	—	—	—	—	—	—	—	—	—	—	—	—	—	—	—
	利息	—	—	—	—	—	—	—	—	—	—	—	—	—	—	—

续表

序号	项目	合计	1	2	3	4	5	6	7	8	9	10	11	12	13	14
2.5	年末本息余额		—	—	—	—	—	—	—	—	—	—	—	—	—	—
3	借款和债券合计															
3.1	年初本息余额		—	16000.00	15400.00	14400.00	13400.00	12400.00	11200.00	10000.00	8600.00	7200.00	5800.00	4400.00	3000.00	1600.00
3.2	本年借款	16000.00	16000.00	—	—	—	—	—	—	—	—	—	—	—	—	—
3.3	本年应计利息	6372.90	388.00	776.00	746.90	698.40	649.90	601.40	543.20	485.00	417.10	349.20	281.30	213.40	145.50	77.60
	其中：计入建设期利息	1164.00	388.00	776.00												
	计入财务费用	5984.90		776.00	746.90	698.40	649.90	601.40	543.20	485.00	417.10	349.20	281.30	213.40	145.50	77.60
3.4	本年还本付息	22372.90	388.00	1376.00	1746.90	1698.40	1649.90	1801.40	1743.20	1885.00	1817.10	1749.20	1681.30	1613.40	1545.50	1677.60
	其中：还本	16000.00		600.00	1000.00	1000.00	1000.00	1200.00	1200.00	1400.00	1400.00	1400.00	1400.00	1400.00	1400.00	1600.00
	利息	6372.90	388.00	776.00	746.90	698.40	649.90	601.40	543.20	485.00	417.00	349.20	281.30	213.40	145.50	77.60
3.5	年末本息余额		16000.00	15400.00	14400.00	13400.00	12400.00	11200.00	10000.00	8600.00	7200.00	5800.00	4400.00	3000.00	1600.00	—
4	还本资金来源	20599.32	—	718.67	1073.19	1198.08	1513.29	1966.58	2331.34	2778.06	3115.18	3543.87	4065.35	4680.88	5391.76	6199.32

注：列 1~14 为计算期。

序号	项目	合计	计算期													
			1	2	3	4	5	6	7	8	9	10	11	12	13	14
4.1	当年可用于还本的分配利润	2959.40	——	−638.25	−402.40	−232.03	−41.71	96.38	207.84	289.81	380.20	471.77	564.57	658.62	753.96	850.64
4.2	当年可用于还本的折旧和摊销	17639.92	——	1356.92	1356.92											
4.3	以前年度综合可用于还本资金		——	——	118.67	73.19	198.08	513.29	766.58	1131.34	1378.06	1715.18	2143.87	2665.35	3280.88	3991.76
4.4	用于还本的短期借款															
4.5	可用于还款的其他资金															
5	本年度结余资金		——	118.67	73.19	198.08	513.29	766.58	1131.34	1378.06	1715.18	2143.87	2665.35	3280.88	3991.76	4599.32
	偿债备付率	1.209		1.09	1.04	1.12	1.31	1.426	1.65	1.73	1.94	2.23	2.59	3.03	3.58	3.74

6. 其他费用

（1）维护修理费

项目日常维护修理费按 67.85 万元/年计算。

（2）管理费

项目的管理费用按临时停放收入的 1.0％简易计算。

（3）销售费

项目销售费用按照夜游轮船收入的 1.0％简易计算。

7. 总成本

综合上述，本项目运营期总成本为 28184.51 万元，其中经营成本 4559.69 万元，具体详见表 4—2—17。

（四）利润与利润分配

经测算，本项目计算期 14 年内总营业收入为 32568.50 万元，总成本为 28184.51 万元，利润总额 4383.99 万元，所得税 1424.59 万元，净利润 2959.40 万元，具体详见表 4—2—18。

（五）项目投资的盈利能力（项目投资现金流量分析）

项目投资现金流量表是不考虑融资情况下，以项目投资作为计算基础（假定项目投资均为自有资金），用以计算项目投资所得税前及所得税后财务内部收益率、财务净现值及投资回收期等评价指标的计算表格。其目的是考察项目投资的盈利能力。

根据以上投资及资金使用计划，以及收入和成本，编制的"项目投资现金流量表"，项目经济效益从静态和动态两个方面进行分析。

1. 静态投资回收期

静态投资回收期是指项目净收益抵偿全部投资所需的时间；

静态投资回收期（税后）为 13.44 年（含建设期 1 年）。

2. 财务内部收益率（FIRR）

财务内部收益率是指在分析项目投资经营期内，各年净现金流量折现累计等于零时的折现率。经测算：项目全部投资的税后内部收益率为 4.33％。项目在财务上的指标是基本可行的，结果详见表 4—2—19。

单位：万元

表4-2-17 总成本费用估算表

序号	项目	合计	计算期													
			1	2	3	4	5	6	7	8	9	10	11	12	13	14
1	外购原材料费	835.94	—	39.46	47.42	52.33	57.50	62.92	64.81	66.75	68.76	70.82	72.94	75.13	77.39	79.71
2	外购燃料及动力费	775.39	—	44.31	51.69	55.39	59.08	62.77	62.77	62.77	62.77	62.77	62.77	62.77	62.77	62.77
3	工资及福利费	811.86	—	45.51	50.78	65.05	65.05	65.05	65.05	65.05	65.05	65.05	65.05	65.05	65.05	65.05
4	修理费	882.00	—	67.85	67.85	67.85	67.85	67.85	67.85	67.85	67.85	67.85	67.85	67.85	67.85	67.85
5	折旧费	17639.92	—	1356.92	1356.92	1356.92	1356.92	1356.92	1356.92	1356.92	1356.92	1356.92	1356.92	1356.92	1356.92	1356.92
6	摊销费															
7	财务费用	5984.90	—	776.00	746.90	698.40	649.90	601.40	543.20	485.00	417.10	349.20	281.30	213.40	145.50	77.60
8	其他费用	1254.51	—	61.38	72.61	79.58	86.90	94.31	97.36	100.08	102.88	105.76	108.73	111.79	114.94	118.19
	其中：土地使用费															
9	总成本费用合计（1+2……+9）	28184.51	—	2391.42	2394.16	2375.51	2343.19	2311.22	2257.95	2204.42	2141.32	2078.36	2015.56	1952.91	1890.41	1828.08
	其中：可变成本	775.39	—	44.31	51.69	55.39	59.08	62.77	62.77	62.77	62.77	62.77	62.77	62.77	62.77	62.77
	固定成本	25691.18	—	2239.81	2227.20	2199.95	2158.77	2117.68	2062.53	2007.05	1941.95	1876.93	1812.00	1747.16	1682.41	1617.75
10	经营成本（10=5-6-7-8）	4559.69	—	258.51	290.34	320.20	336.37	352.90	357.84	362.50	367.30	372.25	377.34	382.59	387.99	393.56

表 4－2－18　损益和利润分配表

单位：万元

序号	项目	合计	计算期													
			1	2	3	4	5	6	7	8	9	10	11	12	13	14
1	销售（营业）收入	32568.50	—	1753.18	1991.77	2143.48	2301.48	2439.72	2535.07	2590.82	2648.25	2707.39	2768.31	2831.06	2896.69	2962.26
2	销售税金及附加	—	—	—	—	—	—	—	—	—	—	—	—	—	—	—
3	增值税	—	—	—	—	—	—	—	—	—	—	—	—	—	—	—
4	总成本费用	28184.51	—	2391.42	2394.16	2375.51	2343.19	2311.22	2257.95	2204.42	2141.32	2078.36	2015.56	1962.91	1890.41	1828.08
5	利润总额(1-2-3-4)	4383.99	—	-638.25	-402.40	-232.03	-41.71	128.51	277.12	386.41	506.93	629.03	752.76	878.16	1005.28	1134.19
6	弥补以前年度亏损	—	—	—	—	—	—	—	—	—	—	—	—	—	—	—
7	应纳税所得额(5-6)	4383.99	—	-638.25	-402.40	-232.03	-41.71	128.51	277.12	386.41	506.93	629.03	752.76	878.16	1005.28	1134.19
8	所得税	1424.59	—	—	—	—	—	32.13	69.28	96.60	126.73	157.26	188.19	219.54	251.32	283.55
9	税后利润(5-8)	2959.40	—	-638.25	-402.40	-232.03	-41.71	96.38	207.84	289.81	380.20	471.77	564.57	658.62	753.96	850.64
10	提取法定盈余公积金	—	—	—	—	—	—	—	—	—	—	—	—	—	—	—

续表

序号	项目	合计	计算期													
---	---	---	1	2	3	4	5	6	7	8	9	10	11	12	13	14
11	提取公益金	—	—	—	—	—	—	—	—	—	—	—	—	—	—	—
12	提取任意盈余公积金	—	—	—	—	—	—	—	—	—	—	—	—	—	—	—
13	可供分配利润（9−10−11−12）	2959.40	—	−638.25	−402.40	−232.03	−41.71	96.38	207.84	289.81	380.20	471.77	564.57	658.62	753.96	850.64
14	应付利润（股利分配）	—	—	—	—	—	—	—	—	—	—	—	—	—	—	—
15	未分配利润（13−14）	2959.40	—	−638.25	−402.40	−232.03	−41.71	96.38	207.84	289.81	380.20	471.77	564.57	658.62	753.96	850.64
16	累计未分配利润	2959.40	—	−638.25	−1040.64	−1272.67	−1314.38	−1218.00	−1010.16	−720.35	−340.16	131.62	696.18	1354.80	2108.76	2959.40

单位：万元

表4-2-19　项目财务现金流量表

序号	项目	合计	1	2	3	4	5	6	7	8	9	10	11	12	13	14
1	现金流入	72778.59	—	1753.18	1991.77	2143.48	2301.48	2439.72	2535.07	2590.82	2648.25	2707.39	2768.31	2831.06	2895.69	43172.35
1.1	销售（营业）收入	32568.50	—	1753.18	1991.77	2143.48	2301.48	2439.72	2535.07	2590.82	2648.25	2707.39	2768.31	2831.06	2895.69	43172.35
1.2	回收固定资产余值	40210.08														40210.08
1.3	回收流动资金	—														
1.4	其他现金流入															
2	现金流出	47409.69	42850.00	258.51	290.34	320.20	336.37	352.90	357.84	362.50	367.30	372.25	377.34	382.59	387.99	393.56
2.1	建设投资（含建设期利息）	42850.00	42850.00													
2.2	流动资金															
2.3	经营成本	4559.69		258.51	290.34	320.20	336.37	352.90	357.84	362.50	367.30	372.25	377.34	382.59	387.99	393.56
2.4	销售税金及附加			—	—	—	—									—
2.5	增值税			—	—	—	—									—
2.6	其他现金流出	—														

计算期

续表

序号	项目	合计	1	2	3	4	5	6	7	8	9	10	11	12	13	14
											计算期					
3	所得税前净现金流量（1－2）	25368.89	-42850.00	1494.67	1701.42	1823.29	1965.11	2086.82	2177.24	2228.32	2280.95	2335.15	2390.97	2448.47	2507.70	42778.79
4	所得税前累计净现金流量	25368.89	-42850.00	-41355.33	-39653.91	-37830.62	-35865.51	-33778.69	-31601.45	-29373.13	-27092.18	-24757.04	-22366.06	-19917.59	-17409.89	25368.89
5	调整所得税	1424.59	——	——	——	——	——	32.13	69.28	96.60	126.73	157.26	188.19	219.54	251.32	283.55
6	所得税后净现金流量（1－2－5）	23944.30	-42850.00	1494.67	1701.42	1823.29	1965.11	2054.70	2107.96	2131.72	2154.21	2177.89	2202.78	2228.93	2256.38	42495.24
7	所得税后累计净现金流量	23944.30	-42850.00	-41355.33	-39653.91	-37830.62	-35865.51	-33810.82	-31702.86	-29571.14	-27416.92	-25239.03	-23036.25	-20807.32	-28550.94	23944.30

计算指标：所得税前　所得税后

计算指标	所得税前	所得税后
项目财务内部收益率	4.55%	4.33%
项目财务净现值	2270.54	1352.59
投资回收期（年）	13.41	13.44

（六）还本付息计划

1. 项目还本金额

拟贷款金额 16000 万元，贷款期限 14 年，其中宽限期 1 年，还款期 13 年，贷款利率按 4.85％计取。

2. 项目融资财务成本（利息）

经测算，运营期借款利息总额为 5984.50 万元（不含建设期利息）。

3. 还本资金来源

本项目还本资金来源为：未分配利润 2959.40 万元、可用于还本的折旧、摊销费用 17639.92 万元，共计 20599.32 万元，足够偿还项目贷款本金。

4. 本息保障倍数（偿债备付率）

偿债备付率是指在借款偿还期内，可用于还本付息的资金与当期应还本付息金额的比例。本次按照最大还款原则计算：

$$偿债备付率＝（EBITDA－所得税）/当期应还本付息金额$$
$$EBITDA＝息税折旧摊销前利润$$

根据表 4－2－16，综合偿债备付率 1.20，表明本项目具备较好的偿债能力。

（七）财务测算结论

经测算，本次项目财务测算是可以覆盖本次贷款本息，其综合偿债备付率达到 1.20，具备较好的偿债能力，其财务测算是可行的。

五、社会评价

（一）项目对社会的影响分析

社会评价从以人为本的原则出发，包括研究拟建项目的社会影响分析、项目与所在地区的互适性分析和社会风险分析。项目的建设必然影响到沿线社会与经济的发展，包括产生的正面影响（通常称为社会效益）和负面影响。

1. 与项目关系密切的主要群体分析

根据项目建成后对各地区影响程度的不同，把影响区划分为直接影响区和间接影响区。其中，直接影响区为项目实施的昌江西河（宝石码头至瓷都大桥南侧桥头段）流域，间接影响区为整个中心城区及景德镇市。经分析，与项目关系密切的主要群体包括：

（1）项目拟建场址周边的现住居民。本项目在建设期间，产生的噪声、扬尘等污染，对附近居民的正常生产生活会产生一定的不利影响。

（2）瓷都大道、公园路及沿江西路是景德镇中心城区的干线道路，是当地居民日常出行的主要交通道路。在本项目建设期间，对当地居民的日常出行将会造成一定影响。

2. 主要社会效益分析

本项目的建设充分利用土地资源，可为当地居民及游客提供一个游览、观赏、休憩、开展科学文化及锻炼身体等活动的综合性公园，有助于带动项目所在地中心城区较快发展，社会效益较好，主要体现在以下几个方面：

（1）项目对所在区域居民就业和收入的影响

一进入启动阶段，将拉动投资和消费，带动周边的商业网点，有利于进一步吸引投资，推动景德镇经济增长，将间接新增众多的就业机会，从而解决部分市民的就业问题。同时，在施工过程中，将投入较大的施工力量，项目建设所需的上下游建筑材料的需求，又给相关行业增加了就业机会，由此项目带动了较多的就业岗位。因此，项目的建设总体来说对当地居民的收入影响是正面的。

（2）项目对所在地区居民生活水平和生活质量的影响

本项目的建设实施，将提高和改善居住水平和生活环境质量，是绿地设施配套的完善。注重以人为本、生态优化、综合效益和社会文明的融合，在满足景观工程所要求的功能的同时，提高地块与周边的联系，提升绿地质量，营造人与自然的和谐环境，给市民创造了一个良好的工作环境和生活空间，提高了市民的居住和生活条件。项目的建设对所在地区的居民生活水平和生活质量的影响是正面的。

（3）项目对所在地区不同利益群体的影响

本项目的建设，增加城市集聚力。本项目的开发建设，不仅带动建筑业、建材业、服务业，而且刺激其他相关产业的发展，促进各项消费。由于景德镇拥有良好的区位优势，随着投资环境的逐步改善，会吸引人们前来旅游和从事商业经营活动，将推动餐饮业、旅游业、商业、建筑业等相关行业的发展，并将进一步地提高景德镇城市人口的集聚力和承载力，有利于景德镇成长为新兴现代化城市。主要直接获益的是景德镇广大人民群众。

（4）项目对所在地区困难群体的影响

由于改善了居住条件和生活环境，提高了对困难群体人员合法权益的保护。因此，影响是正面的。

（5）项目对所在地区文化、教育、卫生的影响

本项目必然推动市民素质、物质文明建设的不断改善，将为城市精神文明建设创造必要的物质基础与基本条件，随着社会风气、民俗风情、新闻传播等各种人文现象和文化活动的不断提高，从而有利于城市居民自身素质的提高和发展，有利于广大市民文明习惯的形成，有利于社会文明风气的巩固，有利于文明城市的建设，塑造美好的城市形象，以促进城市的可持续发展。因此，项目的建设将一定程度地改善当地的人文环境。

（6）项目对当地基础设施、社会服务容量和城市化进程的影响

本项目的实施将极大改善周边区域的人居环境，对景德镇城市建设起到示范作用，通过项目的实施，完善了城市基础设施的建设，不仅扩展了城市的发展空间，改善了城市环境和市容景观，同时对提高城市的综合功能，推动景德镇的城市化进程产生积极的作用。通过以上分析，本项目的社会影响是正面的。

3. 负面影响与对策

（1）影响

项目建设的负面影响主要是施工期间产生的扬尘和噪声污染给用地西河沿岸的现住居民区的生产、生活带来干扰；项目征地对被拆迁户的收入产生影响。扬尘主要产生于施工中灰土拌以及运输过程中材料及土石方的洒落、刮吹起尘等；噪声主要是施工各类机械产生。

（2）对策

在项目建设前期，做好对项目的征地补偿工作。施工机械和弃土等尽可能少占用和破坏居民用地，减少与周边居民的矛盾。另外，必须在工程设计与施工方案上采取保护环境措施。

在项目设计中引入更合理的绿化设计，从根本上减少和降低运营期车辆尾气和噪声产生的不利影响。

（二）项目与所在地互适性分析

互适性分析主要是分析预测项目能否为当地的社会环境、人文条件所接纳，以及当地政府、居民支持项目存在与发展的程度，考虑项目与当地社会环境的相互适应关系。

本项目建设的中渡口古码头的防洪治理，旨在改善人居环境，其建设是贯彻景德镇市"民生优先"政策的实际行动和具体体现，在加快城市建设、改善城市形象、挖掘土地价值、保障民生发展、化解社会矛盾、促进社会和谐等方面具有积极意义。项目建设得到景德镇市政府相关部门的大力支持，周边居民也将积极参与项目的实施，项目所在地的社会环境、人文条件都适合项目的建设。通过项目与所在地——昌南拓展区的互适性分析，项目适应性和可接受程度分析如表4—2—20所示。

表4—2—20 项目的适应性和可接受程度分析

序号	社会因素	适应程度	可能出现的问题	措施建议
1	不同利益群体	高	对项目不理解	重视他们的期望、诉求
2	当地组织机构	高	社会支撑系统支持不够	取得政府支持、协作
3	当地技术文化条件	高	当地技术文化条件有限	充分考虑做好备选方案

（1）政府或组织对项目的态度及支持程度

景德镇中心城区作为景德镇市重点建设区域，其开发建设得到了景德镇市政府的大力支持，景德镇中心城区建设管理部门专门成立了相关的建设指挥部，负责协调基础设施建设中拆迁安置和土地征用等相关事宜，为项目的顺利实施提供了组织保障。

该项目的建设也进行了适当的宣传，使社会各界、广大群众认识到该项目对景德镇中心城区以及景德镇市未来发展的影响。从目前调查的情况看，该项目受到广大群众的拥护，受到社会各界的支持。项目所在地的社会环境、人文条件适应项目的建设。

（2）利益群众对项目的态度及参与程度

项目的社会影响分析主要是对社会环境方面和社会经济方面可能产生的影响，包括正面影响和负面影响。通过查阅历史文献、统计资料、抽样调查等调查方法，形成了项目社会影响分析表，如表4－2－21所示。

表4－2－21　项目社会影响分析

序号	社会影响	影响范围	可能出现	措施
1	对居民收入的影响	一般	提高	增加居民收入
2	对生活水平与生活质量的影响	较大	提高	加大配套设施建设
3	对居民就业的影响	一般	增加就业机会	向贫困家庭倾斜
4	对不同利益群体的影响	一般	居民被拆迁	安置好被拆迁户
5	对困难群体的影响	较小	生活改善	增加就业机会
6	对文化、教育、卫生的影响	较小	提高	加强监管
7	对基础设施、社会服务容量	较大	促进	加强城市管理

（三）风险分析

1. 主要风险因素的识别

经分析，本项目的风险因素有以下几点：

（1）市场风险

市场风险主要指景德镇中心城区规划建设速度的不确定性和土地开发利用的潜力不确定性。其建设速度和后期潜力具有不确定性，其建设速度快慢、潜力大小直接影响项目效益，给本项目带来风险。

（2）技术风险

技术方面的风险指项目采用先进技术和新技术应用上的可靠性和适用性能等存在风险。

（3）工程风险

工程风险主要包括方案、工程地质、施工与工期等存在的各种不确定性给项目带来的风险。

（4）环境影响

环境影响方面的风险主要指工程建设和运营期项目对周围水资源、矿产资源、森林植被、文物古迹、风景名胜、自然环境等产生的负面影响，致使项目不能顺利实施或需要增加大量投资进行治理等。

（5）投资估算风险

投资估算的风险主要来自因工程方案变动的工程量增加、工期延长、人工、材料、机械台班费及各种费率、利率的提高，征地及拆迁工程量增加和单价的提高。

（6）经济风险

经济方面的风险一是经济效益预测的不确定性；二是投资或运营费用的增加，使项目经济效益水平达不到预期目标。

（7）社会影响风险

社会风险是项目与所在地互适度可能出现的问题，对社会各利益群体、当地组织机构及当地技术、文化环境带来的负面影响，项目可能承担的风险。

2. 风险程度分析

（1）风险评估方法的选择

风险评估一般采用专家调查法、层资分析法、CIM 法、蒙特卡洛模拟法等基本方法。本项目仅以上述选取的风险因素为风险对象，采用专家调查法。

（2）风险等级和影响程度划分

将各种风险因素出现的可能性及对项目的影响程度划分为 9 个等级：

1——表示可能性极小或影响极小；

2——表示可能性非常小或影响非常小；

3——表示可能性小或影响小；

4——表示可能性较小或影响较小

5——表示可能性一般或影响一般；

6——表示可能性较大或影响较大；

7——表示可能性大或影响大；

8——表示可能性非常大或影响非常大；

9——表示可能性极大或影响极大。

（3）风险评估

根据各项资料和实地踏勘，综合分析项目风险，评估如表 4－2－22 所示。

从表 4－2－22 中可以看出，本项目各方面均存在一定的风险，但是各方面的风险一般或较小。

根据风险因素对投资项目影响程度的大小划分风险评价判别标准如下：

A. 较小风险（风险等级 1—2 级），是指风险发生的可能性较小，即使发生，造成的损失也较小，不影响项目的可行性。

B. 一般风险（风险等级 3—4 级），是指风险发生的可能性较大，即使发生，造成的损失不大，一般不影响项目的可行性。

C. 较大风险（风险等级 5—6 级），是指风险发生的可能性很大，一旦发生，造成的损失较大，但损失程度还在项目本身可以承受的范围之内。

表 4－2－22　风险评估

风险因素	影响程度	发生的可能性	风险等级	说明
市场风险	4	3	一般	——
技术风险	4	2	一般	——
工程风险	3	1	较小	主要是地质风险
环境影响	1	2	较小	——
投资估算	2	3	一般	——
经济风险	1	2	较小	——
社会影响	1	1	较小	——

（4）防范和降低风险措施

通过上文对项目的风险分析，可以看出，本项目在经济、社会各方面都存在一定的风险，但各方面的风险都一般或较小。

本项目建设前已经征收了项目区域的建筑，这对于项目的建设会产生一定的社会风险。由于项目建设是符合景德镇市及昌江区土地利用规划的，且项目建设单位在项目建设前已经启动征地补偿工作中，严格按照景德镇市有关的征地补偿办法执行，被征地居民都得到了合理的经济补偿，这一方面的社会风险得到化解。

另外，项目在市场需求和投资估算上存在一定风险，其一是昌江区建设推进速度的不确定性使项目效益产生增减；其二是目前建筑材料价格不稳定，给预算带来一定的不确定性。故在预算时，按目前的市场价格，并留取一定的涨价预备费，在效益计算时应该预留充足的成本空间。要严格按规划进度进行工程的实施和建设，严格控制各环节的资金投入和工作成效，时刻关注并处理不确定性因素带来的风险，并及时做出调整。

（四）社会评价结论

通过以上对项目相关利益群体以及项目可能存在的风险分析，可知本项目存在一定的社会风险，但风险较小，通过合理的手段都可以有效化解风险。综合而言，本项目从社会角度考虑是可行的。

六、结论与建议

（一）结论

昌江河西区综合开发项目中二期及三期内容为中渡口古码头、地下停车场和地上广场建设，主要是对昌江河水环境治理，同时在中渡口码头进行防洪改造，提高防洪蓄水能力。通过新建沿河防洪堤岸及游步道，车行道等工程，达到抬高水位、增加蓄水、美化环境的目的，打造昌江河西区综合开发项目。

项目的建设将初步控制昌江西岸河势，保障沿河区域及沿岸人民群众生命财产的安全，增强昌江的水利调节作用，提高昌江的防洪能力，大力推进生态环境建设，改善人居环境，实现人水和谐，为区域经济发展搭建一个良好的环境和平台。因此，昌江河西区综合开发项目是十分必要和紧迫的。

通过各个章节的综合分析研究，项目的实施符合景德镇市城市总体规划及防洪规划的相关要求，符合工程区域所处景德镇中心城区的建设和发展要求；本项目的各专业技术均采用常规技术，所选用的建筑（构筑）物均为常规结构形式，不存在重大技术难题制约工程建设；土地占用、环境影响均不存在制约因素；综合认为，本项目的工程建设技术可行，条件满足，经济合理，应尽快立项实施。

（二）建议

（1）本项目包含大量的土方挖填工作，为保证工程施工质量，同时尽量保护环境、减少水土流失，建议雨季暂停土方填筑施工。

（2）本阶段景观设计深度尚浅，建议后续深入讨论和研究景观设计方案，做出精品、做出地方特色。

（3）本项目在打造景观、改善环境的同时，还有防洪安保的作用，纯属公益性项目，建议按照国家有关政策积极争取上级补助资金。

（4）在项目实施前，建议多轮次、多方面地论证中渡口古码头防洪改造方案的建设，结合后续地质详勘报告，进一步优化方案，以便科学、高效、保质保量完成。

（5）建议在后续运营期成立相关管理和维护单位，加强项目的运营管理，做好水土保持和环境检测，保证项目运营通畅。

【课堂讨论】

1. 两个案例中的工程项目，在投资决策过程中，有何相同之处？又有何不同之处？

2. 目前对我国建筑工程建设项目财务生存能力最大的影响因素是什么？如何有效提高我国建筑工程建设项目财务生存能力？

3. 试对本案例中所采用的建筑工程建设项目投资风险分析与控制方法进行评价。

【课后思考】

1. 房地产工程建设项目的主要特征是什么？

2. 建筑工程建设项目投资决策中主要考虑哪些因素？

3. 如何开展建筑工程项目的可行性研究？

第五章 旅游建设项目投资决策案例分析

【学习目的】

通过本章案例掌握旅游项目投资决策的特点和主要内容。包括旅游项目经济费用效益分析与财务分析的范围、内容与方法；采用"有无对比"方法分析计算项目直接与间接影响相关路网的经济费用与效益；分析旅游项目在不同融资模式下的财务生存能力；掌握旅游项目投资风险分析与控制方法。

【理论基础】

1. 项目评估理论
2. 项目投资决策原理
3. 项目可行性分析原理

案例1 长江三峡省际度假型游轮旅游

一、项目概况

项目名称	长江三峡省际度假游轮项目
项目实施主体	宜昌交运长江游轮有限公司
项目建设内容	建设4艘省际度假型游轮
投产运营计划	建成投产的游轮将运行宜渝航线，即从湖北省宜昌市至重庆市万州区的跨省度假型游轮旅游产品
项目总投资	103708.00万元
拟投入募集资金额	72097.27万元
项目建设周期	单船建造期2年
船型及预计载客量	船长150米的休闲度假游轮，单船载400～700人

二、项目背景

(一) 长江三峡旅游升温

长江三峡是世界上唯一能乘船旅游的内河峡谷景观，具有雄奇峻秀的峡谷风光、丰富的人文景观和大国重器三峡工程等独具特色的优势资源，是极富魅力的国际游船旅游胜地。

（二）区域旅游政策支持

2008 年，《湖北省长江三峡国际旅游目的地发展与控制性规划》中明确提出"把长江三峡建成中国顶级、国际一流的复合型旅游目的地，把旅游业作为三峡地区第一支柱产业来培育"。同年，湖北省提出推进鄂西生态文化旅游圈的重大战略。2009 年 3 月，湖北省发改委出台《鄂西生态文化旅游圈发展总体规划（2009—2020）》，提出在凸显"一江两山"（长江三峡、神农架和武当山）基础上的鄂西圈经济社会发展总体空间布局，把宜昌作为"双核"两个省域副中心城市之一。三峡大坝和长江三峡是鄂西圈世界级文化与旅游品牌资源，总体规划提出努力将长江三峡等打造成国内一流、国际知名的生态文化旅游目的地目标。根据《宜昌市建设世界旅游名城五年行动方案（2021—2025 年）》《宜昌市文化和旅游发展"十四五"规划》，宜昌将聚焦长江三峡，打造"世界旅游名城"，大力推动宜昌建设长江大保护典范城市。

（三）宜昌三峡旅游定位

宜昌市地处长江三峡最为秀丽壮观的西陵峡畔，是举世闻名的三峡工程和葛洲坝水电枢纽所在地。宜昌不仅拥有得天独厚的水利水运资源，还拥有雄伟壮丽的三峡工程、三峡风光、屈原和昭君故里、三国古战场、三楚名山、土家风情等自然和人文景观，文化内涵深厚，是著名的旅游胜地并已跻身于全国重点旅游城市之列，在海内外享有盛誉。随着三峡工程的建设竣工，宜昌旅游业快速发展，已经成为宜昌三峡区域经济的支柱产业。2019 年，宜昌市共接待国内外游客 8900.5 万人次，实现旅游收入 985.65 亿元，同比分别增长 15％、13.4％。茅坪港是省际游轮在宜昌的主要始发（终点）港，2019 年接待进出港游客 139.09万人，上下水游客接待量基本持平，宜昌作为长江三峡旅游重要集散地的地位凸显。

三、项目必要性

（一）符合国家旅游发展政策要求

根据国务院《国民旅游休闲发展纲要（2022—2030 年）》《关于促进旅游业改革发展的若干意见》《关于进一步促进旅游投资和消费的若干意见》等文件精神，国家鼓励依托城市综合客运枢纽，改善旅游消费环境；落实职工带薪休假制度，鼓励错峰休假和弹性作息，保障国民旅游休闲时间，激发旅游消费需求；推进邮轮旅游产业发展，推动游艇码头泊位等基础设施建设，新辟旅游消费市场。本项目符合国家旅游改革发展政策的要求。

（二）符合宜昌经济发展规划要求

随着长江经济带发展战略的全面实施，湖北"一主两副"和"两圈两带"战略深入推进，宜昌作为长江经济带发展的重要节点和湖北省域副中心城市，迎来了更加广阔的发展空间。三峡城市群、三峡新区、湖北省自贸区宜昌片区等一系列关系宜昌长远发展的重点战略的实施，将为宜昌发展新跨越带来新的重大历史机遇。

宜昌是长江三峡旅游重要的始发地和目的地之一，但本地企业在长江三峡旅游中所占市场份额较少，以宜昌为船籍港的度假型游轮一直空缺。本项目是首个宜昌籍度假型游轮项目，对加快创建长江三峡国际旅游目的地、世界水电旅游名城和宜昌三峡国家旅游度假区具有重要促进作用。

（三）符合"电化长江"绿色产业发展趋势

宜昌的底色是绿色，优势是水电，未来在绿电。宜昌布局打造"长江大保护典范城市"，坚持"电化长江"、宜昌先行，充分发挥宜昌的航运、市场、产业、运营优势，努力争当"电化长江"的技术创造者、标准制定者、市场引领者。通过与三峡集团、宁德时代等企业的深入合作，率先研发了"长江三峡1"新能源纯电动游轮，在中国国内和国际船舶界引起新能源热潮，彰显了宜昌作为清洁能源之都的责任担当。本项目针对全电模式不能完全满足长途游轮能源需求、LNG和氢能源不适用客船等特性，创新提出插电式的柴电＋锂电的游轮混合动力模式。与传统的纯柴油推进相比，可以节省15％～20％的燃料，减少排放和脱碳20％～30％。

（四）符合旅游模式转型升级需求

根据国际惯例，当人均GDP超过3000美元时，旅游方式将由观光旅游向休闲和度假旅游转变。2019年，我国人均GDP已超过10000美元，游客已经不仅仅满足于观光旅游，更重视在产品消费的过程中获得"休闲体验互动感受"。旅游业已经由传统的观光旅游向休闲度假旅游转变，以船舶品质、服务品质为主的度假型游轮迎来广阔的发展空间。

（五）符合旅游产业利润支撑要求

本项目投入运营后，将对公司旅游产业的发展带来新的利润增长极，对培育旅游产业核心竞争力，打造集"车、船、港站、社、景区"于一体的长江三峡旅游公共交通服务体系建设发展起到重要的支撑作用。

四、市场分析

（一）市场现状

1. 游轮运力情况

（1）游轮分类及定位区分

游轮以主尺度为分类，120m为分水岭，120m以下称为中型游轮，120m以上称为大型游轮，船舶主尺度越大对应内河船舶建造检验规范中参数要求就越高、造价呈几何上升。

130m及以上豪华游轮因船舶品质和客源被业内称为高端游轮，主要运行宜渝航线；船舶主尺度较小、建造年份较早或船舶品质较差的游轮被业内称为经济型游轮，部分运行宜渝航线、部分运行宜万、宜奉等航线。

（2）现有游轮运力情况

目前，长江三峡区域省际游轮企业共有11家，省际游轮50艘。其中，运行宜渝航线的游轮共计42艘，13878客位；运行万州及以下航线游轮共计8艘，1768客位。

（3）游轮运力新增及退出情况

近年来，被列入老旧船舶的省际游轮逐渐下线，按"退三进一"运力置换政策，更新为新建省际游轮运力。截至2019年，经长江航务管理局批准的省际游轮新建运力有21艘，共13870客位，剔除长江中下游运力指标2艘，新增宜渝区间运力19艘、11970客位。现已建成7艘，4540客位。

2. 游轮产品情况（见表 5－1－1）

表 5－1－1　游轮产品情况

产品名称	产品行程	运行周期（往返）	价格区间
宜渝产品	五天四夜（上水）/四天三夜（下水）	七天	1700～4200 元
宜万产品	三天两夜（单边）	六天或五天	900～1350 元
宜奉产品	三天两夜（单边）	四天或三天	600～900 元
宜奉产品	三天两夜	三天	700 元

3. 游客客源情况

长江三峡旅游的客源以国内游客为主，占比达 88.4％。四川、浙江、江苏、上海、广东等省份游客为基础市场，北京、河北、山东、江西、辽宁等省份的游客为补充市场。国（境）外游客来源主要以美国、澳大利亚、德国、加拿大、英国等为主，韩国、新加坡、马来西亚、法国等为补充。

4. 消费构成情况

（1）船票消费

省际游轮的船票不仅是乘船凭证，还包含了食、住、游、娱等基础服务内容。为了体现差异化服务，部分豪华游轮额外提供文化、康乐体验等免费项目，与观光游轮船票内容差别较大，与旅行社旅游产品套票类似。

（2）二次消费

二次消费是游客在享受省际游轮全套基础服务后，因个性化需求而产生的增值服务，主要有自费景点、房间升级、餐标升级、酒吧（免费时段外）、游泳池（规模较小，有人数限制）、自营超市以及外包的商业零售、摄影服务和保健按摩等。高端游轮企业更加注重以优良的硬件环境、软件服务来提升服务品质，以丰富的文化、体验类免费服务来打造市场口碑，二次消费收益的关注度和贡献度相对经济型游轮较低。

5. 营销模式情况

（1）FIT 模式

异地零散游客（Foreign Individual Tourist，FIT）模式的邮轮营销，是欧美发达国家邮轮产品销售的主要模式，主要是以小型的旅行代理机构或门店为主，且直达消费终端和零售商的邮轮销售代理商体系和格局已然成形，销售网点可直接为邮轮公司输送较为稳定的客源。因此，邮轮公司对市场的掌控性强，而收益管理也能做到了然于心，完全可以根据舱位的付款率进行动态收益管理。

（2）零售包船模式

零售包船模式是世界游轮旅游业发展迄今，除了中国外，在世界其他地区绝无仅有的游轮营销模式，零售包船模式分为全包、半包船及切舱模式，主要应用于出境邮轮市场。包船是旅行社与邮轮公司签订买断型包船协议，包船后，旅行社必须按合同的约定全额支付包船费用，同时可自行制定销售价格。对于包船商来说，包船可让旅行社掌握足够的资源，同时享有定价权，但同时也使包船商面临巨大的销售压力。

（3）区域市场分销代理模式

区域市场分销代理模式与大部分景区资源营销模式较为类似。线下渠道实现精细的全国市场分区，并且按照不同市场制定不同的营销预算、任务目标、价格政策等，各片区的销售负责人长期驻外对接市场；线上渠道实现产品在所有 OTA 平台的全覆盖，通过与 OTA 平台的合作，提升产品排序与曝光，提升产品的品牌影响力。

（二）发展趋势

1. 省际度假型游轮市场基本保持平稳

2019 年，省际游轮旅游市场接待量 98.62 万人次，其中宜渝航线接待游客 66.5 万人次，同比增长 2%，宜万、宜奉等航线接待游客 32.12 万人次，同比增长 38.0%。市场良性发展使游轮负载率稳定在可观区间，高端游轮全年平均实载率为 78.0%，经济型游船实载率为 67.7%，略低于豪华游轮负载率。

2. 游轮大型化是主流趋势

目前在运行的省际游轮船型参差不齐、大小不一、各具特色。目前各游轮企业拟设计、在建或新下水的船型以 150m 级为主，投资在 1.6 亿～2.5 亿元之间（长江叁号约 2.5 亿元）。游轮船队规模化、大型化、专业化成为主流趋势，小规模船队的公司在宜渝线生存的空间明显受到挤压。根据目前各个公司市场运作情况来看，宜渝线上老旧、低端船舶淘汰至宜万、宜奉线运营，各公司之间进行船舶和运力之间的资源置换是目前普遍的市场操作手法。

3. 市场格局面临新调整

省际游轮市场在过去的数年间，整体规模增幅不到 10%，远低于国内旅游发展的增长速度。但在近几年出现较大幅度增长，主要原因是受益于"东方之星"事故之后行业监管的力度加强，大批"老、旧、破"游轮被淘汰，高端游轮以相对优惠的价格迅速切入国内市场，获得了一定受众群体。目前，经济型游轮中老旧船舶不断下线或计划下线，新增省际游轮运力多趋于大型化，旅游市场格局将迎来新一轮调整。

五、经营模式

（一）船型选择

1. 参数

适应宜昌至重庆的三峡库区、自然河段、急流河段，涵盖 A、B 级航区、J2 航段，船舶长度 150m 以内，游轮倒桅后的水面以上总高度不超过 17m。

2. 航速

采用柴电＋锂电的混合动力系统，静水航速不低于 24km/h，在春夏旺季洪水季节逆水航行时保障一定的巡航航速，满足运营需求。考虑到游轮动力系统配置和燃料消耗等因素，设计航速不高于 27km/h。

3. 载客

单船载客定额 720 人（其中加床 180 个），可根据市场票价、经营成本、船舶的主尺度及公共区域的布局综合平衡考虑。

4. 服务

包括"食、住、行、游、购、娱"为一体，住宿房间至少包含总统套房、VIP 客房、标准房，公共区域应包含阳光甲板、中餐厅、西餐厅、酒吧、健身房、美容院、影院、图书室、会议室等功能区域。

（二）运营模式

主要运行宜渝航线，全年运行 9 个月（270 天），每 7 天一个上下行往返航班，单船全年运行 38 个往返航班、76 个单边航次，2 艘游轮对开。

（三）定价模式

参照本次新建游轮对应同类档次产品的运营价格，考虑市场竞争和营销渠道建设情况等因素，宜渝航线市场定价取 2800～3000 元/人，旅行社协议结算价格取 2500 元/人（淡、旺季及各房型均价）。价格包含：船票、餐费、景点门票（丰都鬼城、神女溪、三峡大坝，赠送升船机）、导服、免费体验项目（酒会、康养讲座、观景平台、电影院、互动演艺等）、接转车等。

（四）营销模式

完善现有营销体系，建立统一销售平台，实现线上线下、区域代理与直销相结合的营销体系，最终实现全球销售。

1. 海外市场

选择一家具有海外市场渠道的国内旅行社作为代理。

2. 线上渠道

公司线上渠道全面统筹，采用直营模式与各大 OTA 合作。

3. 线下渠道

采用区域代理制，根据代理商的实力和区域管控能力进行区域划分，对实力和区域管理能力较强的代理商可采用切位包销的模式。

4. 渠道互助

针对"两坝一峡"和省际游轮旅游的市场结构性差异，远程市场和经济发达地区由省际游轮区域经理负责省际游轮旅游营销，并为"两坝一峡"旅游产品营销提供支持。华中区域市场由"两坝一峡"区域经理负责"两坝一峡"旅游产品营销，并为省际游轮旅游营销提供支持，形成两支营销团队，既有分工又有合作，工作各有侧重点。

5. 品牌推广

建立"两坝一峡"和省际游轮旅游统一品牌推广部门，统筹旅游产品的品牌建设与推广。

六、经济分析

（一）项目投资及资金安排

长江三峡省际度假型游轮项目共建设 4 艘休闲度假型游轮，经估算 4 艘游轮的总投资额 103708.00 万元，主要包括船舶设计费用、船舶建造费用、内部装饰费用及其他费用等。单艘游轮的投资为 25927.00 万元，具体投资构成估算如表 5-1-2 所示。

表 5-1-2　项目投资构成估算　　　　　　　　　单位：万元

序号	项目	总金额	比例（%）
1	船舶设计费用	300.00	1.16
2	船舶建造费用	14627.00	56.42
3	内部装饰费用	7250.00	27.96
4	其他费用	3750.00	14.46
投资合计		25927.00	100.00

（二）建设计划

本项目第一、二年为首批游轮建造期，建成后投放市场。第三年为营运观察期，第四、五年为第二批游轮建造期，建成后投放市场。项目建造及投资计划如表 5-1-3 所示。

表 5-1-3　项目建造及投资计划

建设周期	首批游轮建造期	首批游轮营运期	
			第二批游轮建造期
	第一、二年	第三年	第四、五年
建造计划（艘）	2	——	2
投入计划（艘）	——	2	
单船造价（万元）	25927	——	
建造投入资金（万元）	51845	——	51845
铺底资金（万元）（按造价 2.5% 计提）	2593		
小计（万元）	80365		51845

（三）经济测算

长江三峡省际度假型游轮项目总投资额 103708.00 万元，投产后按照 15 年经营期计算，项目税后动态投资回收期为 12.66 年，税后财务内部收益率为 9.63%，具有良好的投资收益。省际游轮经济可行性测算情况如表 5-1-4 所示。

表 5—1—4 省际游轮经济可行性测算

序号	项目	修订值
1	静态投资回收期	10.61 年
2	动态投资回收期	12.66 年
3	税后内部收益率	9.63%
4	15 年累计净现值	3.28 亿元
5	达产年份营业收入	3.95 亿元
6	达产年份净利润	0.96 亿元

七、可能存在的风险及应对措施

(一) 市场风险

宜渝航线主要以境外游客和国内高端游客为潜在目标客户群体,现有的游轮公司已构建了相对完善的国内外营销渠道。同时,因产品属性不同,度假型游轮以度假为主,"两坝一峡"游轮以观光为主,市场区域和渠道建设具有很大的差别,公司在销售渠道方面还存在一些短板。此外,宜万、宜奉航线旅游市场面临着一些低端"国内游船"低质低价的恶性市场竞争,对如何在细分市场中准确定位,迅速打开局面造成一定影响。公司将组建专业团队,在省际游轮建造之初即进入区域目标市场,做好前期的市场调研,选择优质的渠道商,设计符合区域市场的线路产品,做好区域产品品牌的推广,扩大市场影响力,确保在产品投放市场之际能够有成熟的渠道支撑。产品投入市场后,持续创新游轮服务内容与流程,让游客从"食、住、行、游、购、娱"全方位体验高品质服务,打造市场口碑。

(二) 安全风险

省际游轮旅游产业链长、覆盖行业广,集"食、住、行、游、购、娱"旅游六要素于一体,在营运过程中存在游客人身安全、船舶航行安全、食品安全和环境污染等安全和管理风险。公司自 1996 年至今一直从事高速船、旅游客船的经营管理,具有二十几年省际、省内客船经营管理经验,拥有一批高素质技术船员和丰富水上运输管理经验的管理团队,能够有效管控相关安全和管理风险。

(三) 投资风险

省际游轮旅游社会依赖性强,易受外力的冲击,特别易受国际经济形势、国内经济发展态势、卫生防疫状况以及自然灾害状况等因素的影响。同时,省际游轮建造审批流程复杂、建造周期长的特点,也会造成一定的投资风险。公司经营团队将秉持匠心打造高品质省际游轮产品的理念,认真做好产品运营以及市场渠道建设,稳扎稳打做好生产经营工作,最大限度地降低投资风险。

案例 2   绿色生态农业一体化项目

一、项目实施单位的基本情况

（一）项目实施单位概况

公司投资人出生于江西九江彭泽县草根，怀着带动家乡父老脱贫致富的情怀，致力于解决家乡传统农业产业结构单一和农业经济效益低的困境，首期筹集 1000 万元人民币注册资金，成立九江市东篱南栅生态旅游有限公司，二期投资达到 5000 万元人民币规模，三期投资达到 1 亿元人民币规模。

公司着力于现代农业综合开发，构建农业绿色生态循环的新经济模式，打造无化肥、农药的粮食产业基地，走种植业和养殖业互补共生的产业融合之路，做好老百姓放心商品粮、蟹、泥鳅和甲鱼优质品牌，秉承"诚信发展、绿色创新、共同富裕"的核心理念，以"立足九江、辐射江西、走向全国、进军国际"为战略目标，以推进城乡统筹发展、促进社会主义新农村建设为己任。公司管理层以求真、务实、开拓、创新的胸襟，携全体员工，致力于现代农业综合开发，争取 3～5 年成为市级、省级、国家级农业产业化龙头企业。

公司法定地址：江西省九江市彭泽县现代农业示范园区。

（二）项目概况

1. 项目地点

项目地处江西省九江市彭泽县马当镇境内，位于江西最北部，赣皖两省交界处，处于长江城市经济带沿线，配合南昌与九江的昌九一体化大开发。距彭泽县客运码头货运码头 8 公里，彭泽港距武汉港约 330 公里，距上海港 600 余公里。距九江机场 60 公里，距昌北国际机场百余公里，距杭瑞高速公路 20 公里，距福银高速公路彭湖段核电站出口处 1 公里，距铜九铁路彭泽火车站 5 公里，在新建设省级公路周边 500 米，已形成以长江航运、铜九铁路、高速公路、省级公路为骨架的四通八达交通网络。项目距县工业园区 4 公里，距彭泽县农业园区内现有玫瑰园、牡丹园，虾蟹小镇，龙虾、螃蟹养殖基地 0.5 公里，项目具有得天独厚的地理区位。

2. 项目设计思想和特色

本公司主要从事现代绿色生态农业综合开发的技术研究、生产和销售，逐步形成绿色生态农业全产业链。

公司运营模式为："公司＋农户"，即公司通过流转农民承包经营土地，打造集约化高标准农田，形成种养一体化的绿色生态产业基地，以公司为经营平台，农民成为公司固定员工，利用传统销售网络和电子商务平台，构建现代营销体系。

项目设计思想：提供绿色生态的放心农副产品，打造优质品牌，提升农业产业绩效，带动农民共同致富，建设新型农业样板工程。

项目设计特色：种植业和养殖业互补共生的产业融合发展。

3. 项目业务类型和规模

公司将在立足自主创新开发的基础上，与江西省农业科学院进行技术合作，并与其他相关机构、院所建立多种形式的合作共享关系，建设蔬菜种植、畜禽养殖和育种、特种水产养殖与育苗基地。

项目业务范畴及规模：

（1）绿色无公害优质水稻种植（种子）和大米深加工业务。远景计划 8500 亩，一是实施水稻与鸭子混种混养；二是实施水稻与澳洲龙虾混种混养；根据水稻产量，二期建造一家中型大米加工厂和生猪养殖场（利用米糠喂猪，提供江西本土原生态黑猪肉和花猪肉）。

（2）绿色无公害优质水果和蔬菜种植业务。远景计划 1000 亩，采用太阳能薄膜温室大棚，种植红心火龙果（500 亩）、西瓜、香瓜和特种蔬菜。

（3）莲藕种植与甲鱼养殖业务。远景计划 500 亩，同江西省邓家埠水稻原种场合作，利用大棚种植莲藕（收获 2 季莲藕）和天然养殖甲鱼（不用任何人工饲料，利用莲子、莲藕根茎、叶子做饲料）。

（4）绿色生态农庄业。建造绿色生态农庄，为绿色生态农业综合开发和彭泽国家级农业示范园区提供配套服务，同时作为大中小学生农业科教基地和农业特色旅游服务基地。

4. 项目实施步骤

（1）项目第一期实施计划

第一步：第一年完成签约流转 1000 亩土地（2018.09－2019.08），至 2018 年 9 月已经完成 150 亩土地的流转手续。

第二步：完成绿色生态农庄建筑用地（10 亩）报批报建工作，力争 2018 年 10－11 月动工建设并完工主楼 1 栋。

第三步：同江西省余江县邓家埠水稻原种场进行技术合作，签订莲藕种植与甲鱼养殖业务指导合同，开展种养示范（50 亩）。

第四步：建设高标准农田。建设稻虾种养（100 亩）和稻鸭示范田（840 亩）。

第五步：设计公司电子商务网站并投入运营。

（2）项目第二期实施计划

以茅湾村周边村庄为主，完成流转 2000 亩土地，建造水果园和蔬菜园、高标准农田，实施稻虾种养规模化。

2019 年，建造绿色生态农庄 2 栋副楼并完成配套工程（荷塘、路桥、绿化）。

（3）项目第三期实施计划

流转项目周边村庄土地 7000 亩，将农业种植、养殖形成产业化与品牌化，建造大米加工厂和生猪养殖场。

二、项目发展环境分析

（一）项目地理交通环境

项目具备得天独厚的空天一体化的交通优势，距项目所在地 50 公里内，既有九江马回岭机场通达全国各地，又有九江水运码头通达上海、江苏、浙江、湖北和湖南等省市，高速公路近在咫尺，形成了便利快捷的物流交通。彭泽县是鄱阳湖区域不可多得的种养宝地，气候优越、地势平坦、土壤肥沃、河湖众多非常适合各种农业生产和养殖。项目临近长江和鄱阳湖，水质和空气优良，是进行绿色生态农业综合开发的天然之地。

（二）项目发展政策环境

农业是国民经济基础产业，事关国家安危和稳定，涉及老百姓饭碗和菜碗安全，历来受到党和国家高度重视。党和政府对发展农业，尤其是规模化、产业化的高效农业，出台了一系列财政、金融、税收和土地等优惠政策，人民群众鼓励农业发展，合理引导社会资金投入农业开发，生产绿色安全农产品，确保身心健康。

1. 农作物种植（含：养殖）补贴政策

（1）耕地地力保护补贴。将农作物良种补贴、种粮农民直接补贴和农资综合补贴整合成为耕地地力保护补贴，其要求各地采取贷款贴息或者其他方式给种粮大户和新型经营主体支持。这项补贴是为了改善土地撂荒造成的浪费现象，鼓励农民进行规模种植。江西省：在本县（市、区）范围内，水稻种植规模50亩（耕地面积）以上，并经乡镇初核、县级确认、省级备案，享受该优惠政策。彭泽县：对新增集中连片50亩以上虾蟹养殖户，县财政每亩给予300元的奖补，对10亩以上的智能大棚予以投资额的30%，打造高标准农田建3000元每亩补贴。对返乡创业者通过贴息、补息方式发放贷款支持建设发展。

（2）有机大米品牌补贴。实行品牌与基地挂钩，对新型经营主体获得有机食品（稻米）认证的产品品牌给予补贴，每个品牌或同一基地只可享受一次财政补贴，不得进行重复财政补贴。补贴标准：根据通过认证的基地面积确定补贴标准，连片200～500亩的基地，补贴5万元；连片500（含）～1000亩的基地，补贴10万元；连片1000亩（含）以上的基地，补贴15万元。

（3）农机购置补贴。中央财政资金直接支持规模化种植水稻、小麦、玉米等农作物机械，省市也有配套资金支持。主要围绕农机购置补贴在机插、机烘、机防等薄弱环节上的标准偏低、推进难度大等实际问题，进一步加大补贴力度，推进粮食生产全程机械化水平。

（4）工厂化育秧设备补贴。对新型经营主体购买床土粉碎机、种子催芽器、播种流水线，以及构建钢架塑料大棚和连栋温室大棚（含喷滴灌设备和温控设备）、四行及以上四轮乘坐式水稻插秧机等进行补贴。补贴标准：按所购买设备资金（不含设计、验收等间接费用）的50%予以补助，单个经营主体本项目最高补贴不超过50万元。购买的设备中，凡符合农机购置补贴政策的，先落实购机补贴再申报本项目补贴，且本项目补贴和购机补贴总额不超过所购买设备总资金的50%。

（5）稻谷烘干设备购置补贴。对新型经营主体购买粮食烘干机进行补贴，移动式粮食烘干机除外。补贴标准：落实农机购置补贴后，再执行不高于4500元/吨·批处理量补贴标准。

（6）植保机械购置补贴。对新型经营主体购买无人植保机、18马力及以上自走式（四轮）喷杆式喷雾机等两类植保机械进行补贴。补贴标准：按所购买设备资金的50%予以补助，不论购买机型和台数的多少，单个经营主体本项目最高补贴不超过20万元。购买的设备中，凡符合农机购置补贴政策的，先落实购机补购再申报本项目补贴，但本项目补贴和购机补贴总额不超过所购买设备总资金的 50％。本项目仅针对 2015 年以来新购买的上述植保机械进行补贴。

（7）新型职业农民培养补贴。全面建立职业农民制度，将新型农业经营主体带头人、现代青年农场主、农业职业经理人、农业社会化服务骨干和农业产业扶贫对象作为重点培育对象，以提升生产技能和经营管理水平为主要内容，培训新型职业农民 100 万人次。鼓励通过政府购买服务的方式，支持有能力的农民合作社、专业技术协会、农业龙头企业等主体承担培训工作。

2. 农业信贷担保体系

健全全国农业信贷担保体系，推进省级信贷担保机构向市县延伸，实现实质性运营。重点服务种养大户、家庭农场、农民合作社等新型经营主体，以及农业社会化服务组织和农业小微企业，聚焦粮食生产、畜牧水产养殖、优势特色产业、农村新业态、农村一二三产业融合，以及高标准农田建设、农机装备设施、绿色生产和农业标准化等关键环节，提供方便快捷、费用低廉的信贷担保服务。支持各地采取担保费补助、业务奖补等方式，加快做大农业信贷担保贷款规模。

3. 农业规模化的土地政策

国家鼓励农业规模化和产业化经营，支持农民土地承包权流转，防止土地抛荒和提升农产品商品化率，支持农业大户、家庭农场、农业合作社和大型农场发展，鼓励农民承包土地经营权流转，既可获得土地固定收益，又提高了土地利用效率。

4. 发展休闲农业和乡村旅游项目支持政策

2016 年中央一号文件明确提出要大力发展休闲农业和乡村旅游。农业主管部门积极推动落实 11 部门联合印发的《关于积极开发农业多种功能大力促进休闲农业发展的通知》精神，主要包括积极探索有效方式，改善休闲农业和乡村旅游重点村基础服务设施，鼓励建设功能完备、特色突出、服务优良的休闲农业专业村和休闲农业园；鼓励通过盘活农村闲置房屋、集体建设用地、"四荒地"、可用林场和水面等资产发展休闲农业和乡村旅游；加强品牌培育，开展全国休闲农业和乡村旅游示范县示范点创建活动、中国最美休闲乡村推介、中国重要农业文化遗产认定、休闲农业和乡村旅游星级企业创建活动等。

（三）项目发展经济环境

彭泽县现代农业示范园区内，现有龙头企业——九江凯瑞生态农业开发有限公司，已经打造出了大闸蟹养殖基地、龙虾养殖基地。园区内有虾蟹小镇、民宿村庄，有牡丹园、玫瑰园、油菜花园、水果种植基地，农业产业链基本形成雏形。

1. 资本市场

农业项目具有投资周期长、投资金额大和受自然环境制约等特点，需要资金支持。中国改革开放，起源于农业，发展于工商业，资本市场同步培育和成长，农业上市公司已达上百家，筹集了大量建设资金来助推规模化农业发展，工商业反哺农业趋势基本形成。大量资金开始进入农业领域，只要有好的农业项目，资本市场一定会青睐并鼎力支持。如隆平高科。

2. 居民收入和消费水平

根据江西省统计年鉴，江西省居民人均可支配收入和居民人均消费见表 5—2—1、表 5—2—2。

表 5—2—1　居民人均可支配收入统计表　　　单位：元

类别	2014 年	2015 年	2016 年	2017 年 1—9 月
城镇居民	24309.19	26500.12	28673	22665.76
农村居民	10116.58	11139.08	12138	8912.50

表 5—2—2　居民人均消费支出统计表　　　单位：元

类别	2014 年	2015 年	2016 年	2017 年 1—9 月
城镇居民	15141.78	16731.81	17696	13548.07
农村居民	7548.26	8485.59	9128	6596.46

通过统计分析，居民可支配收入和消费支出年均增长在 8%～10% 之间。

收入持续增长支撑了消费增长，人们更向往美好的生活质量，对吃得更好、更安全有了新的期待。

三、项目具体规划及实施步骤

（一）整体规划及实施步骤（见图 5—2—1）

九江市东篱南栅生态旅游有限公司鸟瞰图

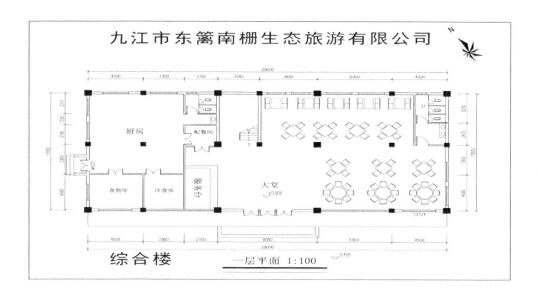

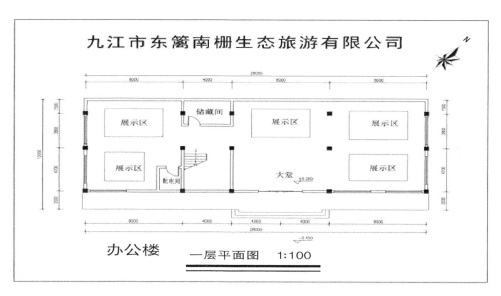

图 5-2-1　生态农庄平面规划图

生态农庄建设：

第一，2018 年 10 月，做好土地平整及道路规划施工；第二，2018 年 11 月，建造 2 栋绿色生态农庄楼房，并配合园区做好美化亮化工程；第三，2019 年 3 月，建设游客小木屋 6 栋；第四，2019 年 5 月，生态农庄对外正式营业。

生态农业及养殖开发建设初期分三步：第一，2018 年 12 月前第一期流转 150 亩并完成高标农田建设；第二，2019 年 5 月之前流转 350 亩；第三，2019 年 12 月流转 500 亩，项目初具规模。

（二）特色农家乐及实施步骤

绿色生态农庄以经营特色农副产品（新鲜莲藕、有机无公害大米、时令蔬菜、土鸭、鸭蛋、土鸡、龙虾、泥鳅、甲鱼等）、餐饮、农业生态旅游（科普教育）为主。

实施具体步骤：

第一步：建好生态农庄道路、门楼、停车场、绿化并分期建好 3 栋楼；

第二步：申请营业执照和特种经营许可证，并办好排污等手续；

第三步：招聘和培训员工。

（三）特种养殖及实施步骤

利用彭泽县空气、水质、土壤等天然优质条件，实施稻与虾、稻与鸭、稻与泥鳅、莲藕与甲鱼等形成生态混种混养模式，既解决病虫害和有机肥料的成本压力，又生产了无公害大米和绿色水产品。

第一步：2018 年 7—10 月，水稻与土鸭混种混养（10 亩），水稻与泥鳅混种混养（10 亩），积累经验，然后按项目规划有计划推进，达到规模化经营目标；

第二步：2019 年 3—12 月，水稻与龙虾混种混养（50 亩），积累经验，然后按项目规划有计划推进，达到规模化经营目标；

第三步：2019 年 3—12 月，莲藕与甲鱼混种混养（10 亩），积累经验，然后按项目规划有计划推进，达到规模化经营目标。

（四）特色民居及实施步骤

按照设计规划，装修民宿居住房间；同时建造具有江南水乡特色的小木屋 6 栋，根据市场需求，再进行后续开发。

四、市场分析

（一）市场细分及容量分析

随着居民收入的提升，对美好生活向往就有了现实的经济基础。消费者渴望吃到无公害有机大米、蔬菜、瓜果和水产品等农副产品，市场无法满足消费者的实际需要，市场供给侧结构性失衡，导致无公害有机大米价格达到 10 元/500 克、泥鳅 20 元/500 克、龙虾 30 元/500 克、甲鱼 140 元/500 克以上。

总体分析，中国居民收入用于消费支出的基尼系数低于 0.35，说明中国居民消费能力强，整体迈进小康生活，提升消费空间巨大，优质生态有机大米、蔬菜和水产品供不应求。

（二）市场竞争分析

产品市场竞争分为两个层面：

1. 同质产品市场竞争：优质生态有机大米、蔬菜和水产品，呈现供不应求的局面，属于供给侧严重不足，基本不存在市场竞争。

2. 不同质产品市场竞争：优质生态有机大米、蔬菜和水产品，与用农药化肥种植的大米、蔬菜和饲料养殖的水产品相比，具有口感好和食用安全的优点，对人的心身健康有保障；缺点是价格偏高，低收入人群难以接受。可见，其竞争在于价格方面。本项目提供优质农副产品，定位于中高收入消费群体，避开了竞争局面。

（三）市场营销推广策略

市场营销推广词：绿色生态、有机食品、安全健康、享受人生。

市场营销手段：与大中小学合作，建立绿色生态农业科教（旅游）基地；在大中城市的高端楼盘，建立直销门店；与大型超市合作，建立营销专柜；与高档酒店合作，直销产品。

五、项目经济效益分析

（一）投资预算

根据第一期建设规划，考虑三年建设经营周期，测算投资额度。

1. 水田和旱地征用投资：根据地块实际情况，需要征用水田 900 亩＋旱地 100 亩，水田流转年租金 600 元/亩（政府财政每年补助 329 元/亩），旱地流转年租金 400 元/亩（政府财政每年补助 200 元/亩），每年需要投资 29 万元。

2. 门楼和道路修建投资：门楼投资 1 万元；需要修建长 200 米×宽 5 米的主干道，测算投资 2 万元，合计 3 万元。

3. 场地平整、绿化投资：测算需要 10 万元。

4. 2 栋农庄接待、办公、展销用房投资：房产面积 1426 平方米，建造和装修投资 200 万元。

5. 6 栋小木屋投资：每栋面积 30 平方米，按照 3 万元/栋造价测算，需要投资 18 万元。

6. 厨房设备、餐桌等设施投资：测算 20 万元。

7. 莲藕大棚投资：50 亩莲藕，每亩投资 0.5 万元，测算需要投资 25 万元。

8. 水电设备投资：估算 24 万元。

1～8 项合计总投资为 329 万元。

（二）营业收入结构及预算

1. 第一年收入：1609.72 万元

（1）农副产品收入：1475.32 万元

年粮食收入＝940 亩×350 公斤/季×2 季×2.4 元/公斤＝157.92（万元）

年土鸭收入＝840 亩×50 只鸭/亩×1.5 公斤/只×18 元/公斤＝113.40（万元）

年产鸭蛋收入＝840 亩×50 只鸭/亩×200 个蛋/只×1.35 元/个＝1134（万元）

年产莲藕收入＝50 亩×6000 元/亩＝30（万元）

年产龙虾收入＝100 亩×100 公斤×40 元/公斤＝40（万元）

（2）餐饮收入：100.80 万元

按照日均接待 60 人，年营业 280 天，人均消费 60 元/餐测算，餐饮收入为 100.80 万元。

（3）住宿收入 33.60 万元

按照日均接待 20 人，年营业 280 天，人均消费 60 元/晚测算，住宿收入为 33.60 万元。

2. 第二年收入：1808.32 万元

（1）农副产品收入：1601.32 万元

年粮食收入＝940 亩×350 公斤/季×2 季×2.4 元/公斤＝157.92（万元）

年土鸭收入＝840 亩×50 只鸭/亩×1.5 公斤/只×18 元/公斤＝113.40（万元）

年产鸭蛋收入＝840 亩×50 只鸭/亩×200 个蛋/只×1.50 元/个＝1260（万元）

年产莲藕收入＝50亩×6000元/亩＝30（万元）

年产龙虾收入＝100亩×100公斤×40元/公斤＝40（万元）

（2）餐饮收入：144万元

按照日均接待80人，年营业300天，人均消费餐饮成本60元/餐测算，餐饮收入为144万元。

（3）住宿收入：63万元

按照日均接待30人，年营业300天，人均消费70元/晚测算，住宿收入为63万元。

3. 第三年收入：1977.32万元

（1）农副产品收入：1689.32万元

年粮食收入＝940亩×350公斤/季×2季×2.4元/公斤＝157.92（万元）

年土鸭收入＝840亩×50只鸭/亩×1.5公斤/只×18元/公斤＝113.40（万元）

年产鸭蛋收入＝840亩×50只鸭/亩×200个蛋/只×1.50元/个＝1260（万元）

年产莲藕收入＝50亩×6000元/亩＝30（万元）

年产龙虾收入＝100亩×100公斤×40元/公斤＝40（万元）

年产土甲鱼收入＝50亩×80公斤×220元/公斤＝88（万元）

（2）餐饮收入：192万元

按照日均接待80人，年营业300天，人均消费80元/餐测算，餐饮收入为192万元。

（3）住宿收入：96万元

按照日均接待40人，年营业300天，人均消费80元/晚测算，住宿收入为96万元。

（三）营业成本结构及预测

1. 第一年成本：977.60万元

（1）农副产品成本：802.40万元

年粮食成本＝940亩×800元/亩（农机、种子、人工、肥料）＝75.20（万元）

年土鸭成本＝840亩×50只鸭/亩×6元/只（鸭苗）＝25.20（万元）

年产鸭蛋成本＝840亩×50只鸭/亩×200个蛋/只×0.8元/个＝672（万元）

年产莲藕成本＝50亩×2000元/亩＝10（万元）

年产龙虾成本＝100亩×100公斤×20元/公斤＝20（万元）

（2）餐饮成本：106.80万元

菜肴成本：按照日均接待60人，年营业280天，人均消费菜肴成本35元/餐测算，餐饮菜肴成本为58.80万元。

人工成本：厨师1名，月工资7500元（含社保）；服务员3人，月工资3000元（含社保），年人工总成本20万元。

固定折旧成本：房产折旧按照10年计算，设备按照5年折旧，测算年折旧费用10万元。

水电成本：1万元/月，全年12万元。

燃料成本：6万元。

（3）住宿成本：28.40万元

水电、洗漱用品成本：按照日均接待20人，年营业280天，人均消费水电、洗漱用品20元/晚测算，住宿消费为11.20万元。

人工成本：服务员 2 人，月工资 3000 元（含社保），年人工总成本 7.20 万元。

固定折旧成本：房产折旧按照 10 年计算，设备按照 5 年折旧，测算年折旧费用 10 万元。

（4）摊销其他投资：40 万元

摊销道路、绿化等投资 40 万元。

2. 第二年成本：1016.80 万元

（1）农副产品成本：802.40 万元

年粮食成本＝940 亩×800 元/亩（农机、种子、人工、肥料）＝75.20（万元）

年土鸭成本＝840 亩×50 只鸭/亩×6 元/只（鸭苗）＝25.20（万元）

年产鸭蛋成本＝840 亩×50 只鸭/亩×200 个蛋/只×0.8 元/个＝672（万元）

年产莲藕成本＝50 亩×2000 元/亩＝10（万元）

年产龙虾成本＝100 亩×100 公斤×20 元/公斤＝20（万元）

（2）餐饮成本：138 万元

菜肴成本：按照日均接待 80 人，年营业 300 天，人均消费菜肴成本 35 元/餐测算，餐饮菜肴成本为 84 万元。

人工成本：厨师 1 名，月工资 8000 元（含社保）；服务员 3 人，月工资 3500 元（含社保），年人工总成本 22 万元。

固定折旧成本：房产折旧按照 10 年计算，设备按照 5 年折旧，测算年折旧费用 10 万元。

水电成本：1.25 万元/月，全年 15 万元。

燃料成本：7 万元。

（3）住宿成本：36.40 万元

水电、洗漱用品成本：按照日均接待 30 人，年营业 300 天，人均消费水电、洗漱用品 20 元/晚测算，住宿消费为 18 万元。

人工成本：服务员 2 人，月工资 3500 元（含社保），年人工总成本 8.40 万元。

固定折旧成本：房产折旧按照 10 年计算，设备按照 5 年折旧，测算年折旧费用 10 万元。

（4）摊销其他投资：40 万元

摊销道路、绿化等投资 40 万元。

3. 第三年成本：1073.52 万元

（1）农副产品成本：832.40 万元

年粮食成本＝940 亩×800 元/亩（农机、种子、人工、肥料）＝75.20（万元）

年土鸭成本＝840 亩×50 只鸭/亩×6 元/只（鸭苗）＝25.20（万元）

年产鸭蛋成本＝840 亩×50 只鸭/亩×200 个蛋/只×0.8 元/个＝672（万元）

年产莲藕成本＝50 亩×2000 元/亩＝10（万元）

年产龙虾成本＝100 亩×100 公斤×20 元/公斤＝20（万元）

年产甲鱼养殖成本＝50 亩×200 只×30 元/只＝30（万元）

（2）餐饮成本：158万元

菜肴成本：按照日均接待80人，年营业300天，人均消费菜肴成本40元/餐测算，餐饮菜肴成本为96万元。

人工成本：厨师1名，月工资8600元（含社保）；服务员3人，月工资3800元（含社保），年人工总成本24万元。

固定折旧成本：房产折旧按照10年计算，设备按照5年折旧，测算年折旧费用10万元。

水电成本：1.5万元/月，全年18万元。

燃料成本：10万元。

（3）住宿成本：43.12万元

水电、洗漱用品成本：按照日均接待40人，年营业300天，人均消费水电、洗漱用品20元/晚测算，住宿消费为24万元。

人工成本：服务员2人，月工资3800元（含社保），年人工总成本9.12万元。

固定折旧成本：房产折旧房产按照10年计算折旧，设备按照5年折旧，测算年折旧费用10万元。

（4）摊销其他投资：40万元

摊销道路、绿化等投资40万元。

（四）三项费用预算

1. 管理费用预算

按照销售收入5%左右测算，第一、二、三年管理费用分别为100万元、110万元、120万元。

2. 销售费用

按照销售收入10%的算，第一、二、三年管理费用分别为200万元、220万元、240万元。

3. 财务费用

按照300万元银行贷款，年利率为6%（财政贴息50%测算），年均利息支出18万元。

（五）利税预算

1. 税金预算

（1）农产品税金

享受免税优惠政策。

（2）餐饮住宿税金

按照收入综合税负10%测算：

第一年税金＝（100.8+33.6）×10%＝13.44（万元）

第二年税金＝（144+63）×10%＝20.70（万元）

第三年税金＝（192+96）×10%＝28.80（万元）

2. 利润预算

根据收入、成本、费用预算数据，推算每年实现经营利润如表5－2－3所示。

表 5－2－3　利润预算表　　　　　　　　　　单位：万元

序号	项目	第一年	第二年	第三年
1	收入	1609.72	1808.32	1977.32
2	成本 其中：折旧	977.60 20	1016.80 20	1073.52 20
3	三项费用	318	348	378
4	税金	13.44	20.70	28.80
5	利润	300.68	422.82	497
投资总额	500（自有资金）＋300（信贷资金）＝800			

备注：农田整理和田间道路投资为测算，主要考虑为由政府农业补贴解决。

（六）财务评价

投资农业项目，一般具有投资金额大，投资周期长、投资报酬率相对偏低的特点。本项目选择绿色生态农业与特种水产养殖相结合模式，较好地解决了上述问题。

1. 静态投资回收期：2 年

静态投资回收期＝投资总额/投资后平均每年净现金流量

　　　　　　　＝800/［（300.68＋422.82＋497＋60）/3］＝2（年）

2. 年投资平均利润率：50％

年投资平均利润率＝三年投资平均利润/投资总额

　　　　　　　　＝［（300.68＋422.82＋497）/3］/800＝50％

3. 销售利润率：23％

销售利润率＝三年销售利润/三年销售收入

　　　　　　＝（300.68＋422.82＋497）/（1609.72＋1808.32＋1977.32）＝23％

六、项目风险分析

（一）市场风险分析

1. 农庄餐饮和住宿市场开发风险

本项目地处彭泽县国家级生态农业示范园，离城市具有一定的路程，需要靠特色吸引顾客入住农庄和餐饮消费，具有一定的市场风险。但风险总体可控，一是周边环境支持，本身地处彭泽县国家级生态农业示范园，园区内有一家稻虾养殖规模达到 10000 亩的龙头企业和玫瑰花公园，园区尚未有一家有档次和规模的餐饮住宿配套酒店；二是离彭泽县只有 15 分钟车程，消费者前来消费的路费成本不高；三是餐饮住宿农庄本身就定位于特色种养生态农业的配套服务机构，不是主要的盈利项目。

控制风险措施：与中小学合作建设开发为农业科普教育（旅游）基地，形成稳定的客户来源渠道。

2. 绿色生态有机大米、蔬菜和特种水产品市场风险

通过前面市场消费群体分析，不存在市场销售价格和市场容量风险。

（二）财务风险分析

本项目以自筹资金为主（第一期：1000 万元），综合开发建设大型农场，政府可以帮助

提供贴息贷款（第一期：500万元）。

财务杠杆系数＝息税前利润/（息税前利润－利息）

＝（300.68＋422.82＋497＋54）/（300.68＋422.82＋497－54）＝1.04

分析结论：利息对财务影响极为有限，基本判断财务风险为零。

表5－2－4　三年财务敏感性分析　　　　　　　　　　　　　单位：万元

变动因素	变化幅度	总成本	总销售额	利润	影响程度
基准方案	0	4174.86	5395.36	1220.50	
成本	－6%	3924.37	5395.36	1470.99	20.52%
	－4%	4007.87		1387.49	9.63%
	－2%	4091.36		1304	6.84%
	2%	4258.36		1137	－6.84%
	4%	4341.85		1053.51	－9.63%
	6%	4425.35		970.01	－20.52%
销售价格	－6%	4174.86	5071.64	896.78	－26.52%
	－4%		5179.55	1004.69	－17.68%
	－2%		5287.45	1112.59	－8.84%
	2%		5503.27	1328.41	8.84%
	4%		5611.17	1436.31	17.68%
	6%		5719.08	1544.22	26.52%

通过敏感性分析可知（如表5－2－4所示），价格变动比成本变动更明显，而优质生态粮食和水产品，未来价格呈上扬趋势，说明本项目风险极低。

七、社会影响分析

1. 贡献税收，利在财政

本项目直接税收贡献虽然不高，但拉动了商业贸易、旅游和餐饮业，间接税收贡献较大。

2. 优化产业结构

本项目通过土地流转，解决了大量土地抛荒问题，通过综合开发，大大提高了土地利用率和农业商品化率，对推动农业产业结构转型具有十分明显的作用，改变了当地农民种水稻单一农产品的局面，探索了稻与虾、稻与泥鳅、稻与鸭、莲藕与甲鱼混种混养的新模式。

3. 促进就业，惠及"三农"

投资本项目，利用民间资金，改变农业落后面貌，助推农业供给侧结构性改革，既可解决当地农民稳定就业和提高农民收入，又为改变村容村貌和保留优秀村落文化提供建设资金。

八、存在问题及建议

由于农业项目涉及千家万户，离不开政府、村委会和当地农户大力支持，为加快项目落地，尽快实现经营目标，提出如下问题与建议，期望得到大力支持。

1. 用地问题及建议

土地流转需要乡政府、村委会与投资人一起，做好当地农户思想工作，按计划落实和办理土地流转手续。

2. 用水、用电问题及建议

项目用电、用水，主要是农业灌溉，少量用于农庄餐饮和住宿。需要当地电力部门解决专变线路和设施，水利部门协助解决农水灌排渠道建设和饮用水源，期望政府支持财政资金。

3. 农田改造资金问题及建议

高标准农田建设，需要大量资金，期望政府专项拨款或协助向上级政府申请专款，需要政府派专人指导。

【课堂讨论】

1. 旅游项目投资决策中，如何比较社会效益和经济效益？

2. 旅游项目投资决策者，面临的主要问题有哪些？如何去解决？

3. 试对本案例中所采用的旅游项目投资风险分析与控制方法进行评价。

【课后思考】

1. 旅游建设项目的主要特征是什么？

2. 旅游建设项目投资决策中主要考虑哪些因素？

3. 如何开展旅游建设项目的可行性研究？

下篇

工程项目投融资决策案例分析

第六章　BOT 融资模式案例分析

【学习目的】

BOT（Build－Operate－Transfer）即建设－经营－转让。是私营企业参与基础设施建设，向社会提供公共服务的一种方式。通过案例的学习，掌握 BOT 融资模式的方式、特点、融资模式等。

【理论基础】

在我国一般称为"特许权"，是指政府部门就某个基础设施项目与私人企业（项目公司）签订特许权协议，授予签约方的私人企业（包括外国企业）来承担该项目的投资、融资、建设和维护，在协议规定的特许期限内，许可其融资建设和经营特定的公用基础设施，并准许其通过向用户收取费用或出售产品以清偿贷款，回收投资并赚取利润。政府对这一基础设施有监督权，调控权、特许期满，签约方的私人企业将该基础设施无偿移交给政府部门。

案例 1　欧洲隧道工程项目融资案例

一、项目背景

关于建立一条穿越英吉利海峡连接英国和法国的计划最早是在 1753 年提出的，之后从 19 世纪起，各种类似的计划不断提出并被束之高阁。20 世纪 80 年代，人们开始研究依靠私人投资来修建英吉利海峡隧道或桥梁的可能性。1984 年 5 月，Banque Indosuez Banqu Nationale de Paris，Credit Lyonnais，Midland Bank 和 National Westminster Bank 组成的银行团向英法两国政府提交了一份关于可以完全通过私人投资来建立双孔海底铁路隧道的报告。牵头银行团后来很快与英法两国的大建筑公司联合，分别在两国成立了海峡隧道工程集团（Channel Tunnel Group Limited，CTG）和法兰西－曼彻公司（France Manceh S. A FM），CTG－FM 以合伙形式组成欧洲隧道公司。

1985 年 5 月，英法两国政府发出了无政府出资和担保情况下英吉利海峡连接项目的融资、修建及运营的联合招标，1986 年 1 月，CTG－FM 的 26 亿英镑的双孔铁路隧道提案（欧洲隧道系统）中标。同年 2 月，两国政府签署协议授权建立欧洲隧道系统，并且给予中标者 CTG－FM 在协议通过之日起 55 年（到 2042 年）内运营隧道系统的权利。CTG－FM 公司将有权征税并且决定自己的运营政策。英法两国政府许诺没有 CTG－FM 的同意，在 2020 年之前不会建立竞争性的海峡连接项目。协议期满后（2042 年）欧洲隧道系统将会转让给英国和法国政府。

欧洲隧道系统项目包括：

在英吉利海峡下面建立两条铁路隧道和一条服务隧道；

在英国的 Dover 和法国的 Coquelles 分别建立一个铁路站；

在两站之间建立往返列车以运送乘客和货物；

在法国的终点站和英国的终点站分别建立一个地面货物仓库；

建立与附近公路及铁路系统的连接。

每一个主隧道的内径有 7.6 米，全长大约 50 千米，并且还有一条内径 4.8 米的服务隧道，用于主隧道的通风、日常的安全维修工作及在紧急情况下提供安全避难。

欧洲隧道工程具有一些不平常之处：一是它是至今为止由私人机构筹资兴建的规模最大的基础建设工程；二是它是 BOT 项目融资方式中特许期最长的工程，特许期长达 55 年，跨越半个世纪；三是政府提供的担保也是较少的工程。英法两国政府并没有像其他项目融资中承担诸如外汇风险、通货膨胀风险等，而只是提供了"无二次设施"担保和给予项目公司商务自主权等。前者是许诺在没有 CTG－FM 的同意，在 2020 年之前不会建立竞争性的海峡连接项目。后者是给予 CTG－FM 自主决定税率及运营决策等的商务自主权。

二、项目公司所有权结构

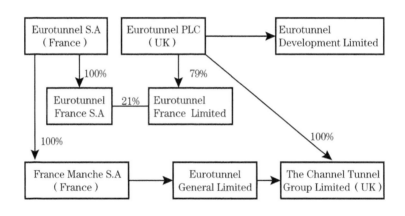

图 6－1－1　欧洲隧道项目公司所有权结构

项目公司所有权结构如图 6－1－1 所示，欧洲隧道项目所有权结构是一个双重跨国联合体结构。两家公司是分别独立注册的。Eurotunnel PLC 注册地在英国，而 Eurotunnel S. A 注册地在法国，它们联合起来成立了一个合伙制公司 Eurotunnel General Limited（本文称欧洲隧道公司）。融资的其他费用折旧之后和税收之前的所有收益或损失由 CTG－FM 两家公司平均分担。

项目的建设由一个建筑公司团体 Tansmanch Link 承担，Tansmanch Link 是一家由 5家主要的英国建筑公司组成的 Tanslink 公司和由 5 家主要的法国建筑公司组成的 Transmanche 公司成立的合资公司。1986 年 9 月 Tansmanch Link 与 CTG－FM 签订了一个全面责任合同，负责工程的设计、施工、测试，计划施工期为 7 年，即建设公司保证在签订合同的 7 年之内将一个可以完全运营的铁路系统交付使用。

如果欧洲隧道工程在最后期限之后完工，Tansmanch Link 将承担每天 50 万英镑的损失。由偶然事件或者是洪水带来的推迟或成本增加都由 Tansmanch Link 来承担。但是以下事件带来的损失 Tansmanch Link 不负责：一是欧洲隧道更改系统设计；二是英国或法国政府的行为；三是隧道岩床条件与欧洲隧道公司所预计的不符。

三、项目融资方案

欧洲隧道公司估计要 48 亿英镑来建立这一隧道系统。

建筑成本：	28 亿
公司和其他成本：	5 亿
通货膨胀：	5 亿
净融资成本：	10 亿
总成本：	48 亿英镑

为了满足这些成本及可能的成本超支，欧洲隧道公司计划融资 60 亿英镑：

股权	10 亿
债务	50 亿
总额	60 亿英镑

由于在英国国内的资本市场上，存在发达的股本市场和债券市场，依靠项目公司在股市发行股票，或者筹集私营投资者的资金的办法，就可以从投资者手中为 BOT 项目筹集到足够的资金。因此，该项目就地融资，英法两国政府不提供任何外汇风险担保。

欧洲隧道公司计划分阶段来筹集这笔资金：

（1）在中标之前，牵头银行就已经收到了 33 家银行大约 43 亿英镑的措辞坚定的债务承销意向书。

（2）中标之后，发起人股东向 CTG—FM 投入 5000 万英镑。

（3）牵头银行在建筑合同签订之后计划进行一次 50 亿英镑的联合贷款（syndicated loan）。

（4）欧洲隧道公司计划在 1986 年 6 月进行第二次股票发行，计划融资 1.5 亿到 2.5 亿英镑。

（5）1987 年上半年计划进行第三次股权融资，计划融资 10 亿英镑。

（6）1988 年、1989 年计划进行两次股票融资。项目债务融资主要由银行集团提供。

1986 年 2 月，牵头银行组织了一个由 40 个二级银行组成的价值为 50 亿英镑的联合贷款承销团，但是，在承销协议签订之前，银行要求借款人必须保证达到以下条件：

（1）英法政府给予欧洲隧道公司自主经营权。

（2）英法两国议会必须通过有关协议来保证项目合同的合法性。

（3）完成 1.5 亿英镑的二期股权融资。

按照贷款协议，项目公司的债务责任是：

（1）欧洲隧道公司通过将来的现金流来偿还贷款，签订合同之后 18 年内完全还清。

（2）费用条款：欧洲隧道公司给予牵头银行总贷款额的 12.5% 作为牵头费用。

（3）安全条款：欧洲隧道公司的所有资产用来作为还款的抵押。

（4）欧洲隧道公司保证未经贷款银行允许不进行欧洲隧道系统之外的其他工程。

（5）违约事件：如果以下任一事件发生，则欧洲隧道公司将被视为违约：一是欧洲隧道运营时间推迟一年以上；二是欧洲隧道公司违反责任造成无法补偿的后果；三是未按合同按时还款。

（6）币种选择权：贷款货币包括英镑、法国法郎、美元，但是贷款银行团同意欧洲隧道公司有权选择其他的币种。

（7）建筑合同必须签订。

四、项目风险分析

欧洲隧道工程是历史上由私营团体筹款的最大的基础设施，它将面临着极大的经济风险和市场风险，为此，他们进行了周密的经济可行性研究。他们预测：

（1）过去英吉利海峡的客运和货运额的增长趋势。

（2）预计1993年以后的运输量（因为预计项目将在1993年5月运营）。

（3）估计欧洲隧道公司在将来的市场份额。

（4）估计欧洲隧道可能会带来的运输量的增量。

（5）估计欧洲隧道提供运输服务和相关的辅助服务所带来的收入。

市场研究的结果是欧洲隧道在经济上是可行的。他们认为跨海峡的营运额会从1985年的4810万客运人次和604万吨货运量增加到2003年的8810万客运人次和1221万货运量。他们的结论是欧洲隧道将占这个增长的市场的相当份额。它将比轮渡更快、更方便和安全，比航空在时间和成本上有优势。研究估计在1993年，欧洲隧道将占有英吉利海峡间客运市场的42%和货运的17%，由于欧洲隧道会降低运输成本，因此将会创造一部分运输需求，根据市场调查在第一年完全经营时，客运量将达到3000万人次，货运量将达到1500万吨，收入预计从1993年的50070万英镑增加到2003年的64200万英镑再增加到2013年的73120万英镑。

欧洲隧道公司对利润的预测如表6—1—1所示。

表6—1—1 欧洲隧道公司利润预测表　　　　　　　　单位：百万英镑

年份	1993	1996	2000	2003	2013	2023	2033	2041
收入	488	908	1254	1586	3236	6184	11356	17824
运营成本	86	168	235	304	631	1207	2246	3604
折旧	103	160	171	184	234	271	328	383
利息	229	307	234	171	(39)	(172)	(370)	(616)
利润	62	217	365	566	1476	2986	5605	8880

五、实际进展

欧洲隧道系统最初计划在1993年5月运营，由于成本问题、设备的运输拖后以及测试问题，直到1994年3月6日才开始货物运营。客运服务到1994年11月4日才开始，起初计划成本是 48 亿英镑，可是最后大约实际是 105 亿英镑。成本的超支引起了 Transman Link 和欧洲隧道公司的纠纷，前者因此推迟了项目的建设。这使得欧洲隧道公司在 1990 年不得不通过配股融资 5.32 亿英镑。

同时，轮渡运营商降低了票价，以提高其竞争力，吸引了大量的运输量，导致欧洲隧道公司的预期收入大大降低，现金缺口增大。随着完工日期的接近，所需追加的现金额不断上升，达到了 18 亿英镑。欧洲隧道公司在 1994 年不得不进行了两次配股，总额是 8.16 亿英镑，同时，又筹集了 6.47 亿英镑的信用便利。

到 1994 年，又一场价格大战爆发了，轮渡公司大幅度削减票价，迫使欧洲隧道公司跟着降低。同时不断推迟的客运服务意味着它将不能实现其在 1994 年发行股票时作的盈利预测。利润的缺口也使欧洲隧道公司违反了它在银行贷款协议中的一些条款。使其不能继续使用剩余的信用额度，更加恶化了项目公司的现金危机。

1995 年，欧洲隧道公司的形势更糟，伦敦—巴黎航线的航空公司开始了一轮广告攻势以提高其竞争力，并且英国轮渡公司进行同归于尽的削价，这对欧洲隧道公司的财务危机是雪上加霜。最后，1995 年 9 月，欧洲隧道公司单方面推迟了超过 80 亿英镑银行贷款的利息偿还。它计划在 1996 年跟银行谈判安排一次债务重组。该公司联席主席 Alastazir Morton 曾提醒公司股东：除非该公司表现特别出色，否则，最早仍要到 2004 年才能开始派发股息。

六、启发

通过对欧洲隧道工程的简介，我们可以得到以下几点启发：

第一，对于大规模的交通设施建设项目而言，采取项目融资方式融资，能将各个投资者以合同的形式捆绑在一起，从而降低项目风险。但是，这并不意味着投资者就可以放松对项目的管理和监督了。在欧洲隧道工程项目中，由于成本预算与实际误差差距过大，引起 Transmanch Link 与欧洲隧道公司发生纠纷，前者因此推迟了项目的建设，使项目必须面对巨大的成本超支风险和市场风险。因此，如何合理地预算成本和估计项目风险对项目的成败成为重要问题。

第二，应客观评价来自政府对项目的支持，以确定项目是否在市场需求量及需求持久力方面存在着竞争优势。一般而言，项目融资所涉及的项目应具有垄断经营、收入稳定的市场优势，在本例中，尽管英法两国政府提供了"无二次设施"担保，使项目公司在 33 年中垄断经营连接英法大陆的隧道工程。但是，这并不等于项目就具有了绝对垄断的市场优势。如本例中的轮渡、航空，其实都是隧道工程的竞争对手，而隧道项目公司事先并未对这一行业背景进行恰当的分析。而是作出了过于乐观的预测，大大高估了市场前景，低估了市场的竞争风险、价格风险和需求风险。而项目融资这种方式对项目未来现金流量的依赖性一般很大，市场前景低于预测使得实际现金流入不能满足其需求，结果带来了偿还贷款的困难。这说明项目的市场前景评估是非常重要的，通过充分的可行性评估可以大大减少项目的盲目性，控制项目的风险。

第三，从欧洲隧道项目的实施过程来看，严格且谨慎的财务预算对项目的进行至关重要。欧洲隧道公司起初预算成本 48 亿英镑，可是最后大约是 105 亿英镑，成本的超支带来了项目公司和建设公司的纠纷，增加了项目的完工风险，若非由强大的国际银团在背后支持，使得资金缺口得以通过不断融资来补足，项目很可能由于后续资金不够而搁浅。这说明了引入资金雄厚的贷款人的重要性。

第四，欧洲隧道工程也表明了高杠杆融资会带来的财务危机。当预期的现金流不能实现时，连偿还债务的利息都会困难。尽管遇到了上述的财务困难，欧洲金融界认为隧道工程能够继续运营，但是，欧洲隧道公司需要进行一次债务重组，以减轻其债务负担。

当然，由于英法两国政府和一些银行已经在项目上下了很大的赌注，这时的欧洲隧道工程因为"太大"并且"太显眼"而不允许失败。这也说明了在项目中，东道国参与的重要性。虽然英法两国政府没有直接参与欧洲隧道系统，既无资金投入，又没进行担保，但是由于此项目具有政治上的重要意义，贷款人相信政府不会让这个项目失败，使得政府在无形中为项目做了担保。

案例 2　深圳沙角 B 电厂案例

一、项目背景

广东省沙角火力发电厂B处（通称为"深圳沙角 B 电厂"）于 1984 年签署合资协议，1986 年完成融资安排并动工兴建，并在 1988 年建成投入使用。深圳沙角 B 电厂的总装机容量为 70 万千瓦，由两台 35 万千瓦发电机组成。项目总投资为 42 亿港元（按 1986 年汇率计算为 5.4 亿美元），被认为是中国最早的一个有限追索的项目融资案例，也是事实上在中国第一次使用 BOT 融资概念兴建的基础设施项目。深圳沙角 B 电厂的融资安排，是我国企业在国际市场举借外债开始走向成熟的一个标志。在亚洲发展中国家中，尽管有许多国家不断提出采用 BOT 融资模式兴建基础设施，其中包括土耳其总理奥扎尔在 1984 年首次提出这一构想在内，但是在实际应用中却都因为这样或那样的问题无法解决而搁浅。到 1991 年为止，真正成功地采用 BOT 模式兴建的电厂只有两家——中国深圳沙角 B 电厂和菲律宾马尼拉拿渥它（Navotas）电厂。

二、项目融资结构

1. 深圳沙角 B 电厂的投资结构

深圳沙角 B 电厂采用中外合作经营方式兴建（见图 6-2-1）。合作经营是我国改革开放前期比较经常采用的一种中外合资形式。合资中方为深圳特区电力开发公司（A 方），合资外方是一家在香港注册专门为该项目成立的公司——合和电力（中国）有限公司（B 方）。项目合作期为 10 年。在合作期内，B 方负责安排提供项目全部的外汇资金，组织项目建设，并且负责经营电厂 10 年（合作期）。作为回报，B 方获得在扣除项目经营成本、煤炭成本和支付给 A 方的管理费之后百分之百的项目收益。合作期满时，B 方将深圳沙角 B 电厂的资产所有权和控制权无偿地转让给 A 方，退出该项目。在合作期间，A 方主要承担的义务包括：

（1）提供项目使用的土地、工厂的操作人员，以及为项目安排优惠的税收政策；

（2）为项目提供一个具有"供货或付款"（supply of pay）性质的煤炭供应协议；

（3）为项目提供一个具有"提货与付款"（take and pay）性质的电力购买协议；

（4）为 B 方提供一个具有"资金缺额担保"性质的贷款协议，同意在一定的条件下，如果项目支出大于收入则为 B 方提供一定数额的贷款。

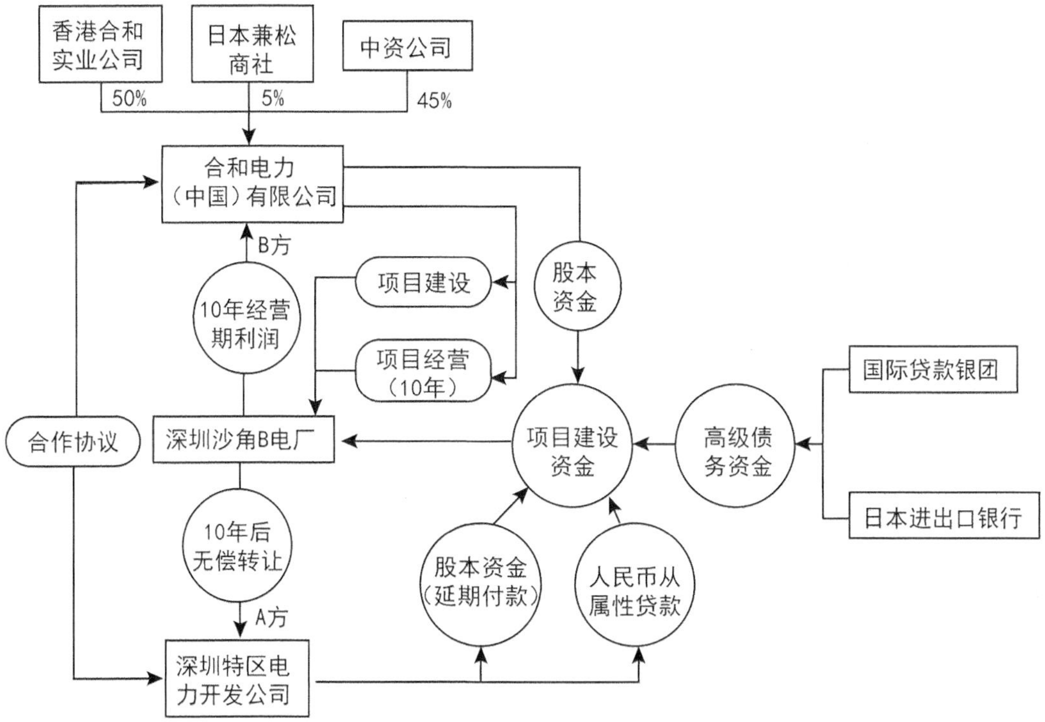

图 6—2—1　深圳沙角 B 电厂项目的投资结构和资金结构

2. 深圳沙角 B 电厂的融资模式

深圳沙角 B 电厂的资金结构包括股本资金、从属性贷款和项目贷款三种形式，其具体的资金构成为（以 1986 年汇率换算为美元）：

股本资金：

股本资金/股东从属性贷款（3.0 亿港元）	3850 万美元
人民币延期付款（5334 万元人民币）	1670 万美元
债务资金：	
A 方的人民币贷款（从属性项目贷款）	9240 万美元
（2.95 亿元人民币）	
固定利率日元出口信贷（4.96 兆亿日元）	26140 万美元
日本进出口银行：	
欧洲日元贷款（105.61 亿日元）	5560 万美元
港元贷款（5.86 亿港元）	7500 万美元
资金总计	53960 万美元

根据合资协议安排，在深圳沙角 B 电厂项目中，除以上人民币资金之外的全部外汇资金安排由 B 方负责，项目合资 B 方——合和电力（中国）有限公司利用项目合资 A 方提供的信用保证，为项目安排了一个有限追索的项目融资结构（见图 6—2—2）。

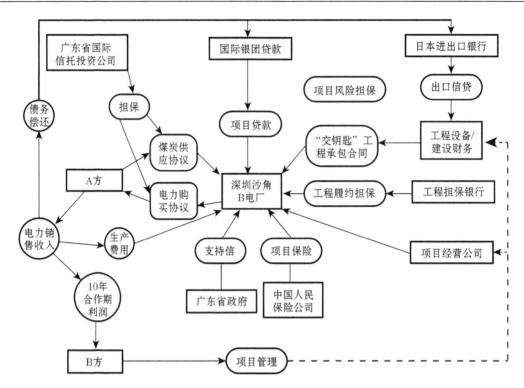

图 6-2-2 **深圳沙角 B 电厂项目融资结构**

在融资结构中，首先，B 方与以三井公司等几个主要日本公司组成的电厂设备供应和工程承包财团谈判获得了一个固定价格的"交钥匙"合同。这个财团在一个固定日期（1988 年 4 月 1 日）和一个"交钥匙"合同的基础上，负责项目的设计、建设和试运行，并且同意在试运行和初期生产阶段提供技术操作人员。通过这种方式，项目的一个主要风险即完工风险被成功地从项目投资者身上转移出去了。其次，融资结构使用了日本政府进出口银行的出口信贷作为债务资金的主要来源，用以支持日本公司在项目中的设备出口。但是，日本进出口银行并不承担项目的风险，一个由大约五十家银行组成的国际贷款银团为日本进出口银行提供了一个项目风险担保，并且为项目提供欧洲日元贷款和港元贷款。再次，A 方对项目的主要承诺（也即对 B 方的承诺）是电力购买协议和煤炭供应协议，以及广东省国际信托投资公司对 A 方承诺的担保。B 方在安排项目融资时将两个协议的权益以及有关担保转让给项目融资的贷款银团，作为项目融资结构的主要信用保证。最后，在 A 方与 B 方之间，对于项目现金流量中的外汇问题也做了适当的安排。在合作期间，项目的电力销售收入的 50% 支付人民币，50% 支付外汇。人民币收入部分用于支付项目煤炭的购买成本以及人民币形式发生的项目经营费用，外汇收入部分支付以外汇形式发生的项目经营费用，包括项目贷款债务偿还和支付 B 方的利润。A 方承担项目经营费用以及外汇贷款债务偿还和支付 B 方的利润。A 方承担项目经营费用以及外汇贷款债务偿还部分的全部汇率风险，但是，对于 B 方的利润收入部分汇率风险则由双方共同分担，30% 由 A 方承担，70% 由 B 方承担。

3. 融资模式中的信用保证结构

从图 6—2—2 中可以看出，项目的信用保证结构由以下几个部分组成：

（1）A 方的电力购买协议。这是一个具有"提货与付款"性质的协议，规定 A 方在项目生产期间按照事先规定的价格从项目中购买一个确定的最低数量的发电量，从而排除了项目的主要市场风险。

（2）A 方的煤炭供应协议。这是一个具有"供货与付款"性质的合同，规定 A 方负责按照一个固定的价格提供项目发电所需的全部煤炭，这个安排实际上排除了项目的能源价格、供应风险以及大部分的生产成本超支风险。

（3）广东省国际信托投资公司为 A 方的电力购买协议和煤炭供应协议提供了担保。

（4）广东省政府为上述三项安排所出具的支持信；虽然支持信并不具备法律约束力，但是，一个有信誉的机构出具的支持信，作为一种意向性担保，在项目融资安排中具有相当的分量。

（5）设备供应及工程承包财团所提供的"交钥匙"工程建设合约，以及为其提供担保的银行所安排的履约担保，构成了项目的完工担保，排除了项目融资贷款银团对项目完工风险的顾虑。

（6）中国人民保险公司安排的项目保险；项目保险是电站项目融资中不可缺少的一个组成部分，这种保险通常包括对出现资产损害、机械设备故障，以及相应发生的损失的保险，在有些情况下也包括对项目不能按期投产的保险。通过以上 6 点，可以清楚地勾画出深圳沙角 B 电厂项目的种种风险要素是如何在与项目建设有关的各个方面之间进行分配的。这种项目风险的分担是一个成功的项目融资所不可缺少的条件。

三、融资结构简评

深圳沙角 B 电厂项目的建设和融资安排是我国第一个利用有限追索的融资方式进行基础设施项目资金安排的成功实例，也是我国的第一个（同时是世界上最早的几个）事实上按照 BOT 模式概念组织起来的项目融资。所谓事实上的 BOT 融资模式，是指从形式上深圳沙角 B 电厂项目的建设和融资并不是依靠政府特许权合约为基础组织起来的，而是合资双方（A 方和 B 方）根据合作协议以及几个商业合约为基础组织起来的。但是，事实上，由于合资 A 方和广东省国际信托投资公司的政府背景，以及广东省政府的支持，项目的合作协议以及其商业合约具备了明显政府特许权合约的性质。

从 1993 年下半年开始，采用 BOT 模式集资建设基础设施项目，引进国外先进技术和管理经验成为我国基础设施项目开发的一个热点。然而，怎样才能有效地为电站项目安排一个 BOT 项目融资呢？通过对深圳沙角 B 电厂项目的合资结构以及融资结构的分析，可以归纳总结出以下四点：

（1）作为 BOT 模式中的建设、经营一方（在我国现阶段有较大一部分为国外投资者），必须是一个有电力工业背景，具有一定资金力量，并且能够被银行金融界接受的公司。

（2）项目必须要有一个具有法律保障的电力购买协议作为支持，这个协议需要具有"提货与付款"或者"无论提货与否均需付款"的性质，按照一个事先规定的价格从项目购买一个数量的发电量，以保证项目可以创造出足够的现金流量来满足项目贷款银行的要求。

（3）项目必须要有一个长期的燃料供应协议；从项目贷款银行的角度，如果燃料是进口的，通常会要求有关当局对外汇支付做出相应安排；如果燃料是由项目所在地政府部门或商业机构负责供应或安排，则通常会要求政府对燃料供应做出具有"供货或付款"性质的承诺。

（4）与项目有关的政府批准，包括有关外汇资金、外汇利润汇出、汇率风险等一系列问题，必须在项目动工之前，得到批准和做出相应的安排，否则很难吸引到银行加入项目融资的贷款银团行列；有时，在 BOT 融资期间贷款银团还可能会要求对项目现金流量和外汇资金的直接控制。

案例 3 泉州刺桐大桥项目融资

一、项目背景

刺桐大桥位于福州至厦门的 324 国道上，其建设规模为福建省特大型公路桥梁之一，被列为福建省的重点建设项目。它横跨晋江，全长 1530 米，宽 27 米，匝道 2400 米，主桥型为连续钢架预应力桥，全桥并列 6 车道，桥下可通行 500 吨胖体海轮。总投资 2.5 亿元人民币，是我国首例民营经济以 BOT 模式建成的，1995 年 5 月 18 日正式开工，1996 年 11 月 18 日竣工试通车，仅 18 个月，比计划工期提前一年半。

1994 年年初，泉州市政府为解决市内塞车和过桥困难，决定投资新建一座跨江大桥——泉州刺桐大桥，由于政府建设资金紧张，打算引进外资，前来洽谈的几家外商，因提出条件苛刻，引资未能成功，建桥暂时搁置。泉州地处闽东南地区，改革开放以来，作为著名的侨乡，民营经济发展迅速，为民营企业参与政府大型项目建设提供了资金上的可能。

刺桐大桥 BOT 项目融资打破了我国的传统模式，创造了以少量的国有资金引导国内民间资金投入基础设施建设的经验，也对 BOT 融资模式在我国的运作作了一次有益的尝试。

二、项目融资结构

（一）刺桐大桥的投资结构

刺桐大桥的建设采用的是公司型合资结构，四家公司（其中一家民营公司和三家国有企业）于 1994 年 5 月 28 日以 60%：15%：15%：10% 的比例出资注册成立泉州刺桐大桥投资开发有限公司，公司具有独立的企业法人资格，依法独立承担民事责任。

项目投资者在合资协议的基础上组成了四方代表参加的最高管理决策机构董事会，董事会拥有七名成员，名额按出资比例分配，名流实业股份有限公司占了四席。董事会负责项目的建设、资本注入、生产预算的审批和经营管理等一系列重大决策，其投资结构如图 6－3－1 所示。

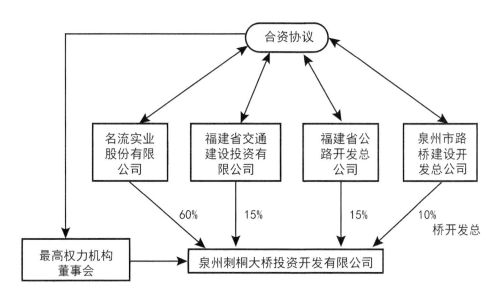

图 6－3－1　刺桐大桥项目的投资结构和管理机构

公司型合资结构的基础是有限责任公司，是目前世界上最简单有效的一种投资结构，其显著特点是公司是与其投资者（公司股东）完全分离的独立法律实体，在刺桐大桥的投资结构中采用了公司型合资结构，其优点表现为：

（1）有限责任。应用项目融资，投资者目的之一是将债务责任最大限度地限制在项目之内，而公司合资结构便满足了这点，投资者的责任是有限的。在项目实施过程中，将投资项目的风险与投资者隔离开来，四方投资者只需承担自己出资比例的那部分风险，这样一来，即使项目失败，投资者受到的损失也是有限的。因为他的债务被限制在项目公司中。

（2）融资安排比较容易和灵活。采用公司型合资结构对于安排融资有两个有利的方面：一是便于贷款银行对项目现金流量的控制，银行可以通过公司比较容易行使自己的权利；二是公司型合资结构易于被资本市场接受。若条件许可，可以直接进入资本市场通过股票上市、发行债券等方式筹集资金，这将为大桥投资开发公司今后的进一步发展奠定良好的基础。

（二）刺桐大桥的融资模式

刺桐大桥的资金结构包括股本资金和债务资金两种形式。项目的融资结构如图 6－3－2 所示。

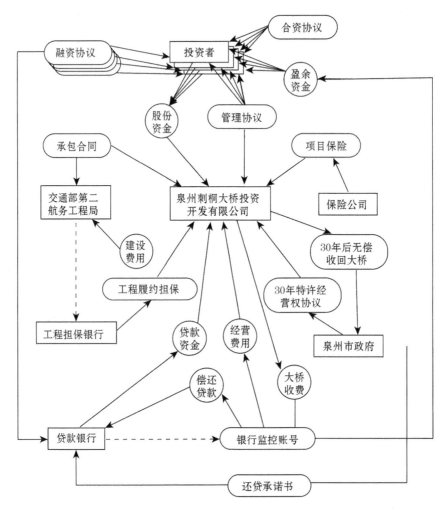

图 6—3—2　刺桐大桥融资结构示意图

项目的四个直接投资者在 BOT 模式中所选择的融资模式是由项目投资者直接安排项目融资，并且项目投资者直接承担起融资安排中相应的责任和义务，这是一种比较简单的项目融资模式。四方投资者根据 60∶15∶15∶10 的比例出资注册资金 6000 万元一次性到位，其中名流实业股份有限公司 3600 万元，其他三家 2400 万元，用于大桥的建设。资金不足部分由四方投资者分别筹措，根据工程进度分批注入，大桥运营后的收入所得，根据与贷款银行之间的现金流量管理协议进入贷款银行监控账户，并按照资金使用优先顺序的原则进行分配，即先支付工程照常运行所发生的资本开支、管理费用，然后按计划偿还债务，盈余资金按投资比例进行分配。

该项目的 BOT 融资结构由以下三部分组成。

（1）政府的特许权合约

泉州市政府是刺桐大桥的真正发起人和特许权合约结束后的拥有者，泉州市政府通过提供 30 年（含建设期）的大桥建设经营特许权合约，使得由于政府资金短缺而搁浅的刺桐大桥得以建设并使用，而且比计划工期缩短一年半。

政府的特许权合约是整个BOT融资的关键,这个合约的主要内容包括以下几个方面:

①批准刺桐大桥投资开发有限公司建设开发和经营大桥,给予建设用地许可;

②允许刺桐大桥投资开发有限公司进行附属公路(南接线公路,长2.3千米)的开发和经营以及征地许可;

③刺桐大桥投资开发有限公司根据与市政府的协议制定的收费方式及收费标准对大桥使用者进行收费;

④泉州市财政局出具《泉州刺桐大桥工程还贷承诺书》;

⑤特许合约期为30年(含建设期),在特许权协议终止时,政府将无偿收回大桥及附属公路,但刺桐大桥投资开发有限公司应保证政府得到的是正常运转并保养良好的工程。

(2)项目的投资者和经营者

项目的投资者和经营者是BOT模式的主体,刺桐大桥项目中,投资者由名流实业股份有限公司(民营企业)和省市政府授权投资的三家国有企业(福建省交通建设投资有限公司,福建省公路开发总公司和泉州市路桥建设开发总公司)按6:4的比例组成投资实体,即大桥的经营者与建设者——刺桐大桥投资开发有限公司,大桥在30年内的建设和经营管理由该公司承担。

(3)银行贷款

贷款的条件除取决于项目本身的经济强度之外,在BOT模式中,很大程度上依赖于政府为项目所提供的支持和特许权合约。刺桐大桥项目安排了一个有限追索的项目融资结构,其原因是由于该项目有一个强有力的信用保证结构。在大桥总投资的2.5亿元人民币中,名流公司投入近1.5亿元,其中自有资金3600万元,从银行贷款1.2亿元,偿还期为5~8年。

(三)刺桐大桥的信用保证结构

(1)政府的支持与担保,为项目建设提供了良好的投资环境,提高了项目的经济强度和可融资性;

(2)泉州市财政局出具的《泉州刺桐大桥工程还贷承诺书》;

(3)刺桐大桥投资开发有限公司对项目投保——建筑工程一切险(包括第三方责任险),将建设期间可能发生的意外损失与风险转移给保险公司承担;

(4)大桥采用了严格的招投标竞争机制,聘请铁道部大桥建设监理公司担当监理,中标的交通部第二航务工程局承担施工,工程承包公司向大桥投资开发有限公司递交工程履约担保,把施工期间的完工风险转移给了承包公司。通过这个信用保证结构,可以清楚知道,刺桐大桥项目的种种风险要素在项目建设有关的各个参与者之间进行分配,实现了项目风险的分担,这正是一个成功项目融资不可缺少的条件。

三、融资结构简评

(1)采用BOT模式给政府和项目投资者以及社会等方面均带来了很大的利益。从政府的角度,由于采用了BOT模式,可以使原无力投资的大桥建成并投入使用,缓解了当地基础设施落后,解决了市内塞车和过桥困难,并且节约了大量的政府建设资金,在30年(含建设期)特许权合约结束后可以无偿回收这座大桥。

从投资者的角度,BOT模式的收入十分可观。其一,大桥运行几年来,收益稳定,每天都有七、八万元进账，根据预测，等连线公路完工，目前的收益将翻一番；其二，由于采用公司型合资结构，大桥股票预计近期上市，届时可募集二亿元左右的股本资金；其三，大桥形成了 2.5 亿元的固定资产，可以用来进行资产抵押或资产置换，快速实现大桥投资开发有限公司经营的规模化。

（2）股本资金的投入，使项目的投资者和经营者承担直接责任和风险，形成一种激励机制。随着大桥项目的立项，市政府规定："该项目必须在本文下发之日起三年内建成投入运行，如不能如期完成工程建设，由市政府授权机构收购续建，收购价原则上按当时已完成并经确认的投资额计算。"促使项目公司及其投资者对工程实施严格管理，项目公司与施工单位签订了严格奖惩的工期协议，使进度比原定工期提前一年半，创造了良好效益。

（3）在 BOT 模式中，投资者合资组成的大桥投资开发有限公司兼有大桥的主要承建者和使用经营者的双重身份，因而对工程质量一丝不苟，在工程招标、材料采购、质量监理等方面严格把关，杜绝营私舞弊现象，创造了高质、高效的建设速度。

（4）刺桐大桥融资模式突破了我国传统的投资模式，将民间资金引入基础设施建设，这种有专家戏称为"国产 BOT"。无论怎样，在如今的中国，民营经济的整体实力在今天成为不亚于外商投资的另一个重要投资来源，刺桐大桥的这次尝试是成功的和有益的。

（5）名流实业股份有限公司，是福建省首家以民间资金为主的规范化股份制企业，是由泉州地区 15 家具有较强经济实力，较大社会影响的乡镇企业、民营企业共同发起，65 家乡镇、民营企业走向联合的产物。名流公司的成立，为民营企业参与政府大型项目建设提供了组织上的可能，同时也为民营企业走向联合发展、规模性经营，探出了一条路子。刺桐大桥的成功，尽管在国内是首次尝试，但是为投资体制改革注入了活力。

【课堂讨论】

讨论 BOT 融资模式的优点、缺点及完善的对策。

【课后思考】

思考我国在哪些领域可以运用 BOT 模式进行项目融资？

第七章　PPP 融资模式案例分析

【学习目的】

PPP 是 Public—Private Partnership 的英文首字母缩写，指在公共服务领域，政府采取竞争性方式选择具有投资、运营管理能力的社会资本，双方按照平等协商原则订立合同，由社会资本提供公共服务，政府依据公共服务绩效评价结果向社会资本支付对价。通过 PPP 融资模式案例的学习，更好地掌握 PPP 融资模式的特点、运行机制等。

【理论基础】

PPP 是以市场竞争的方式提供服务，主要集中在纯公共领域、准公共领域。PPP 不仅是一种融资手段，还是一次体制机制变革，涉及行政体制改革、财政体制改革、投融资体制改革。

案例 1　北京地铁四号线融资案例

北京地铁四号线长 28.65 千米，位于北京西部市区；南起丰台区的马家楼，北至海淀区的龙背村，南北向运行；全程共有 24 个车站（其中 23 个在地下），总投资约为 153 亿元。

一、项目背景

城市轨道交通造价高昂，地下线每千米 5 亿元左右（地面线每千米 2 亿元左右）。但是，地下轨道交通（简称地铁）运量大，速度快，不占地面，可以有效地缓解城市交通拥挤，解决乘车难的问题，是各国大城市解决城市交通问题的主要途径，具有巨大的社会经济效益。

城市轨道交通的竞争对象是公共汽车。由于无须建路，公共汽车的成本要低得多。在此竞争之下，轨道交通的票价不可能定得太高。在如此高的投资和运营成本下，地铁很难赚钱，现有地铁线的运营都是靠政府的补贴。基于这样的认识，2003 年 10 月，《北京市城市基础设施特许经营办法》正式颁布实施；2003 年 12 月，北京市政府转发了市发展改革委《关于本市深化城市基础设施投融资体制改革的实施意见》，明确提出了轨道交通项目可以按照政府与社会投资 7∶3 的比例，吸引社会投资参与建设。地铁特许经营项目的实施基本实现了有法可依、有章可循。北京地铁四号线就是在这种背景下开发的。

鉴于北京地铁四号线的社会效益，北京市政府计划通过北京市基础设施投资有限公司提供 70% 的资金（约 107 亿元人民币），其余 30% 的资金通过项目融资由私人开发商提供。这种资金安排，难以直接应用 BOT 模式，而创新开发策略要满足以下两个要求：一方面要有效地利用政府资金，另一方面要充分发挥私营企业的管理效率，避免政府对私营企业的不当干扰。为此，北京地铁四号线分拆为 A、B 两个部分：A 部分包括洞体、车站等土建工程的投资和建设（约 70% 的工程造价），由政府或代表政府投资的公司来完成；B 部分包括车辆、信号等设备资产的投资（约 30% 的工程造价），吸引社会投资组建的 PPP 项目公司来完成。两部分形成一个整体后，由项目公司负责运营和维护一定的年限，通过票价收入及非票价收入（如广告、零售、通信、地产等）回收投资和赚取利润。项目开发过程中的重大事项概括如下。

①2003 年 11 月，北京市基础设施投资有限公司作为北京市基础设施投融资平台正式成立；成立之后便着手制订了四号线市场化运作的初步方案，并开始与香港地铁等多家战略投资者进行接触，项目前期工作全面展开。

②2004 年 4 月、6 月，市发展改革委分别组织召开了奥运经济市场推介会，北京地铁四、五、九、十号线国际融资研讨会等一系列大型招商推介会，面向国内外投资者对以四号线为重点的北京地铁项目进行了广泛深入的招商活动。

③2004 年 9 月，形成《北京地铁四号线特许经营实施方案》，市发改委组织对方案进行了评审并上报市政府。同年 11 月，北京市政府批准了特许经营实施方案，四号线特许经营项目取得实质性进展。

④2004 年 11 月底，北京市交通委牵头成立了四号线特许经营项目政府谈判工作组，与"港铁—首创"联合体、"西门子—中铁工"联合体等社会投资者就《北京地铁四号线特许经营协议》以下简称《特许经营协议》的竞争性谈判正式开始。

⑤2005 年 2 月初，政府谈判工作组与优先谈判对象"港铁—首创"联合体就《北京地铁四号线特许经营协议》达成了一致意见。

⑥2005 年 2 月 7 日，北京市交通委代表市政府与"港铁—首创"联合体草签了《北京地铁四号线特许经营协议》，特许经营期为 30 年。在特许经营期内，合资公司依法承租并获得在经营期内对地铁四号线 A 部分的经营、管理和维护权，票价仍将由北京市政府统一制定，如果票价亏损较高，政府会适当给予补贴。期满后，合资公司将全部设施无偿移交北京市人民政府。

二、投资结构

香港地铁公司、北京首都创业集团和北京市基础设施投资有限公司三方合资成立北京京港地铁有限公司。香港地铁公司和北京首都创业集团有限公司各占 49% 的股份，北京市基础设施投资有限公司占 2% 的股份。在持股的 3 家企业中，香港地铁公司在香港地铁建设与运营方面积累了 30 多年的经验，能将香港地铁的运营经验和服务理念复制到四号线；北京首都创业集团则是直属北京市的企业，投资房地产、金融服务和基础设施；北京市基础设施投资有限公司是由北京市人民政府国有资产监督管理委员会出资，并依照《中华人民共和国公司法》在原北京地铁集团公司基础上改组成立的国有独资有限责任公司，作为市一级基础设施投融资平台，对轨道交通等基础设施项目进行市场化运作，属北京市政府所拥有，主要经营轨道交通基础设施的投资、融资和资本管理业务。这种组合，为地铁四号线的高质量建设和运营打下了基础。图 7-1-1 是北京地铁四号线 B 部分的投资结构。

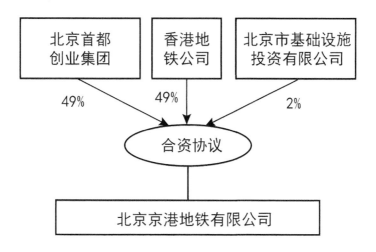

图 7-1-1　北京地铁四号线 B 部分的投资结构

三、资金结构

该项目总投资为 153 亿元，其中七成（约 107 亿元）由北京市政府出资；另外三成（约 46 亿元）由北京京港地铁有限公司（项目公司）负责筹资，该公司注册资本约 15 亿元人民币（股本资金），大约 2/3 的资金将采用无追索权的银行贷款。在项目公司中，香港地铁公司和北京首都创业集团各投资约 7.35 亿元（各占 49%），北京市基础设施投资有限公司投资约 3000 万元（占 2%）。

四、项目的融资结构

北京地铁四号线的 A 部分采用代建的方式，北京市基础设施投资有限公司作为项目法人，负责筹资建设，组建北京地铁四号线投资有限责任公司（以下简称"项目建设公司"）进行实施。B 部分由北京京港地铁有限公司（以下简称"项目运营公司"）承建。根据与北京市政府签订的"特许经营协议"，项目运营公司只负责地铁四号线 B 部分的融资、设计和建设，而 A 部分项目设施则通过"资产租赁协议"从项目建设公司获得使用权，在 30 年的特许经营期内（不包括 5 年的建设期），项目运营公司要负责四号线项目设施（包括 A 部分项目设施和 B 部分项目设施）的运营和维护（包括在四号线项目设施中从事非客运业务），并按照适用法律和"特许经营协议"规定获取票款和其他收益。待特许期结束后，项目运营公司按照"特许经营协议"和"资产租赁协议"的规定将 A 部分项目设施（北京地铁四号线投资有限责任公司拥有 A 部分项目设施的所有权）交还给北京地铁四号线投资有限责任公司，或移交给市政府或其指定机构，同时将 B 部分项目设施无偿地移交给市政府或其指定机构。北京地铁四号线的融资结构如图 7-1-2 所示。

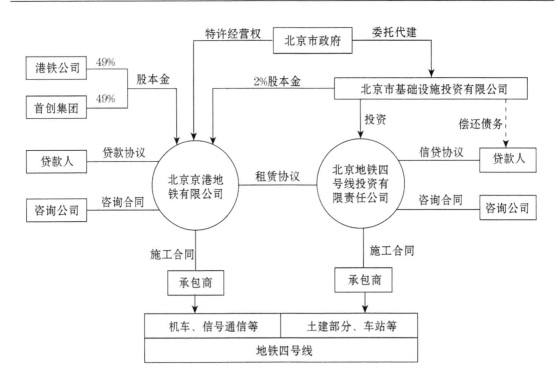

图 7—1—2 北京地铁四号线的融资结构

在四号线项目中，市政府按照"特许经营协议"规定，在建设期内将监督项目建设公司确保土建部分按时按质完工，并监督项目运营公司进行机电设备部分的建设。四号线运营票价实行政府定价管理，采用计程票制。在特许期内，市政府根据相关法律法规，本着同网同价的原则，制定并颁布四号线运营票价政策，并根据社会经济发展状况适时调整票价。运营期内按有关运营和安全标准对项目运营公司进行规制。在发生涉及公共安全等紧急事件时，市政府拥有介入权，以保护公共利益。如果项目运营公司违反"特许经营协议"规定的义务，市政府有权采取包括收回特许权在内的制裁措施。市政府也要履行"特许经营协议"规定的义务并承担相应的责任。

在四号线项目中，项目运营公司按照"特许经营协议"规定，对在特许期内设计和建设 B 部分项目设施及运营和维护四号线设施所需资金（包括注册资本金和贷款）的获得负全部责任。在建设期内，项目运营公司应确保其资本金比例符合适用法律和政府批准文件的要求，主要义务还包括：①根据适用法律的规定，申请 B 部分工程建设所需要的许可；②负责 B 部分建设工程的设计工作；③按"特许经营协议"规定的关键工期、进度计划和建设标准完成 B 部分项目设施的建设，并承担相关的一切费用、责任和风险；④及时向项目建设公司提供 B 部分的初步设计文件及其变更文件（如有），并向项目建设公司提供与四号线建设相关的各项工作的信息、资料和文件〔包括设计文件、招标文件、进度信息、性能指标等，前述信息、资料和文件的电子版（如有）也应同时提供〕；⑤按"特许经营协议"的规定进行接口工程的中间验收；⑥按"特许经营协议"的规定组织进行四号线试运行，与项目建设公司共同按照适用法律组织完成四号线的竣工验收；⑦按"特许经营协议"的规定接受北京市政府的监督和检查；⑧按"特许经营协议"的规定在建设期为 B 部分建设工程的建设购买保险。

在运营期内，项目运营公司应自行承担风险和费用，运营、维护和更新四号线项目设施，提供客运服务，具体包括：①按协议中的规定提供客运服务；②按协议中的规定确保地铁安全运营；③执行北京市政府制定的地铁运营票价，并根据适用法律和协议规定接受北京市政府的价格监督检查；④进行四号线项目设施的维护和更新，但是项目运营公司有权将四号线项目设施维护的辅助工作委托第三方；⑤按照协议的规定服从北京市政府或其指定机构的监管，服从北京市政府或其指定机构的统一调度安排，并根据市政府的要求提供资料。

在运营期内，项目运营公司将按照协议执行北京市政府制定的运营票价，并依此按年计算实际平均人次票价收入水平。如果实际平均人次票价收入水平低于协议中规定的调整后的测算平均人次票价收入水平，北京市政府将按照协议规定就其差额给予项目运营公司补偿。如果实际平均人次票价收入水平高于协议中规定的调整后的测算平均人次票价收入水平，项目运营公司将按照协议规定就其差额返还给北京市政府，或经北京市政府同意，以项目运营公司增加租金的形式支付给项目建设公司。

为保证四号线正常运营和特许期结束时项目运营公司能够向市政府指定部门移交的是能够正常运营的四号线项目设施，项目运营公司应根据更新手册对更新资金的来源进行合理安排。在特许期届满前 36 个月，北京市政府或其指定机构和项目运营公司将共同成立一个移交委员会，由北京市政府或其指定机构任命的 3 名代表和项目运营公司任命的 3 名代表组成，负责过渡期内有关特许期届满后项目移交的相关事宜。

（1）移交委员会

"特许经营协议"约定，移交委员会应在双方同意的时间举行会谈，商定四号线项目设施移交的详细程序、培训计划的实施和移交的设备、设施、物品、零配件和备件等的详细清单，以及向第三方公告移交的方式。项目运营公司应在会谈中提交负责移交的代表名单，北京市政府或其指定机构应告知项目运营公司其负责接收移交的代表名单。移交委员会应在移交前的 6 个月内确定上述安排。

（2）移交范围

项目运营公司应在移交日向北京市政府或其指定机构无偿移交"特许经营协议"附件中载明的四号线项目设施。项目运营公司应确保这些资产和权利在向北京市政府或其指定机构移交时未设有任何抵押、质押等担保权益或产权约束，也不得存在任何种类和性质的索赔权。四号线项目相关土地及场地在移交日应不存在因项目运营公司建设 B 部分项目设施、运营和维护四号线项目设施导致的或项目运营公司另外引致的环境污染。

（3）保险的转让和承包商的责任

在移交时，项目运营公司应将所有承包商、制造商和供应商提供的尚未期满的担保及保证，以及所有的保险单、暂保单和保险单批单等与四号线项目设施有关的其他担保、保证及保险凭证，全部无偿转让给北京市政府或其指定机构，双方另有约定的除外。

（4）技术转让

项目运营公司应在移交日将其拥有的，以及运营和维护四号线项目设施所需的，有关四号线项目设施运营和维护的所有技术和技术诀窍，无偿移交及转让给北京市政府或其指定机构，并确保北京市政府或其指定机构不会因使用这些技术和技术诀窍而遭受侵权索赔；如果是以许可或分许可方式从第三方取得的技术和技术诀窍，在移交日后将该等技术和技术决窍继续许可给北京市政府或其指定机构使用，但因此产生的使用该等技术和技术决窍的相关许可费用，由北京市政府或其指定机构承担。

（5）合同的转让

如果北京市政府或其指定机构要求，项目运营公司应转让其签订的、于移交时仍有效的运营维护合同、设备合同、供货合同和所有其他合同。北京市政府或其指定机构对于转让合同所发生的任何费用不负责任，同时项目运营公司应保护北京市政府或其指定机构，使之不会因此受到损害。

（6）风险转移

项目运营公司应承担移交日前四号线项目设施的全部或部分损失或损坏的风险，除非损失或损坏是由北京市政府或其指定机构或项目建设公司的违约所致造成的（就 A 部分项目设施而言，除非损失或损坏是由北京市政府或其指定机构或项目建设公司违约或不可抗力造成的）。移交日后，四号线项目设施的全部或部分损失或损坏的风险转由北京市政府或其指定机构承担。

（7）移交费用和批准

对于依据"特许经营协议"所进行的向北京市政府或其指定机构的移交和转让，北京市政府或其指定机构无须向项目运营公司支付任何补偿或代价。项目运营公司及北京市政府应负责各自的因上述移交和转让发生的成本和费用。北京市政府应自费获得所有的批准并使之生效，并采取其他可能为移交和转让所必需的行动，并且应支付与移交和转让有关的所有税费。

五、经验分析

北京地铁四号线项目的建设安排充分体现了 PPP 策略的精髓——政府与私营部门合伙合作，缩小了项目建设公司和项目运营公司的融资规模。从政府角度来说，只需要出资70%，大大减轻了融资压力；对于私营开发商来说，增加了投资机会。

北京地铁四号线项目的开发模式可以推广成"建设－租赁－移交"（Build－Lease Transfer，BLT）与"租赁－开发－运营－移交"（Lease－Develop－Operate －Transfer，LDOT）的组合模式，如图 7－1－3 所示。这种组合模式具有许多优点。①项目建设公司和项目运营公司可以采用不同的特许经营期，增加了项目开发的灵活性。例如，授予项目建设公司较长的特许期，使之能够收回投资并获得合理利润，因为土建部分具有较长的（经济、技术）寿命，加长特许期是可行的；相比之下，单一特许经营权模式难以做到；②土建工程可以由政府建造或提供资助让私营企业建设：如果土建工程由政府建造，则可以通过调整租金水平使项目运营公司获得合理的回报；如果政府提供资助，则可以通过控制资助的大小使项目建设公司获得合理的回报，从而增加项目对私人资本的吸引力；③这种模式也可用于经济效益较好的项目，此时，租金的确定应保证项目建设公司回收投资和获得合理的利润。由于土建工程与机车车辆等设备分开后，项目运营公司可以利用设备租赁融资，利用出口信贷；项目建设公司可以利用与项目运营公司签订的租赁协议进行租赁融资，拓宽融资渠道，提高融资的可行性。

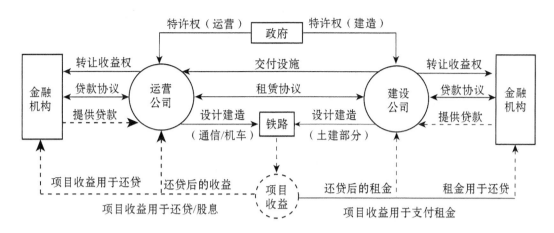

图 7-1-3　BLT+LDOT 组合融资模式

土建工程与机车车辆等设备分开发包，为土建工程的分段建设创造了条件。分段由不同项目建设公司建设，但都出租给一家项目运营公司，保证运营的整体性，有利于进一步采用多个特许权合同的组合开发策略，从而把"建设-租赁-移交"与"租赁-开发-运营-移交"的组合模式进一步扩充为多个"建设-租赁-移交"合同与一个"租赁-开发-运营-移交"合同的组合模式，如图 7-1-4 所示。

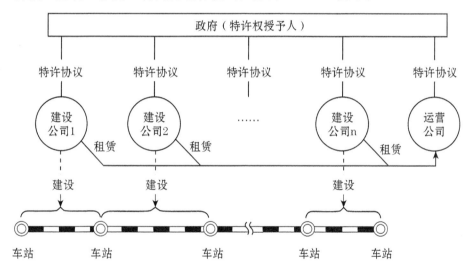

图 7-1-4　"建设-租赁-移交"与"租赁-开发-运营-移交"的组合模式

组合策略比单一的 BOT 模式具有更大的适应性，具有更广泛的应用前景，不但能用于盈利较好的项目，还可用于盈利不佳的项目。盈利不佳的项目因为难以回收投资，需要政府的资金支持。可以把项目分解成盈利部分和不盈利部分，盈利部分由私人开发商建造，而不盈利部分由政府建造或由政府支持建造，最终整个项目由私人开发商运营。

此外，对于规模巨大的项目，组合策略也具有优越性。规模巨大的项目因为需要大量资金，私人开发商在融资上有困难，有承担能力的私营企业或联合体寥寥无几，难以获得竞争性投标。分解成相对独立的子项目，有利于降低融资难度和提高竞争性。例如，一个公路项目包含建造一座特大桥梁，如果政府决定利用社会资本，其开发策略有以下两种：一是采用典型的 BOT 策略，把整个公路项目的特许经营权授予私人开发商，而项目开发商也有两种策略——吸收桥梁专业公司以项目发起人的身份进入项目公司或者把桥梁（或隧道）的设计施工外包给桥梁专业公司；二是采用组合策略，把该桥梁与公路的其他部分分离，分别授予桥梁专业公司和公路项目公司特许经营权，桥梁专业公司筹资、设计、建造桥梁，完工后租赁给公路项目公司，特许期满后，移交给政府，即建造－租赁－移交的模式。采用何种形式更为合适，取决于多种因素。当全国采用统一收费标准时，含有特大桥梁的公路平均每千米造价高于一般公路，如果不想延长特许期，可考虑采用组合策略，把桥梁独立出来。对于铁路项目而言，铁路项目可以把车站与铁路分离，车站由另一项目公司开发，然后租赁给铁路项目公司；铁路本身还可以进行分段建设，统一运营。由于铁路沿线设有车站，车站本身就是一个很好的分界点，车站之间又有不少桥梁和隧道，它们也可作为分段的分界点。鉴于多数基础设施项目可以分解为先后衔接或相对独立平行的子项目，组合策略是现实可行的；只要合理运用，组合策略可获得更好的效果。

组合开发策略与传统 BOT 模式的差别是先发包再分解，还是先分解再发包。前者是先分解，再授予不同的项目公司特许权；而后者先授予项目公司特许权，由项目公司把项目分解为若干个子项目，采用平行发包或系列发包模式实施项目。例如，在 BOT 模式下，台湾高速铁路公司获得特许权建设台湾高速铁路，考虑到高速铁路不同组成部分的特性，采用不同的采购方法：土建工程采用设计/施工（D&B）合同，车站采用设计－招标－施工合同，机车车组及交通控制系统采用设计－采购－施工一体的"交钥匙"合同。铁路建设（土建部分）实行分标制的工程管理，全线（345 千米）共分为 12 个合同段，每段实行统一标准联合承揽的办法。这时与传统的平行发包和系列发包模式没有多少区别，只是发包人是项目公司而不是当局（特许经营权的授予人），对于当局而言，其项目开发策略仍然是 BOT 模式。

案例 2　马普托港项目融资案例的启示

一、项目概况

莫桑比克共和国政府（GOM）希望通过对外开放和私有化促进本国经济的发展，因而提出了包括 N4 Platinum 收费公路、Ressano－Garcia 铁路以及马普托港三个项目在内的马普托走廊项目。马普托港项目的前景主要取决于港口的货物处理量。在内战爆发之前，马普托港的年货物处理量为 1500 万吨，相比之下，同一时代南非德班港的年货物处理量也仅为 2200 万吨。1997 年，在英国上市的港口运营商 Mersey 码头港口公司、瑞典建筑业巨头 Skanska 的投资部门、南非的货运和物流公司 Grindrod、葡萄牙集装箱码头运营商 Liscont Operadores de ContentoresS. A 和莫桑比克 Gestores S. A. R. L 公司组成的联合体被选中为最优投标者，组建了一家名叫 Sociedade de Desenvolvimento de Porto de Maputo S. A. R. L

（马普托港发展公司，MPDC）的本地公司来运作该项目。2000 年 9 月，MPDC 和国家铁路港口运营商 Caminhosde Ferro Mozambique（CFM）签订了特许经营协议。根据协议，MPDC 在 15 年的特许期里享有管理港口的服务，并对港口特许经营区进行融资、管理、运营、维护、建造和优化的权利。在适当的条件下，特许期可以再延长 10 年。

尽管拥有以上有利因素，但是项目融资直到 2003 年 4 月才最终完成。为什么这样一个有着明显优点的项目需要花费超过 5 年的时间才能完成融资呢？本文分析了项目面临的挑战，介绍了项目融资中具有独创性的解决方案，并分析了该项目对包括我国在内的发展中国家开展特许经营项目的启示。

二、创新的解决方案

（一）政治风险的化解——立法及颁发特别许可证

对于那些需要依赖政府授权，或者需要政府按照某种标准提供特定服务的基础设施项目，私有的特许经营者将会因为这种授权得不到保证或者政府的承诺得不到履行而承担风险。对于港口特许经营项目来说，政府应当提供以下服务：疏浚入港航道并将其保持在安全状态下（有足够的照明、航标和水深），以一种适当、安全、及时的方式引导船只入港，以及提供类似货物搬运之类的服务。如果政府不能按照一个令人满意的标准（参照行业惯例或者国际准则）提供这些服务的话，项目的现金流将会承受明显的风险，债务的偿还就可能遇到困难。该项目中，政府起草了新的法律，将港口的管理权从 CFM 转移到项目公司 MPDC 来，并授予 MPDC 提供所有服务的排他性权利。新的法律和特许协议中的授权一起，不仅将实现港口设备运营的私有化，还将在马普托海湾的指定区域内，实现所有与港口功能相关的管理权的私有化。该项目也因此被认为是在西方世界之外的全面私有化港口的唯一案例。

根据莫桑比克的法律，私人或私营公司不能拥有土地，也不能以土地提供担保。因此土地的所有权问题成为该项目必须克服的障碍。为了全面享有按照特许协议应有的权利并履行规定的义务，MPDC 要求得到与土地相关联的法定权益，但这不能通过特许协议单独授予。此外，为了得到银行的贷款，MPDC 所享有的土地权益必须被用以提供担保，但这是现行法律所禁止的。莫桑比克的计划和财政部最终起草了一个能够满足以上需求的"特别许可证"，并允许 MPDC 向项目放款人或者第三方（替代经营者）转让该特别许可证。

（二）资产评估分歧的解决方案——权益资本重组

对于特许经营这种项目类型，对项目起始授予特许经营者的资产和特许期结束后移交回政府的资产的估价常常存在争议。事实证明，资产评估确实是实现本项目的一大障碍。

对于同样的资产，联合体出具的由独立的评估机构评估的价值明显低于 CFM 给出的结果。显而易见，港口资产没有被客观地评估，这项已经贬值的资产并没有被赋予一个公平的市场价值。这个港口依然被视为莫桑比克一项珍贵的国有资产，因此对于它的资产评估以及管理权利的私有化就不可避免地带上了感情色彩。由于这部分资产是 CFM 投入项目公司的权益资本，情况就变得更为复杂。

　　双方经过协商，决定对项目公司的权益资本进行重组。在确保总的权益资本或准权益资本投入仍然满足贷款银团对本贷比的要求的前提下，为了保证移交资产的价值与 CFM 在项目公司 MPDC 中持有的股份价值相等，双方调整了项目公司的资本结构。联合体成员将一部分权益资本投入转换成为股东贷款。这些贷款在债权中居于最低的地位，必须在其他所有贷款都得到偿还之后才能得到偿还，因此相当于准权益资本。因为这些现金仍然是由联合体成员提供的，所以这种股权结构的改变不会影响项目的本贷比。但这将减少联合体成员在 MPDC 中的股份，进而减少它们可能得到的分红。当项目的投资回报率高于股东贷款的利率时，联合体成员的收益将减少。但是另外，如果项目经营不善，联合体成员至少可以在 CFM 得到分红之前获得这笔股东贷款的利息。联合体的成员减少了所承担的风险，同时也放弃了一部分可能的收益。这项技术性的解决措施很好地满足了项目各方的要求，避免了需要 CFM 注入更多现金作为权益资本而可能产生的问题。

　　（三）行政能力方面的解决方案——联合委员会和专题研讨会

　　为了解决行政能力方面的问题，双方尝试建立了一种高级别的工作组机制（联合委员会，IAC）。该委员会由 CFM、联合体成员、MPDC、交通部、计划和财政部和莫桑比克中央银行等项目干系人的代表组成。其他更多较小的政府机构也被邀请通过提交特别报告的方式加入到 IAC 的工作中来。一系列的专题研讨会使得联合体的法律及金融顾问可以和他们的莫桑比克合作者们一起分享关于项目融资的技巧和经验，以及和项目相关的各种信息。

三、融资方案

　　如上所述，项目的特许模式和融资结构是健全的，它为债权人提供了有效的担保，同时把主要风险（包括建造风险在内）转移给第三方。项目的预期收益是建立在与莫桑比克当前税法相一致的税收结构上的。根据特许协议，当税法和某些适用利率发生不利于 MPDC 的变化时，莫桑比克政府将会对 MPDC 进行补偿，或者允许 MPDC 用这些多交的税款抵扣其他需要向政府交纳的款项（如特许费），从而承担这种风险。特许协议进一步保证对于下列款项的支付不做限制：债务偿还、管理费用、外汇兑换费用、股东间的分配（股息分配和偿还股东贷款）。项目的融资计划总计约 7500 万美元，其中 4000 万美元是长期项目融资，余下的部分由权益资本和 MPDC 各股东的内部融资组成。资金偿还的期限为 10 年至 12 年。融资结构包括以下几个部分（见图 7-2-1）：

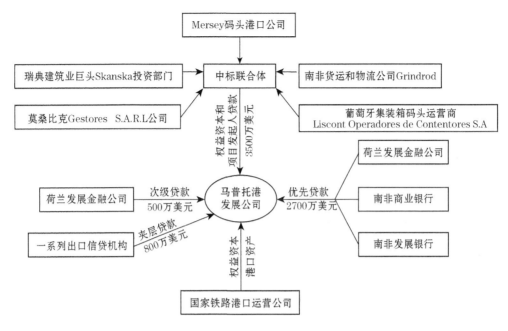

图 7－2－1　项目融资结构

（1）权益资本和项目发起人贷款。多边投资担保机构将就可能的政治风险对权益资本和股东贷款进行担保。

（2）项目的优先贷款部分总计 2700 万美元，由荷兰发展金融公司（FMO）、南非商业银行（SCMB）和南非发展银行（DBSA）共同提供。其中，瑞典国际发展公司将对SCMB 提供政治风险及部分商业风险担保。这项担保将保护 SCMB 免受莫桑比克政治事件的影响，从而减少了还债期限延长给 SCMB 带来的风险。

（3）FMO 同时提供总额达 500 万美元的次级贷款。

（4）瑞典发展基金、诺迪克发展基金和芬兰工业有限公司基金等出口信贷机构为项目提供了夹层贷款，MPDC 设计了一个票证金融工具以提供担保。这个票证工具被设计成为一个股权参与的夹层贷款工具，因此不会对只依赖于优先贷款的本贷比产生消极影响。此外，这个工具包含了一项类似备用贷款的应急措施，可以被用来代替发起人的投资，从而在不增加表内负担的前提下为 MPDC 提供额外的资金支持。

四、分析及启示

（一）投资环境分析

PPP 项目的成功需要稳定的政治环境、成熟的市场机制以及健全的法律体系作为保障。但是在一些国家，这些条件并不具备。所以在一些国家，PPP 项目可能遭遇的最主要风险是政治和法律风险。它们是与项目面临的客观环境有关的、超出了项目自身范围的系统风险。

（二）本项目中创新方案的评价及启示

1. 立法化解政治风险

政府为一个项目专门立法，这在世界范围内都是极其罕见的。这种手段从根本上解除了项目的某些政治风险，是一种彻底的解决方案。但是它具有一定的局限性。这种手段只能在特殊的政治环境中使用。更具普遍性的解决方法也许应该从特许协议的角度来寻找。

2. "准权益资本"的投资方式

为了保证项目的顺利实现，联合体提出了具有创新性的准权益资本融资方案，将一部分权益资本转换为股东贷款。因为这些现金仍然是由联合体成员提供的，所以这种权益结构的改变不会影响项目的本贷比。这将减少联合体成员在 MPDC 中的股份，进而减少它们可能得到的分红。也就是说，联合体的成员减少了所承担的风险，同时也放弃了一部分可能的收益。对于面临类似困境的 BOT 和 PPP 项目，这项股权调整措施是值得借鉴的。

3. 由项目干系人各方参与的联合委员会和专题研讨会

建立由项目干系人各方参与的联合委员会和专题研讨会两种沟通机制是很值得称赞的尝试。事实证明，这两种机制是有效的，它们着眼于信息的公开化和透明化，以及项目干系人之间的沟通。通过联合委员会加强彼此的沟通；通过专题讨论会来发布项目融资相关信息及技巧，使信息在各方之间得到充分的共享。充分的交流有利于化解分歧，有利于提高效率。因此无论项目自身特点如何，无论政府是否具有能力上的缺陷，这项措施都是值得推广的。

案例 3　广西储备林项目融资案例

一、国家储备林 PPP 项目实施背景

长期以来，我国面临森林资源总量不足、质量不高、结构失衡等问题，第八次森林资源清查（2009—2013 年）结果显示，我国森林资源面积占世界森林资源面积的 5.15％，蓄积量仅占世界森林蓄积的 2.87％。我国用不到世界 3％的森林蓄积，支撑占全球 23％的人口对木材等林产品的需求，森林资源面临巨大压力，长期依赖进口。

为维护国家生态安全，我国开始实施国家储备林战略，在水光热较好的地区培育工业原料林、珍稀树种和大径级用材林等优质高效多功能森林，并且提出了《国家储备林建设规划（2018—2035 年）》，希望经过较长一段时间的培育，能够有效缓解木材资源特别是大径级的高质量木材不足的局面。根据规划测算，完成国家储备林规划建设目标总投资 4118.54 亿元，资金需求量巨大。实践中，随着各地逐步开始国家储备林基地建设，资金短缺短板问题越来越暴露出来，一方面是由于地方政府林业建设财力不足，另一方面也是因为国家储备林长周期、慢回报的模式与商业性金融追求短周期、快回报、低风险的盈利目标不符，国家储备林项目难以获得商业性金融支持。

为了支持国家储备林战略顺利推进，国家开发银行、农业发展银行与国家林业和草原局签订战略协议，由"两行"为国家储备林提供政策性贷款，解决国家储备林建设总量资金不足的问题，那么，总量不足的问题就转化为各地如何对接"两行"政策贷款的问题，毕竟，即使是政策性贷款，也需要满足基本的贷款条件。PPP 模式为地方储备林项目对接"两行"政策贷款提供了一个解决方案。PPP，即政府和社会资本合作（Public － Private Partnership），通过引入社会资本一方面可以解决地方政府财力不足的问题，由社会资本提供占投资总额 20％的最低资本金，以广西壮族自治区储备林一期、二期项目为例，总投资约 360 亿元，资本金最低需 72 亿元，社会资本的进入极大地降低了地方政府开展储备林项

目建设的压力；另一方面，社会资本成立负责项目建设、融资、运营的专业化项目公司，通过科学的经营管理，提高项目现金流水平。另外，项目公司与金融机构（"两行"）进行对接，社会资本与政府签订 PPP 协议，不仅方便了融资，也有效提高了合作的专业性，明晰了参与各方的权利义务，降低了各方风险。

二、国家储备林项目的发展历程

由于商业信贷的资金短期化特征难以满足储备林项目的长期性需求，利用商业信贷的融资成本很高，故我国早期的储备林项目主要依靠开发性、政策性信贷。资金来源主要是国家开发银行、中国农业发展银行的长期贷款，以及财政资金。

为引导鼓励社会资本积极参与林业建设，促进投资主体多元化，2016 年国家林业局分别与财政部、国家发展改革委联合下发了《关于运用政府和社会资本合作模式推进林业生态建设和保护利用的指导意见》（林规发〔2016〕168 号）和《国家发展改革委、国家林业局关于运用政府和社会资本合作模式推进林业建设的指导意见》（发改农经〔2016〕2455 号）。两个文件均将国家储备林建设划分为重点支持领域，鼓励社会资本参与国家储备林建设。

此后，PPP 模式逐渐成为相关部门和地方政府首选的国家储备林建设模式。采用 PPP 模式实施国家储备林项目，可以充分利用社会资本的资金，解决当前国家储备林建设的融资困境。截至目前，财政部 PPP 中心项目管理库有储备林项目 143 个，储备清单有储备林项目 33 个。其中，福建南平市、湖北襄阳市的 2 个国家储备林项目已经入选财政部第 4 批示范项目。

三、国家储备林 PPP 项目应用模式

目前，PPP 模式在很多领域中得到广泛应用，如基础设施建设领域、生态旅游领域、环保领域等，根据项目收益特征、经营特征、市场化程度等区别，PPP 模式的应用也有很多种方式，最主要的几种方式为：BT 模式、BOT 模式以及 BOTL 模式等。

BT 模式（"建设—转让"）指政府通过项目招标，选择合适的社会资本方，由社会资本方负责项目融资、建设环节。项目建设中政府给予项目公司一定的补助，并监督项目的建设，项目建设完毕并通过验收后项目资产转让给地方政府。由于 BT 模式无运营环节，因此适用于公益性极强，但没有经营收入或难以进行经营的项目。BT 模式中由于项目收入完全由政府购买支出，因此 BT 模式是典型的政府购买公共服务的 PPP 模式。

BOT 模式（"建设—经营—转让"）与 BT 模式的区别在于 BOT 模式有经营环节。即项目建设完毕后项目资产并不立刻移交给政府，而是继续由社会资本进行一段时间的经营，这段经营期常称为"特许经营期"，如果经营收益难以覆盖社会资本方的最低收益要求，政府会给予一定的"可行性缺口补助"以保障项目正常运行。因此，BOT 模式适用于有一定收益、可以进行经营的项目。

BOTL（"建设—经营—转让—租赁"）模式是 BOT 模式的进一步演化，即经过前期的"建设—经营—转让"环节之后，归属于政府的项目资产再次租赁给社会资本方，由社会资本方进行运营和维护。在租赁期间内，社会资本方可以通过正常经营项目获得资本回报，并给予政府一定租赁费用。因此，BOTL 模式适用于市场化程度较高，收益水平较高但公共部门难以独自管理运营的项目。

通过上述分析，对 BT 模式、BOT 模式以及 BOTL 模式的类型以及其各自适用的项目类型进行总结，如表 7—3—1 所示：

表 7—3—1　项目类型表

模式	类型	适用项目
BT	政府购买	无经营性收入
BOT	特许经营	有一定经营性收入
BOTL	特许经营	市场化程度高，经营性收入高

试点中的国家储备林 PPP 项目多采用 BOT（建设—运营—转让）模式，这是符合国家储备林项目的特征的。首先，国家储备林项目可以通过木材采伐、林下经济等获得一定的经营性收入，满足 BOT 模式的基本条件；其次，国家储备林项目投入大，且资金回收期长，必须要给社会资本一定的运营期限，才能够满足社会资本对投资收益率的要求；再次，国家储备林项目经过较长一段运营期之后，林木生长已进入成熟期，项目管理也有规可循，作为一个正外部性极强的类公益性项目，在运营期之后交由地方政府管理而不是继续租出去更符合能发挥储备林项目的公益属性；最后，BOT 项目相对来说较好实施管理，一些最新的模式如 BOT＋ABS（资产证券化）等不一定适合国家储备林这种新的林业大型项目，风险也可能相较 BOT 模式更复杂（如图 7—3—1 所示）。

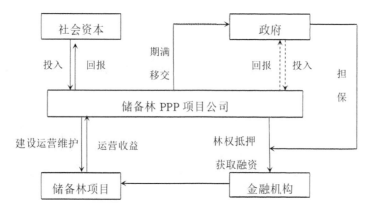

图 7—3—1　储备林项目投资风险分析

案例4　三峡工程项目融资案例分析

三峡工程全称为长江三峡水利枢纽工程。整个工程包括一座混凝重力式大坝，泄水闸，一座堤后式水电站，一座永久性通航船闸和一架升船机。三峡工程建筑由大坝、水电站厂房和通航建筑物三大部分组成。大坝坝顶总长 3035 米，坝高 185 米，水电站左岸设 14 台，右岸 12 台，共装机 26 台，前排容量为 70 万千瓦的小轮发电机组，总装机容量为 1820 万千瓦时，年发电量 847 亿千瓦时。通航建筑物位于左岸，永久通航建筑物为双线五包连续级船闸及单线一级垂直升船机。

三峡工程分三期，总工期 18 年。一期 6 年（1992－1997 年），主要工程除准备工程外，主要进行一期围堰填筑，导流明渠开挖。修筑混凝土纵向围堰，以及修建左岸临时船闸（120 米高），并开始修建左岸永久船闸、升爬机及左岸部分石坝段的施工。二期工程 6 年（1998－2003 年），工程主要任务是修筑二期围堰，左岸大坝的电站设施建设及机组安装，同时继续进行并完成永久特级船闸，升船机的施工。三期工程 6 年（2003－2009 年），本期进行的右岸大坝和电站的施工，并继续完成全部机组安装。届时，三峡水库将是一座长 600 千米，最宽处达 2000 米，面积达 10000 平方千米，水面平静的峡谷型水库。

一、项目基本情况

三峡工程是中国跨世纪的一项巨大工程，到 2009 年三峡工程全部建成时，所需的动态资金共计 2034 亿元人民币，由于三峡工程耗资巨大，我国政府采取对未来资金流动进行预测的方法，对资金需求实行动态管理，三峡工程静态投资按 1993 年 5 月国内价格水平总额为 900.9 亿元。考虑到物价上涨、贷款利息等因素，到 2005 年工程的动态投资为 1468 亿元。资金来源主要有三项：一是三峡工程资金，二是葛洲坝电厂利润，三是三峡电厂从 2003 年开始发电的利润。这三项是国家对三峡工程的动态投入，可解决工程的大部分资金。

到 2005 年底，三峡电站装机 10 台，当年发电收入加上三峡资金和葛洲坝电厂利润，可满足工程移民资金需要并出现盈余。从 2006 年开始，三峡工程有能力逐步偿还银行贷款。到 2009 年三峡工程全部建成，共需要动态投资 2039 亿元。

二、项目投资结构

三峡工程建设中按照市场经济发展规律逐步形成了一套投资管理方法，进而发展为三峡工程的投资管理模式。三峡工程总投资包括枢纽建筑物总费用、建设征地和移民安置费用、独立费用、基本预备费、价差预备费和建设期贷款利息六大部分。

根据三峡工程开发总公司提供的资料，三峡工程的造价可以归总为以下三个部分：

（1）国家批准的 1993 年 5 月的价格，900.9 亿元人民币，其中枢纽工程 500.9 亿元，水库淹没补偿（移民费）400 亿元。

（2）建设期物价增长因素。

（3）贷款利息，包括已与开发银行签约 300 亿元贷款每年需付的利息以及其他贷款利息，预计为 384 亿元。

三、项目资金的主要来源渠道

三峡工程筹资由以下几个部分组成：

（1）国家出台的三峡建设基金，即在全国销售电力中每度电增提电价的专用资金，1996 年起部分地区每度电增加 7 厘钱。该资金随着全国电量的增长而增长，预计建设期 17 年共可获得 1000 亿元。

（2）已经划归三峡总公司的葛洲坝电厂，在原上网电价每度 4.2 分的基础上再涨 4 分钱。17 年内可以获得 100 亿元。

（3）三峡工程 2003 年开始自身发电的收益也投入三峡工程建设，2003 年到 2009 年预计可得发电收益 450 亿元。

以上三项共计 1550 亿元，可以视作国家资本金投入，在建设期无须付利息。

（4）国家开发银行从 1994 年至 2003 年连续十年每年贷款 30 亿元，共计 300 亿元，这部分资金每年需付利息。

（5）国内发行企业债券。经国家计委、财政部批准，1996 年度发行 10 亿元债券。

（6）进口部分国内无法生产的机电设备，利用出口信贷及部分商业贷款来弥补部分资金不足。

（7）通过其他融资方式筹集资金。

四、项目融资模式

三峡总公司根据项目阶段性的特点，分三个阶段融资：

一是在"风险不明期"，利用国家资本金和政策性银行贷款，发挥"种子效应"。1993 年至 1997 年的一期工程期间，工程本身尚未被大多数人认识，金融机构和投资者对未来的风险缺乏准确度量，这一阶段资金主要来源是国家注入资本金和政策性银行贷款。国家资本金的形式是三峡建设基金，包括全国用电加价、葛洲坝电厂和三峡电厂建设期间的全部收入，整个建设期间三峡基金可征收 1000 亿元，接近总投资的一半。国家开发银行从 1994 年至 2003 年每年为三峡工程提供贷款 30 亿元，总额 300 亿元，贷款期限 15 年，目前贷款余额为 180 亿元。这两部分资金解决了项目建设初期建设风险与融资需求的矛盾，并保证整体资产负债率不会太高。

二是在"风险释放期"，利用资本市场，加大市场融资的份额，发挥"磁铁效应"。1997 年至 2003 年的二期工程建设期间，项目建设的风险大幅度降低，金融机构和投资者对项目成果与效益有了基本的把握，这一阶段三峡总公司逐步加大了市场融资的份额，并利用三峡工程磁铁般的巨大吸引力，优化融资结构。

自 1996 年至 2005 年，三峡总公司共发行了六期、八个品种的企业债券。2006 年 5 月 11 日，开始发行总额 30 亿元的无担保三峡债券，目前尚未兑付的企业债券共 210 亿元。三峡债以其合理的定价水平、符合国际惯例的发行方式、良好的流动性和较高的信用等级，成为其他企业债券的定价基准，目前约 90% 的债券为机构投资者购买，被称为"准国债""龙头债"。据三峡总公司财务部门的测算，利用债券融资以来，和银行长期贷款利率相比，每年降低工程投资 3 亿多元。

三峡工程可预见的前景引起国内商业银行展开贷款竞争。1998 年分别与建设银行、工商银行、交通银行签订了总额为 110 亿元的三年期贷款协议，滚动使用，通过借新还旧、蓄短为长，增加资金调度的灵活性。此外，三峡总公司从 2000 年起就逐步在物资设备采购和工程价款结算中采用票据结算方式，其融资成本比短期银行贷款利率低 30% 左右。

三峡工程左岸电站进口机电设备的招标合同曾被外国人称为"中国最聪明的合同"。三峡总公司充分利用竞争性招标的有利条件，不仅引进先进设备和技术提升我国机电制造业总体水平，而且创造性地引进了国外优惠资金。包括 7 个国家提供的出口信贷 7.2 亿美元和两个商业集团贷款 4 亿美元，这些信贷资金期限长、利率低、协议条款优越。

三是在"现金收获期"，利用新的股权融资通道和资本运作载体，发挥"杠杆效应"。2003 年首批机组发电后至 2009 年的三期工程建设期间，工程逐步建成并发挥效益，陆续投产的机组将带来强大的现金流量，建设风险进一步释放，这一阶段主要通过公司改制，建立股权融资通道，以资本运营的方式撬动资金持续稳定的流动。

在首批机组投产后，三峡总公司随即进行商业化改组：公司的核心业务——发电业务，以葛洲坝电站资产为基础，组建"长江电力"股份公司，在国内资本市场上市，一举募集资本金 100 亿元人民币，加上债务融资共 187 亿元收购总公司首批投产的 4 台机组。三峡总公司则通过出售发电机组，获得三期工程与开发金沙江的资金，从而变成一个以发电企业或发电资产为产品的企业，通过"投资水电资源开发－承担开发风险－转让已投产的资产－投资新项目的开发"，循环带动社会资本进入水电行业。

今年 5 月 15 日，长江电力认股权证获中国证监会发行审核委员会发行批准，成为资本市场启动股权分置改革后首只实现上市公司融资功能的权证产品。长江电力本次拟向全体股东每 10 股无偿派发 1.5 份认股权证，股权登记日为 5 月 17 日，存续期 12 个月，预计募集资金总额约为 67 亿元，届时将全部用于收购三峡发电机组。

五、项目可能存在的风险

信用风险：虽然存在有限追索，但因为是国家建设工程，还贷信用度高，本风险并不是主要风险。

完工风险：这是该项目融资的主要核心风险之一，具体包括：项目建设延期、项目建设成本超支、项目迟迟达不到"设计"规定的技术经济指标、极端情况下，项目迫于停工、放弃。无论是在发展中国家还是发达的工业国家，项目建设期出现完工风险的概率都是比较高的。三峡工程由于工程量大，涉及范围广，影响人数多。前期的搬迁，建设过程中的突发事件都可能导致完工风险的出现，应予以重视。

技术风险：目前的水利和建筑技术已经比较成熟。

资源风险：三峡具有丰富的水能资源，从重庆到宜昌的 600 多千米的河段中，集中了 140 多米的落差，水量大而稳定。资源风险小。

经营管理风险：审计署发布三峡水利枢纽工程审计结果：因管理不严增加建设成本 4.88 亿元；306 亩土地未批先用，1650 亩土地长期闲置。

政治风险：（1）国家风险：即便在没有外资的情况下，中国仍然有能力独立建设，政治风险可以不考虑；（2）国家政治经济法律稳定性风险：中国政局稳定，法律也比较完善，社会稳定。

环境保护风险：鉴于在该项目融资中，投资者对项目的技术条件和生产条件比贷款银行更了解，所以一般环境保护风险由投资者承担。包括：对所造成的环境污染的罚款、改正错误所需的资本投入、环境评价费用、保护费用以及其他的一些成本。

六、预防和降低项目风险的措施

三峡工程从工程论证、初步设计到组织建设，面临的风险是多方面的，并采取各种方案、措施，加强风险管理。初步建立了一套风险管理模式，这套模式包括风险因素识别、风险评价、风险控制、风险转移，把认识和解决工程风险问题，作为三峡工程造价管理的主要环节。

1. 风险及防范对策

风险分析：三峡工程风险因素繁多，对来自各种方面的风险程度进行分析、归类。

防范准备：①资金准备，在三峡工程初步设计概算上列入了专项资金。②招投标书上，应列入承担风险的条款。

风险对策：① 风险回避，发现重大风险为减少损失，可停工、可中止合同，待处理方案确定后再行施工。② 风险转移，三峡工程采取工程保险和雇主责任险的方式，风险转移给保险公司。③ 风险准备金，业主以"不可预备费"形式列入，承包商将风险费计入投标报价中。④ 自留风险，为稳定三峡建筑市场，控制造价，业主将钢材、木材、水泥、油料的价格列入标书，合同实施中的价差风险，由业主自留。⑤ 采取技术措施、组织措施落实风险责任、目标跟踪及时处理，化解风险。

2. 工程保险

当前，国际工程承包中常见的保险有工程一切险、承包商设备险、人身事故险、第三责任险、货物运输险、机动车辆险等。在 FIDIC（国际咨询工程联合会）合同条件中将前 4 种列为强制性保险。我国《水利水电土建工程施工合同条件》也规定了前 4 种为必投险种。

三峡工程根据其建设特点，结合国际、国内规定，分以下几种险种进行投保：

建筑安装工程一切险：三峡主体工程及主要辅助工程均投了此险种，包括左电站机组与高压电器设备（GIS）在内。

业主大型施工机械、物资设备险：业主大型施工机械均由业主购置，投资达 10 多亿元，租赁给承包商使用，租赁费进入报价，设备原值进行保险，承包商的自带设备自己投保，保费计入投标单价。

雇主责任险：业主对全体三峡建设者，包括工人、技术人员、聘用专家、设计人员、监理人员、在工地服务的制造商、生产商等，进行了现场（三峡工地）作业人身保险。

其他保险：如车辆保险、行政设备保险。

前 3 种险被列为三峡工程强制性保险，保期均在三峡工程竣工验收为止，三峡工程保险执行情况良好，为工程起到了保驾护航的作用。

工程采取以国家投资为主，银行贷款与企业债券并行的融资方式，既保证了三峡工程的资金来源，又减少了国家财政负担，还可以有效地规避金融风险。从措施实施结果来看，这一举动无疑是明智的，值得其他大型工程借鉴。

【课堂讨论】

1. 讨论 PPP 融资模式的优缺点。

2. PPP 融资模式的应用领域有哪些？

3. PPP 融资模式的运作机制。

【课后思考】

思考我国在哪些领域可以运用 PPP 模式进行项目融资，融资过程中会存在哪些问题，如何改进？

第八章　ABS 融资模式案例分析

【学习目的】

通过 ABS 融资模式案例的学习，更好地掌握 ABS 融资模式的特点、运行机制等问题。能有效地将 ABS 融资模式与 BOT 融资模式、PPP 融资模式区分开来，能明确各自的应用领域。

【理论基础】

1. 企业融资结构理论
2. 项目融资模式分析
3. ABS 融资模式的运作原理

案例 1　美国奥林皮亚迈德兰公司不动产抵押贷款证券化

一、抵押贷款证券化的起因

在公司融资中，许多企业由于项目本身的特点，融资规模比较小，不可能直接进入证券化市场，只能通过银行等金融机构间接地进入证券化市场，获得低成本的资金。但是，在商业不动产抵押贷款规模足够大的情况下，借款企业也可以直接进入证券化市场，通过融资方式的转换，即用资产支持证券化的项目证券融资方式来替代原来的抵押贷款，从而降低筹资成本。

这里介绍的美国奥林皮亚公司将办公楼抵押贷款证券化的案例，就是资产支持证券化融资的一个成功案例。

奥林皮亚公司以一般合伙人身份设立了一家有限合伙人性质的公司——奥林皮亚迈德兰公司，专门经营管理位于纽约市迈德兰街 59 号的一幢办公楼。奥林皮亚迈德兰公司修建这幢楼的资金来自所罗门不动产金融公司，采取的是不动产抵押贷款方式。1985 年 6 月 30 日，该幢办公楼的市场评估价值为 2.8 亿美元。所罗门不动产金融公司提供的贷款将于 1985 年年底到期，经过深思熟虑，奥林皮亚迈德兰公司决定不再采用抵押贷款方式来借新还旧，而是借助发行资产支持证券方式，从证券市场筹集资金，偿还所罗门不动产金融公司提供的抵押贷款，以达到节约筹资成本的目的。

二、资产证券化的基本结构

1. 资产支持证券的基本结构

奥林皮亚公司设立迈德兰财务公司作为此次证券发行的特别目的公司（SPV），证券的基本结构如表8－2－1所示：

表8－2－1　迈德兰财务公司设计的楼宇担保证券表

发行证券（Issue）	票面利率为10.375%的资产支持证券
发行人（Issuer）	迈德兰财务公司
发行日期（Offering Date）	1985年12月23日
S&P的信用评级（S&P）	AA级
金额（Principal amount）	$200000000
担保品（Collateral）	位于迈德兰街59号的办公楼
期限（Maturity）	10年期，持有证券8年后可以要求偿还
支持频率（Payment frequency）	每年年终支付一次利息
发行日与同期国债的利差（Spread to treasuries at offering）	141个基本点
信用增级（Credit enhancement）	亚特兰灾害保险公司提供$30380000的保险
主承销商（Managing underwriter）	所罗门兄弟国际证券公司

2. 证券化程序

迈德兰财务公司实现楼宇担保证券化的程序包括以下几个主要过程：

（1）设立SPV

奥林皮亚公司于1985年12月11日设立一家全资子公司——奥林皮亚迈德兰财务公司，作为此次资产支持证券化融资证券发行的SPV，该财务公司的唯一业务就是发行上述资产支持证券并处理与此相关的事务。

（2）设计证券

为了偿还到期的抵押贷款，证券必须在1985年12月25日以前发行成功。奥林皮亚迈德兰财务公司在设计证券时确定的市场是欧洲证券市场，因此，支付方式选择了欧洲市场习惯的按年付息、到期还本方式，每年12月31日支付利息。

根据美国的证券监管法规，发行欧洲证券不需要到证监会注册，如果不是采用公募方式发行证券也不需要注册。为了节省时间和费用，奥林皮亚迈德兰财务公司将证券设计为以欧洲证券为主，只有一小部分证券以私募的方式在美国本土发行。

奥林皮亚迈德兰财务公司将证券设计为过手证券结构。证券发行收入通过贷款的方式提供给奥林皮亚迈德兰公司，后者用该笔资金偿还所罗门不动产金融公司提供的贷款，并收回迈德兰街59号的办公楼的抵押权，然后修订抵押合同，将该办公楼的抵押权转让给奥林皮亚迈德兰财务公司，并最终转让给作为证券持有人代表的汉挪威信托公司。

奥林皮亚迈德兰财务公司与汉挪威信托公司签订一份信托契约，该契约实际上是此次证券发行的基础，契约上明确规定，办公楼的所有租金收入必须进入以汉挪威信托公司名义设立的经营账户，奥林皮亚迈德兰财务公司有权从该账户中支取办公楼的经营费用，如办公楼的维修费、管理费等。证券持有人的利息也从该账户中支取。该证券的现金流如图8-2-1所示：

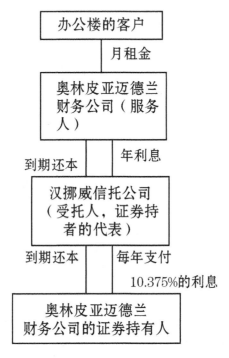

图8-2-1 奥林匹亚迈德兰财务公司发行的资产支持证券的现金流示意图

3. 本金偿还

证券的期限为10年。但是，从第8年开始，奥林皮亚迈德兰财务公司可以要求提前偿还，因此，在第7年年末迈德兰财务公司应该准备好偿还全部2亿美元证券本金的现金。如果迈德兰财务公司不能提供足够的还本资金，作为受托人的汉挪威信托公司将在此后的2年时间内对抵押品采取强制措施，例如出售该办公楼以保证证券投资者按期得到本金的偿还。

4. 破产保护

通过证券结构设计，无论发起人还是发行人都实现了破产隔离。例如，迈德兰财务公司除了发行的证券外没有其他的债务，而且不得将抵押品转让给任何其他的公司。业主奥林皮亚迈德兰公司受到同样的限制。为了保证办公楼的租金收入能够用于支付证券持有人的利息，租金被存入受托人汉挪威信托公司的专门账户，业主只能在严格的监督下从该账户支取办公楼的经营管理费用。当然，如果租金收入在扣除利息及分摊的本金支付额之外绰绰有余，业主也可以从该账户中将富余的资金提走。

5. 信用增级

奥林皮亚迈德兰财务公司发行的证券获得了标准普尔公司AA级评级。标准普尔公司给予这样的评级主要有以下三个依据：

（1）奥林皮亚迈德兰公司具有很强的到期按时支付证券本息的能力，满足标准普尔公司AA级的标准。标准普尔公司评定AA级证券的标准是，在最坏的情况下，发行人用于偿债的现金流不低于证券实际偿付额的 1.25 倍。迈德兰办公楼位于纽约金融街的中心地段，纽约联邦储备银行及住房保险公司住房的租金占奥林皮亚迈德兰公司房租收入的 90%，而且这两家公司的房租合同到期日都长于所发行的证券的到期日，而且该办公楼的出租率高达 99.94%，租金收入非常稳定、可靠。

（2）提供了外部信用增级措施。亚特兰灾害保险公司提供了 3038 万美元的保险，以保证奥林皮亚迈德兰公司租金收入不足以偿还证券利息时，证券持有人能够得到及时的支付，加上这一保险后，任何情况下发行人用于偿债的现金流与实际支付额的比率都不会低于 1.33。

（3）奥林皮亚迈德兰公司购买了火灾、事故、责任以及其他一些必要险种的保险，从而确保在办公楼遭到毁灭性破坏时，业主能够重新购置一幢办公楼，或者提前支付抵押与担保证券，或者提供其他合格的担保品。

6. 证券发行

所罗门兄弟国际有限公司被指定为主承销商，25 个美国、欧洲、日本的证券公司、投资银行参与了承销。

由于美国的非居民购买证券可以免交利息预提税以及收入所得税，因此，迈德兰财务公司设计的证券的主要投资者为美国的非居民，所发行的证券实际上具有避税的功能。此外，欧洲证券不涉及税收，可以有效地为投资者的身份保密，大受那些不愿暴露身份的投资者的欢迎。

7. 证券交易

该证券在一个二级市场进行买卖交易，随着市场利率的波动，该证券与国债之间的利差逐渐缩小，二级市场上证券的价格呈现出有利于投资者的变化，二级市场交易非常活跃。

8. 服务人

奥林皮亚迈德兰公司作为不动产抵押支持证券的服务人，负责将办公楼的租金收入存入受托人的专门账户，并从中支取办公楼的必要的管理费用。只有进入受托人经营账户的租金收入加上亚特兰灾害保险公司提供的信用支持超过下一期债券的利息支付额时，奥林皮亚迈德兰公司才有权将超过部分的净现金流提走。

以上过程可用表 8-2-2 表示：

表 8-2-2　奥林皮亚迈德兰公司的证券化融资与抵押贷款的成本比较表

项目	资产支持证券	抵押贷款
年利息成本	10.74%（其中，证券利率 10.41%，分摊发行费 0.33%）	10.75%
贷款费用		0.18%
信用增级费	0.10%	
累积月利息的投资收益	0.40%	
成本总计	11.24%	10.93%

案例 2　深圳中集集团的应收账款证券化案例

2000 年 3 月，中集集团与荷兰银行在深圳签署了总金额为 8000 万美元的应收账款证券化项目协议。此次协议的有效期限为 3 年。在 3 年内，凡是中集集团发生的应收账款，都可以出售给由荷兰银行管理的资产购买公司，由该公司在国际商业票据市场上多次公开发行商业票据，总发行金额不超过 8000 万美元。在此期间，荷兰银行将发行票据所得资金支付给中集集团，中集集团的债务人则将应付款项交给约定的信托人，由该信托人履行收款人的职责。而商业票据的投资者可以获得高出伦敦银行间同业拆借利率 1% 的利息。

一、应收账款证券化的基本流程

此次应收账款证券化项目的基本流程如下：

1. 中集集团首先把上亿美元的应收账款进行设计安排，按照荷兰银行提出的标准，挑选优良的应收账款组合成一个资产池，然后交给信用评级公司评级。

2. 中集集团向所有客户说明应收账款证券化融资方式的付款要求，令其应付款项在某日付至海外特别目的载体的账户。

3. 中集集团仍然履行所有针对客户的义务和责任。

4. 特别目的载体再将全部应收账款出售给 TAPCO 公司。TAPCO 公司是国际票据市场上享有良好声誉的资产购买公司，其资产池汇集的几千亿美元资产更是经过严格评级的优良资产。由公司在商业票据（CP）市场上向投资者发行商业票据，获得资金后，再间接划到中集集团的专用账户。

5. TAPCO 公司从市场上获得资金并付给特别目的载体，特别目的载体又将资金付至中集集团设立的经国家外汇管理局批准的专用账户。

项目完成后，中集集团只需花两周的时间，就可获得本应 138 天才能收回的现金。作为服务方，荷兰银行可收取 200 多万美元的费用。

二、应收账款证券化过程中的参与方

中集集团资产证券化过程中有下列各方参与其中。原始权益人——中集集团、发起人及海外特别目的载体——荷兰银行、专门服务机构——TAPCO 公司、信用评级机构——标准普尔公司和穆迪公司、监管机构国家外汇管理局。

1. 原始权益人——中集集团。中集集团曾于 1996 年、1997 年和 1998 年分别发行了 5000 万美元、7000 万美元和 5700 万美元的商业票据。此方式虽然能够以中集集团的名义直接在市场上进行融资，但其稳定性也随着国际经济和金融市场的变化而发生相应的波动。为了保持集团资金结构的稳定性并降低融资成本，中集集团希望寻找一种好的融资方式替代商业票据。这时一些国外银行向它推荐应收账款证券化，经过双向选择，中集集团决定与荷兰银行合作，采用以优质应收账款作为支持来发行商业票据的应收账款证券化方案。为此，中集集团首先要把上亿美元的应收账款进行设计安排，结合荷兰银行提出的标准，挑选优良的应收账款组合成一个资产池，然后交给信用评级公司评级。

2. 监管机构——国家外汇管理局。中集集团的资产证券化前后经历了一年半的时间，最初的障碍在于缺乏政策条例的支持，中集集团必须向国家外汇管理局申请，同样还须咨询国内外律师关于应收账款这种资产能否买卖，能否卖到海外市场等问题。国家外汇管理局大力支持中集集团的这个项目，在其支持下，中集集团在一个多月之后拿到了批文，才开始与荷兰银行谈判，进入实质性的阶段。

3. 发起人及海外特别目的载体——荷兰银行。荷兰银行在世界排名第16位，资产总额为4599.94亿美元，一级资本额为17817亿美元，资本回报率为26%，无不良贷款。

4. 专门服务机构——TAPCO公司。TAPCO公司是国际票据市场上享有良好声誉的公司，其资产池汇集的几千亿美元资产，更是经过严格评级的优良资产。由TAPCO公司在商业票据市场上向投资者发行商业票据，获得资金后，再间接付至中集集团的专用账户。

5. 信用评级机构——标准普尔公司和穆迪公司。中集集团委托两家国际知名的评级机构——标准普尔公司和穆迪公司评级，得到了Al＋（标准普尔指标）和Pl（穆迪指标）的分数，这是短期融资信用最高的级别。凭着优秀的级别，这笔资产得以注入荷兰银行旗下的资产购买公司TAPCO建立的大资产池。项目完成后，中集集团只需花两周时间就可获得本应138天才能收回的现金，并且由于该方式通过金融创新带来了一个中间层——特别目的公司和TAPCO公司，将公司风险和国家风险与应收账款的风险隔离，实现了破产隔离，降低了投资者的风险，确保了融资的成功。

三、中集集团资产证券化的效益分析

我们从财务指标、融资成本、促进销售等几方面分析资产证券化对于中集集团的好处。想要证实的是资产证券化得以实现，至少需要一个前提，即证券化能给公司带来实质性的好处。

1. 财务指标分析。资产证券化通过对企业未来资产的提前套现，能有效地改善公司财务指标，从而增强企业的融资能力。

（1）降低负债率

由于应收账款出卖后可以直接从资产负债表上移除，则可以优化资产负债结构。若以1999年年底数据测算，在发行8000万美元商业票据后，中集集团的负债率可以直接从61.4%降至63.8%，降低2.4%。计算过程如下。

证券化前：资产66.2亿元，负债44.6亿元，负债率为61.4%。

如果证券化收入都用于偿还负债，那么

证券化后：资产：66.2－0.8×8.2＝59.64（亿元）（应收账款减少6.56亿元）

负债：44.6－0.8×8.2＝38.04（亿元）

负债率：63.8%，降低：61.4%－63.8%＝2.4%

相应地，自有资金的充足比例也提高了。

（2）加速应收账款的回收

从中集集团 1999 年中期的资产结构看，在 16.46 亿元应收账款中，有将近 7 亿元要进行证券化，盘活比例达 42.5%。从时间上看，这次应收账款证券化项目完成后，中集集团只需花 14 天的时间，就可获得本应 138 天才能收回的现金。当然，企业应收账款的周期缩短了，获得的资金显然也少了。如果企业有能力将自己的时间价值真正转化为效益，这种方式才值得推广。

2. 融资成本分析。证券化可降低企业的融资成本，使企业获得较高的资信评级。中集集团于 1998 年在国际资本市场上续发的 5700 万美元 1 年期商业票据的综合成本为 LIBOR＋120BPS（基点），这是以整个集团作为信用评级的结果。如果将企业的应收账款作为资产出卖，其信用评级只需单独考察应收账款资产的状况。经过包装后，中集集团应收账款资产的信用等级达到了国际资产证券化的最高评级，中集集团所获得的 3 年期 8000 万美元应收账款，付出的总成本为 LIBOR ＋ 85BPS（基点）。

当然，证券化过程的成本还是相当高的，除了一定的发行票据折扣、一定的发行和结算费用、票据利息外，还有中介费用，作为服务方的荷兰银行可收取 200 多万美元的费用。因此，证券化只有具有一定的规模才能有效降低资金成本。

3. 相对于其他融资方式的好处分析

（1）相对于股权融资来说，中集集团通过资产证券化融资具有不分散股权和控制权的好处。

（2）对发行企业债券的直接融资方式来说，通过资产证券化融资不会形成追索权，因而可以分散风险。中集集团在美国发行的 1 年期商业票据在 1999 年上半年到期时，正爆发亚洲金融危机，筹资有困难，在这种情况下，利用应收账款证券化融资的方式是合适的。因为基础资产均来自国际知名的船运公司和租赁公司，经过破产隔离，资产的优良性不受中集集团本身风险的影响。

四、启　示

中集集团此次将应收账款证券化是通过荷兰银行在国际票据市场上公开发行商业票据，即以跨国资产证券化的方式，利用国际资本市场上的成熟融资工具与模式进行融资，从而引出了跨国资产证券化的概念。即在国内资产证券化法律不健全的背景下，可以创新思路，从跨国资产证券化打开突破口。这是本案例给人们留下的重要启示。

资产证券化的完整体系包括多环节的交易过程。资产证券化的这种结构为融资者在全球范围内寻求最优的地域组合提供了极大的便利，即可以在不同的国家和地区选择最适合的参与者完成最经济的交易过程。例如，一家需要融资的中国进出口企业，其初始债务人可能来自欧洲，它可以将特别目的载体（发行人）设立在税费低廉的开曼群岛，在监管和披露相对宽松、投资者基础雄厚的美国私募资本市场上发行债券；它还可以请香港的贸易伙伴为该债券提供担保，聘请欧洲某个著名的商业银行作为受托人，选择中国的投资银行做财务顾问，由美国的著名评级公司评级等。

【课堂讨论】

1. 讨论 ABS 融资模式的优缺点。
2. ABS 融资模式的应用领域有哪些?
3. ABS 融资模式的运作机制。

【课后思考】

思考我国在哪些领域可以运用 ABS 模式进行项目融资,融资过程中会存在哪些问题,如何改进?

第九章　杠杆租赁融资模式案例分析

【学习目的】

通过杠杆租赁融资模式案例的学习，更好地掌握杠杆租赁融资模式的特点、运行机制等问题。能有效地将杠杆租赁融资模式与 ABS 融资模式、BOT 融资模式、PPP 融资模式区分开来，能明确各自的应用领域。

【理论基础】

1. 企业融资结构理论
2. 项目融资模式分析
3. 杠杆租赁融资模式的运作原理

案例1　中信公司在澳大利亚波特兰铝厂项目中的融资案例

一、项目背景

波特兰铝厂位于澳大利亚维多利亚州的港口城市波特兰，始建于 1981 年，后因国际市场铝价大幅度下跌和电力供应等问题，于 1982 年停建。在与维多利亚州政府达成 30 年电力供应协议之后，波特兰铝厂于 1984 年重新开始建设。1986 年 11 月投入试生产，1988 年 9 月全面建成投产。

波特兰铝厂由电解铝生产线、阳极生产、铝锭浇铸、原材料输送及存储系统电力系统等几个主要部分组成，其中核心的铝电解部分采用的是美国铝业公司 20 世纪 80 年代的先进技术，建有两条生产线，整个生产过程采用电子计算机严格控制，每年可生产铝锭 30 万吨，是目前世界上技术先进、规模最大的现代化铝厂之一。

1985 年 6 月，美国铝业澳大利亚公司（以下简称"美铝澳公司"）与中国国际信托投资公司（以下简称"中信公司"）接触，邀请中信公司投资波特兰铝厂。经过历时一年的投资论证、可行性研究、收购谈判、项目融资等阶段的紧张工作，中信公司在 1986 年 8 月成功地投资于波特兰铝厂，持有项目 10% 的资产，每年可获得产品 3 万吨铝锭。与此同时，成立了中信澳大利亚有限公司（简称"中信澳公司"），代表总公司管理项目的投资、生产、融资、财务和销售，承担总公司在合资项目中的经济责任。

波特兰铝厂投资是当时中国在海外最大的工业投资项目。中信公司在决策项目投资的过程中，采取了积极、慎重、稳妥的方针，大胆采用了当时在我国还未采用过的国际上先进的有限追索杠杆租赁的项目融资模式，为项目的成功奠定了坚实的基础。

二、项目融资结构

（一）波特兰铝厂的投资结构

波特兰铝厂采用的是非公司型合资形式的投资结构。这个结构是在中信公司决定参与之前就已经由当时的项目投资者谈判建立起来了。因而，对于中信公司来讲，在决定是否投资时，没有决策投资结构的可能，所能做到的只是在已有的结构基础上尽量加以优化：第一，确认参与该投资结构是否可以实现中信公司的投资战略目标；第二，在许可的范围内，就合资协议的有关条款加以谈判以争取较为有利的参与条件。

1986 年中信公司参与波特兰铝厂之后，项目的投资结构组成为：

美铝澳公司 45%

维多利亚州政府 35%

第一国民资源信托基金 10%

中信澳公司 10%

（1992 年，维多利亚州政府将其在波特兰铝厂中的 10% 资产出售给日本丸红公司，投资结构又发生了变化）

图 9-1-1 是波特兰铝厂的投资结构和管理结构（1986 年）。波特兰铝厂的项目投资者在合资协议的基础上组成了非公司型的投资结构，组成由四方代表参加的项目管理委员会作为波特兰铝厂的最高管理决策机构，负责项目的建设、生产、资本支出和生产经营预算等一系列重大决策，同时通过项目管理协议委任美铝澳公司的一个全资拥有的单一目的项目公司——波特兰铝厂管理公司作为项目经理负责日常生产经营活动。

在项目投资结构一章论述项目投资结构时所列举的非公司型合资结构的特点在波特兰铝厂的投资结构中均有所体现。其主要特点有以下几个：

（1）波特兰铝厂的资产根据投资比例由项目投资者直接拥有，铝厂本身不是一个法人实体。投资各方单独安排自己的项目建设和生产所需资金。这种资产所有形式为中信公司在安排项目融资时直接提供项目资产作为贷款抵押担保提供了客观上的可能性。

（2）项目投资者在支付了项目生产成本之后直接按投资比例获取项目最终产品——铝锭，并且，电解铝生产的两种主要原材料——氧化铝和电力，也是由项目投资者分别与其供应商签订长期供应协议，因而每个投资者在项目中的生产成本构成是不尽相同的，所获得的利润也不一样。

（3）波特兰铝厂的产品销售由各个项目投资者直接控制和掌握。

（4）由于波特兰铝厂资产由投资者直接拥有，项目产品以及项目现金流量直接为投资者所支配，因而与一切非公司型合资结构一样，波特兰铝厂自身不是一个纳税实体。与项目有关的纳税实体分别是在项目中的投资者，各个投资者可以自行安排自己的税务结构问题。

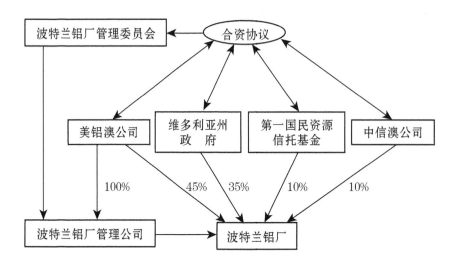

图 9—1—1 波特兰铝厂的投资结构和管理结构（1986 年）

波特兰铝厂的投资结构所具备的以上几种主要特征，为中信公司自行安排有限追索的项目融资提供了有利的条件。

（二）中信澳公司在波特兰铝厂中所采用的融资模式

中信澳公司在波特兰铝厂投资中所采用的是一个为期 12 年的有限追索杠杆租赁项目融资模式，其融资结构如图 9—1—2 所示。

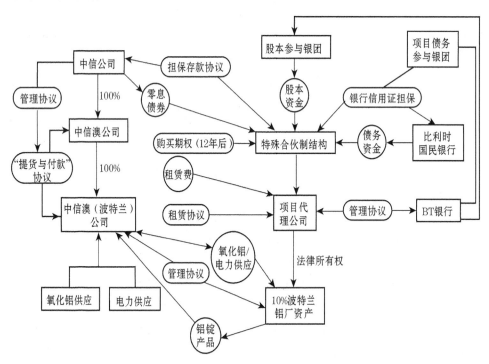

图 9—1—2 中信公司在波特兰铝厂项目中使用的融资结构

在图 9—1—2 中的有限追索杠杆租赁融资中有四个重要的组成部分：

（1）股本参与银团

由五家澳大利亚主要银行组成的特殊合伙制结构，以及其所任命的波特兰项目代理公司——"项目代理公司"，是杠杆租赁中的股本参与者，是 10％波特兰铝厂资产的法律持有人和杠杆租赁结构的出租人。特殊合伙制是专门为波特兰项目的有限追索杠杆租赁结构组织起来的，负责为中信澳公司在波特兰铝厂项目中 10％投资提供股本资金（占项目建设资金投资的 1/3）和安排债务资金。股本参与银团直接享有项目结构中来自加速折旧以及贷款利息等方面的巨额税务好处，并通过与中信澳（波特兰）公司签署的资产租赁协议（也称委托加工协议），将项目资产出租给中信澳（波特兰）公司生产电解铝。股本参与银团通过租赁费收入支付项目的资本开支、到期债务、管理费用、税收等。股本参与银团本身的投资收益来自两个部分：第一，来自项目的巨额税务亏损，通过利用合伙制结构特点吸收这些税务亏损抵免公司所得税获取；第二，吸收税务亏损的不足部分，通过租赁费形式获取。

股本参与银团在波特兰项目中不直接承担任何的项目风险或者中信公司的信用风险。这些风险由项目债务参与银团以银行信用证担保的方式承担。

（2）项目债务参与银团

在波特兰项目杠杆租赁结构中，债务资金结构由两个部分组成：比利时国民银行和项目债务参与银团。全部的债务资金贷款（占项目建设资金投资的三分之二）是由比利时国民银行提供的。但是，由于比利时国民银行并不承担任何的项目信用风险（全部风险由项目债务参与银团以银行信用证形式承担），所以比利时国民银行不是杠杆租赁结构中真正意义上的"债务参与者"。

比利时国民银行在融资结构中的作用是为项目提供无须交纳澳大利亚利息预提税的贷款。比利时税法允许其国家银行申请扣减在海外支付的利息预提税。因而澳大利亚利息预提税成本就可以不由项目的实际投资者和借款人——中信澳公司承担。从项目投资者的角度，这样的安排可以节省融资成本，尽管需要支付给比利时银行一定的手续费。

杠杆租赁结构中真正的"债务参与者"是由澳大利亚、日本、美国、欧洲等几家银行组成的贷款银团。贷款银团以银行信用证的方式为股本参与银团和比利时国民银行提供信用担保，承担全部的项目风险。

以上股本参与银团、项目债务参与银团以及实际提供全部项目债务资金的比利时国民银行三方组成了波特兰铝厂项目融资中具有特色的一种资金结构，为全部项目投资提供了 96％的资金，基本上实现了 100％融资。在这个资金结构下，对于项目投资者来说，无论是来自股本参与银团的资金投入，还是来自比利时国民银行的项目贷款，都是项目融资中的高级债务资金，都需要承担有限追索的债务责任；但是，对于项目融资中的各方面来说，根据其资金性质又可以进一步划分为股本资金和债务资金两个组成部分，股本资金的收益主要来自投资结构中的税务收益和资本回收，而债务资金的收益主要来自利息收入。项目债务参与银团提供的银行信用证作为一种主要的融资工具第一次使用在杠杆租赁的结构中，通过信用证担保安排比利时国民银行贷款，充分利用政府对利息预提税的法规，为中信公司节约了总值几百万美元的利息预提税款。

（3）项目资产承租人

中信澳公司合资拥有的中信澳（波特兰）公司是杠杆租赁结构中的资产承租人。中信澳（波特兰）公司通过一个 12 年期的租赁协议，从项目代理公司（也即从由股本参与银团组成的特别合伙制）手中获得 10％波特兰铝厂项目资产的使用权。中信澳（波特兰）公司自行安排氧化铝购买协议、电力供应协议等关键性生产合同，使用租赁的资产生产出最终产品铝锭，并根据与其母公司——中信澳公司签署的"提货与付款"性质的产品销售协议，将铝锭销售给中信澳公司。由于项目融资的有限追索性质，中信澳（波特兰）公司的现金流量被处于融资经理人的监控之下，用来支付生产成本、租赁费等经营费用，并在满足了一定的留置基金条件下，可以用利润的形式返还给股东——中信澳公司。

在项目融资结构中，中信澳（波特兰）公司是项目投资者专门建立起来的单一目的项目子公司。根据融资安排，在 12 年融资期限结束时，中信澳（波特兰）公司可以通过期权安排，收购股本参与银团在项目中资产权益，成为 10％波特兰铝厂资产的法律持有人。

（4）项目融资经理人

图 9—1—2 中的美国信孚银行澳大利亚分行（Bankers Trust Australia Ltd，简称"BT 银行"）在有限追索的杠杆租赁融资结构中扮演了四个方面的重要角色：第一，作为中信公司的融资顾问，负责组织了这个难度极高被誉为澳大利亚最复杂的项目融资结构；第二，在融资结构中承担了杠杆租赁经理人的角色，代表股本参与银团处理一切有关特殊合伙制结构以及项目代理的日常运作；第三，担任了项目债务参与银团的主经理人；第四，分别参与了股本参与银团和项目债务参与银团，承担了贷款银行的角色。

（三）融资模式中的信用保证结构

除了以上几个方面在杠杆租赁融资中发挥了重要的作用之外，图 9—1—2 中由中信公司和中信澳大利亚公司联合组成的信用担保结构同样发挥着至关重要的作用。作为一个有限追索的项目融资，项目投资者（在这里是中信公司和 100％控股的中信澳公司）所承担的债务责任以及所提供的信用支持表现在以下三个方面：

第一，"提货与付款"形式的市场安排。中信澳公司通过与中信澳（波特兰）公司签署一项与融资期限相同的"提货与付款"形式的长期产品购买协议，保证按照国际市场价格购买中信澳（波特兰）公司生产的全部项目产品，降低了项目贷款银团的市场风险。但是，由于在 1986 年建立的中信澳公司与中信澳（波特兰）公司一样均为一种"空壳公司"，所以贷款银行要求中信公司对中信澳公司与中信澳（波特兰）公司之间的"提货与付款"协议提供担保。

第二，"项目完工担保"和"项目资金缺额担保"。中信公司在海外的一家国际一流银行中存入一笔固定金额（为项目融资总金额的 10％）的美元担保存款，作为项目完工担保和资金缺额担保的准备金。在项目建设费用超支和项目现金流量出现缺额时，根据一定的程序项目融资经理人可以动用担保存款资金。但是这个担保是有限的，其限额为担保存款的本金和利息。事实上，由于项目经营良好，担保存款从来没有被动用过，并在 1990 年通过与银行谈判解除。

第三，中信公司在项目中的股本资金投入。中信公司以大约为项目建设总金额的 4％的资金购买了特殊合伙制结构发行的与融资期限相同的无担保零息债，成为中信公司在项目中的实际股本资金投入。虽然投资金额很少，但是作为项目投资者的一种实际投入，可以对贷款银团起到一种良好的心理作用。

三、融资结构简评

虽然中信公司投资波特兰铝厂时，该项目的投资结构早已确定下来，但是，由于该项目采用的是一种非公司型合资结构，使得中信公司在制定投资决策时单独安排项目融资成为可能。

电解铝项目资本高度密集，根据澳大利亚的有关税法规定可享有数量相当可观的减免税优惠，如固定资产加速折旧、投资扣减等。但是，在项目投资初期，中信澳公司刚刚建立，没有其他方面的经营收入，不能充分利用每年可得到的减税优惠和税务亏损；即使每年未使用的税务亏损可以向以后年份引起结转，但从货币时间价值的角度考虑，这些减税优惠和税务亏损如能尽早利用，也可以提高项目投资者的投资效益；进一步地，如果能够利用减税优惠和税务亏损偿还债务，还可以减少项目前期的现金流量负担，提高项目的经济强度和抗风险能力。

从这一考虑出发，中信公司选择了杠杆租赁的融资模式，充分利用这种模式可以吸收减税优惠和税务亏损的特点，减少了项目的直接债务负担，提高了投资的综合经济效益。

项目融资结构复杂，为修改融资结构以及后期的重新融资带来许多不便因素。杠杆租赁融资结构由于大量使用和转让减税优惠和税务亏损，结构设计除了要在各贷款银行之间取得一致意见之外，还需要得到税务部门的批准。融资结构一旦确定下来之后，任何涉及结构性的调整，都需要得到大多数银行以及税务部门的重新审核。这一过程交易成本很高，因而这种复杂的融资结构多数情况下只适用于大型或超大型项目的融资实践。

案例 2　欧洲迪士尼乐园项目融资

一、项目背景

欧洲迪士尼乐园位于法国首都巴黎的郊区，筹划于 20 世纪 80 年代后期，是一个广受关注同时又备受争议的项目。一方面，美国文化与欧洲文化传统的冲突，使得这个项目经常成为新闻媒体跟踪的目标；另一方面，不时传出来的有关项目经营出现困难的消息也在国际金融界广受关注。

然而，从项目融资的角度，欧洲迪士尼乐园项目具有相当的创造性和典型意义。首先，欧洲迪士尼乐园完全不同于传统的项目融资工作的领域，即资源型和能源型工业项目、大型基础设施项目等，其项目边界以及项目经济强度的确定要比工业和基础设施项目复杂得多，因而其融资结构走出传统的项目融资模式也成为必然的发展结果；其次，作为项目的发起人美国迪士尼公司，欧洲迪士尼乐园项目融资是一个非常成功的结构，这不仅体现在美国迪士尼公司只用了很少的自有资金就完成了这项复杂工程的投资和融资（以项目第一期工程为例，总投资为 149 亿法郎，按当时汇率折合 23.84 亿美元，美国迪士尼公司只出资 21.04 亿法郎，仅占总投资的 14.12%），而且表现在该公司对项目的完全控制权上，这在一般的项目融资结构中是较难做到的，因为贷款银行总是要求对项目具有一定的控制能力。

二、项目融资结构

（一）欧洲迪士尼乐园项目的投资结构

1987 年 3 月，美国迪士尼公司与法国政府签署了一项原则协议，在法国巴黎的郊区兴建欧洲迪士尼乐园。

法国东方汇理银行被任命为项目融资的财务顾问，负责项目的投资结构和融资结构的设计和组织工作。美国迪士尼公司对结构设计提出了三个具体要求：

（1）融资结构必须保证可以筹集到项目所需资金；（2）项目的资金成本必然低于"市场平均成本"；（3）项目发起人必须获得高于"市场平均水平"的经营自主权。

对美国迪士尼公司的第一个目标要求，法国东方汇理银行从开始就不认为是一个重要问题；然而，其第二和第三个目标要求，则是对项目融资结构设计的一个重大挑战。首先，欧洲迪士尼乐园项目是一个极为复杂的工程，其开发时间前后长达 20 年，在一个 2000 公顷的土地上不仅要建设迪士尼乐园，而且还要开发饭店、办公楼、小区式公寓住宅、高尔夫球场、度假村等设施，与传统的项目融资结构不同，它没有一个清楚的项目边界的界定（如项目产品、生产和原材料供应），并且与项目开发有关的各种参数、变量也是相对广义而非具体的，在这种条件下要实现低于"市场平均成本"的项目融资，无论是从融资结构的复杂性还是从成本控制的角度，其难度是可以想象的。其次，由于在美国迪士尼公司与法国政府签署的原则协议中规定欧洲迪士尼项目的多数股权必须掌握在欧洲共同体居民手中，这样限制了美国迪士尼公司在项目中的股本资金投入比例，同时也增加了实现其要求获得高于"市场平均成本"的经营自主权目标的难度。

法国东方汇理银行通过建立项目现金流量模型，以 20 年期的欧洲迪士尼乐园及其周边相关的房地产项目开发作为输入变量，以项目税收、利息成本、投资者收益等为输出变量，对项目开发作了详细的现金流量分析和风险分析。在大量方案筛选、比较的基础上，最后确定出建议美国迪士尼公司使用的项目投资结构。

欧洲迪士尼乐园项目的投资结构由两个部分组成（见图 9－2－1）：欧洲迪士尼财务公司（Euro Disneyland SNC）和欧洲迪士尼经营公司（Euro Disneyland SCA）。

欧洲迪士尼财务公司的设计是为了有效地利用项目的税务优势。欧洲迪士尼项目，与所有利用项目融资方式安排资金的大型工程项目一样，由于其初期的巨额投资所带来的高额利息成本，以及由于资产折旧、投资优惠等所形成的税务亏损无法在短期内在项目内部有效地消化掉；更进一步地，由于这些高额折旧和利息成本的存在，项目也无法在早期形成会计利润，从而也就无法形成对外部投资者的吸引力。

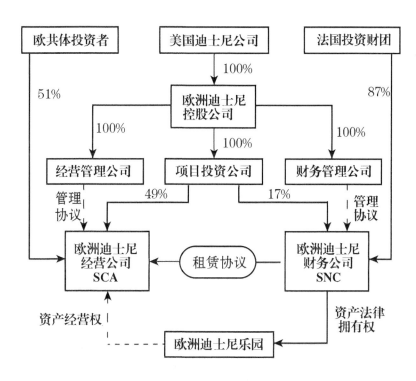

图 9－2－1　欧洲迪士尼乐园项目的投资结构

为了有效地利用这些税务亏损，降低项目的综合资金成本，因而在欧洲迪士尼项目的投资结构中部分地使用了类似杠杆租赁融资结构的税务租赁模式。欧洲迪士尼财务公司所使用的 SNC 结构，是一种近似于我们在项目投资结构中所介绍的普通合伙制结构。SNC 结构中的投资者（合伙人）能够直接分享其投资比例的项目税务亏损（或利润），与其他来源的收入合并纳税。在项目融资结构中，欧洲迪士尼财务公司将拥有迪士尼乐园的资产，并以一个 20 年期的杠杆租赁协议，将其资产租赁给欧洲迪士尼经营公司。根据预测，在项目的头 10

年中，由于利息成本和资产折旧等原因项目将产生高额的税务亏损，而这些税务亏损将由SNC 投资结构中的合伙人所分享。在 20 年财务租赁协议中止时，欧洲迪士尼经营公司将从SNC 结构手中以其账面价值（完全折旧后的价值）把项目购买回来，而 SNC 结构则被解散。

欧洲迪士尼经营公司的设计则是为了解决美国迪士尼公司对项目的绝对控制权问题。由于前述原因，美国迪士尼公司被限制只能在项目中占有少数股权，同时项目融资结构又往往对项目的投资者和经营者有种种的限制和制约，在这种情况下，项目融资顾问建议美国迪士尼公司选择了 SCA 投资结构。

SCA 结构是一种与有限合伙制近似的一种投资结构，其投资者被分为两种类型：一类是具有有限合伙制结构中的普通合伙人性质的投资者，这类投资者负责任命项目管理班子，承担项目管理责任，同时在项目中承担无限责任；另一类具有有限合伙人性质的投资者，这类投资者在项目中只承担与其投资金额相等的有限责任，但是不能直接参与项目管理，即在没有普通合伙人同意的前提下无权罢免项目管理班子。从图 9-2-1 中可以看出，由于美国迪士尼公司是 SCA 结构中唯一的普通合伙人，尽管在欧洲迪士尼公司中只占有少数股权，但也完全地控制着项目的管理权。

同时，SCA 结构还具备一种有限合伙制所没有的特点，即具备在证券市场通过发行股票方式筹资的能力。通过项目直接上市筹集资金，不仅成为欧洲迪士尼项目融资结构中主要的股本资金来源，而且也成为这个融资结构的一个重要特征。

（二）欧洲迪士尼项目的融资模式

欧洲迪士尼项目的第一期工程（即迪士尼乐园主体工程）耗资 149 亿法郎，其融资结构和资金构成分别如图 9-2-2 和表 9-2-1 所示。

从表 9-2-1 中可以看出项目资金是由四个部分组成的：

（1）SNC 结构的税务股本资金

以 SNC 结构组织的 20 亿法郎"税务股本资金"，具有以下三个特点：

①其资金投入是一种不可撤销的承诺，并且是一种具有极强股本性质的从属性债务，从属于任何其他形式的债务资金。

②由于杠杆租赁结构可以有效地吸收项目前期巨额税务亏损，所以这部分资金具有低成本的特性。在 20 年的项目融资期间，这部分资金的平均成本低于 7%，在整体上降低了项目的综合资金成本，也即在总体上增强了项目的经济强度。

③这部分资金使用比较灵活，在税务亏损产生之前这部分资金即可被提取（在普通合伙人可以实际吸收税务亏损之前，其资金使用需要收取正常的贷款利息），而在通常以税务为基础的杠杆租赁结构中，股本参加者的资金一般是在项目商业完工时才投入项目的。

表 9-2-1　欧洲迪士尼项目一期工程的资金结构　　　　　　　　单位：百万法郎

资金构成	百分比	SNC 结构资金	SCA 结构资金	总资金
SNC 结构的税务股本资金		2000		2000
SCA 结构的股本资金			3600	3600
SCA 结构对 SNC 结构的贷款		1000	−1000	
从属性债务	19%			

续表

资金构成	百分比	SNC 结构资金	SCA 结构资金	总资金
法国公众部门储蓄银行		1800	1080	2880
高级债务	43%			
辛迪加银团贷款		4219	281	4500
法国公众部门储蓄银行		1200	700	1920
总计	100%	10219	4681	14900
		69%	31%	100%

　　然而，由于 SNC 结构中的投资者同样具有普通合伙制结构中合伙人的特性，即在 SNC 结构中承担着无限责任，尽管他们根本不参与项目的任何管理，SNC 结构投资者也同样面临着一定的潜在项目风险。这些风险来自两个方面：银行债务风险（在项目第一期工程中 SNC 结构的高级债务和从属性债务就高达 72 亿法郎）和项目责任风险（由原则协议继承下来）。为了吸引以税务利益为主要目的的投资者参加 SNC 结构，在融资结构设计上作了以下两方面的安排：第一，对于银行债务风险，通过在 SNC 结构与贷款银团之间的无追索贷款协议，以银行放弃对普通合伙人法律责任的追索权利的方式解决；第二，对于项目责任风险，则以安排由美国迪士尼公司出具一个担保上限为 5.0 亿法郎的针对原则协议中主要项目责任的有限担保来解决。

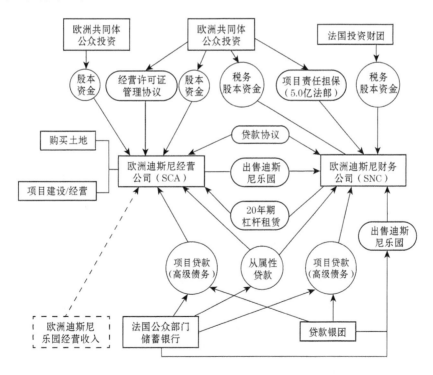

图 9—2—2　欧洲迪士尼乐园项目融资结构

（2）SCA 结构的股本资金

在 SCA 结构下的股本资金中的大部分（51%）是通过在证券市场上公开发行股票筹集的，其余 49% 的股本资金则是由美国迪士尼公司投资。尽管欧洲迪士尼项目结构复杂，但是股票发行却获得超额认购，取得成功，说明在当时资本市场上这个项目是很受欢迎的。

（3）从属性债务

项目第一期工程中的 28 亿法郎从属性债务是由法国公众部门储蓄银行提供，是项目开发原则协议的一个组成部分。这部分资金的成本是很优惠的，同时，法国公众部门储蓄银行也为项目提供一部分高级债务。

（4）项目贷款——高级债务

占项目第一期工程总资金需求量 43% 的项目贷款，是一种无追索的高级债务，由一个项目贷款银团和法国公众部门储蓄银行两个部分组成。

欧洲迪士尼项目融资结构通过以上四部分资金的安排和组合，实现了两个重要的目标：第一，提高了项目的经济强度。从贷款银行的角度，项目第一期工程所需要的 149 亿法郎资金中，有将近 60% 的比例是股本资金和准股本资金，从而在很大程度上降低了项目的债务负担；第二，由于项目经济强度的增强，实现了一个资金成本节约的正循环，即 SNC 结构税务股本资金以及法国公众部门储蓄银行贷款的低成本，增强了项目的债务承受能力，从而使得项目有可能获得条件优惠低成本的银团贷款；而总体的低债务资金成本又可以帮助项目在市场上筹集大量的股本资金；股本资金的增加又进一步降低项目的债务资金比例。

三、融资结构简评

（1）作为项目发起人，从美国迪士尼公司的角度，欧洲迪士尼项目的融资安排是一个完整的有限追索项目融资结构，并且美国迪士尼公司所投入的股本资金在项目第一期工程全部资金中只占有 14.16% 的比例。

欧洲迪士尼项目融资开创了一个先例，即在非传统项目融资领域如何利用公众资金以及如何利用项目的部分内存价值（如税务亏损）来安排结构复杂的项目融资，而这样的融资结构往往单独依赖于项目发起人的公司资信或资产负债表是无法组织起来的。

（2）这一案例说明，项目的投资结构设计在实现项目投资者目标要求的过程中，以及在项目整体融资结构设计的过程中可以起到关键性的作用，这些作用有时是通过其他方式可能达不到的。

（3）近几年来，采用欧洲迪士尼项目概念的项目融资结构正在西方工业国家的一些大型工程项目和基础设施项目中获得重视和运用。例如，1996 年上半年，在澳大利亚就同时有两个大型工程项目，即悉尼 2000 年奥林匹克体育场和墨尔本市区高速公路网项目采用了类似的投资结构和融资概念。这两个项目均使用一种信托基金结构来拥有项目资产，吸收项目前期的巨额税务亏损，并将项目资产以长期的财务租赁形式租给项目的经营公司。同时，项目经营公司将在澳大利亚股票交易所上市。采用这种有限追索项目贷款、税务股本资金和公众股本资金三者相结合的方式，可以发挥欧洲迪士尼项目融资结构的同样作用，即增强项目的经济强度，项目的资金成本，同时项目发起人只需要投入有限的资金。这种项目融资结构的使用对于项目生命期长、前期资本量大、前期税务亏损额高的非生产型项目（如基础设施项目、公益设施项目）的开发有着一定的普遍意义。

【课堂讨论】

1. 讨论杠杆租赁融资模式的优缺点。
2. 杠杆租赁融资模式的应用领域有哪些?
3. 杠杆租赁融资模式的运作机制。

【课后思考】

思考我国在哪些领域可以运用杠杆租赁融资模式进行项目融资,融资过程中会存在哪些问题,如何改进?

第十章　其他融资模式案例分析

【学习目的】

通过其他融资模式案例的学习，更好地掌握其他融资模式的特点、运行机制等问题。能有效地将其他融资模式与 ABS 融资模式、BOT 融资模式、PPP 融资模式以及杠杆租赁融资模式等区分开来，能明确各自的应用领域。

【理论基础】

1. 企业融资结构理论
2. 项目融资模式分析
3. 其他融资模式的运作原理

案例 1　乐山吉象木业项目银行贷款式融资案例

一、项目背景

乐山吉象的前身是一家陷入经营困境的小型木材加工厂，如何搞好这些中小型森工企业就成了这些企业和其上级管理机关——四川省乐山市林业局长期思索的问题。要解决问题，就要找到问题的症结，乐山市林业局的同志们先后多次深入企业了解企业的生产和销售情况，对下属的中小型森工企业先后进行了改制，大范围地实现产权重组，从机制上有效地激活了企业，同时派出部分同志深入市场到全国各地去了解林木产品的市场销售情况，经过长期的调查研究，乐山市林业局的同志们发现在国内林木产品市场中，初级产品市场的竞争相当激烈，而在中高级林木产品市场中，国内森工企业普遍由于资金缺乏、技术管理落后等原因而难以涉足。随着我国经济的发展，人民生活水平的提高，对中高级林木产品的需求与日俱增，这使得我国每年需要花费宝贵的外汇，大量从国外进口以满足这部分的市场需求，于是充分利用乐山地区丰富的林木资源，针对市场的需求热点生产中高级林木产品就成了上上下下的共识。但中高级林木产品加工生产的技术含量较高，资金需求量较大，仅凭乐山地区自己的资金和技术条件来解决这个问题是难以达到的，这样寻找一个理想的合作伙伴来共同开发这个大有市场潜力的项目就成了当务之急。

就在同一时期国际吉象木业人造林制品集团 (International Plantation Timber Products Group，PTPG)，国际上知名的林木产品加工生产企业为了开拓需求日益旺盛的我国市场，也在国内进行市场调研寻找合作伙伴。经过一段时期的市场调研和考察后，国际吉象木业人造林制品集团准备将其国内人造林制品生产基地建于内蒙古，并已与内蒙古自治区达成了意向性合作协议。只是由于双方在具体合作方式和政府的支持、国家优惠政策的给予等方面有着较大的分歧，经过数次谈判仍未达成一致，合作项目陷入了僵持状况。

在一个偶然的机会，乐山市林业局从国家林业主管部门获知此消息后，非常重视，立刻成立了专门的工作小组，由局长亲自带队北上京城与 PTPG 人员接触，向 PTPG 人员细致而耐心地介绍了乐山地区的人文景观、投资环境、优惠政策以及政府对投资项目的扶持态度等，经过多次的接触和面对面的商谈终于精诚所至结成硕果，国际吉象木业人造林制品集团的董事长莫若愚先生不仅接受了乐山市林业局同志们诚挚的邀请，亲自到乐山市来考察了当地的投资环境，而且对乐山的投资环境、优惠政策、政府的支持及办事效率等各方面都感到非常满意，经过慎重考虑后国际吉象木业人造林制品集团终于决定将其国内的人造林制品基地改建在四川省乐山市了。

1994 年春，在四川省 1994 年招商引资洽谈会上，双方签署意向性合作协议。同年 6 月，项目建议书和可行性报告上报国家计委。1995 年 1 月 10 日，国家计委正式下文批准成立。这便是乐山吉象木业项目的最初由来。根据合作协议，由国际吉象木业人造林制品集团（PTPG）和川南林业局共同投资兴建一家专业生产中密度纤维板及其系列人造板产品的中外合资企业——乐山吉象人造林制品有限公司，合资经营期限为三十年，公司注册资本 2000 万美元，其中 PTPG 出资 1700 万美元占 85%，川南林业局出资 300 万美元占 15%。公司位于乐山市西郊伏龙工业开发区，在原木材加工厂的地基上，又新征土地 183 亩兴建这个中西部地区最大的中密度纤维板生产基地。

二、乐山吉象木业的项目融资运作模式

乐山吉象这个项目一经立项，最棘手的问题就是资金问题。从注册资本来看 PTPG 以现金的方式投资 1700 万美元，川南林业局以土地、厂房及部分设备折价，再加上少量现金投入折算出资 300 万美元，双方共计出资 2000 万美元。截至 1995 年 11 月底，已到位资金 1640 万美元，占 82%，基本可以支持公司前期的建设和运转。但是中密度纤维板的生产技术含量较高，需要大量高素质的人才和国外先进的专用生产设备，其总体资金需求量是远远不止这些的。根据合作协议建成的合资企业将是中国中西部地区最大的中密度纤维板生产企业，其资金需求总量将高达 5880 万美元，那么除了 2000 万美元的注册资本外，另外的 3880 万美元的资金将从何而来呢？

经过多方的权衡和比较，从国际金融市场上获取企业发展所需要的资金，成了中外双方的共识，但采用何种融资方式呢？企业刚刚起步，资产规模小、资信程度低。从宏观大环境来看，我国正处于经济转轨时期，一些国家对我国存在偏见。这种局面就使得乐山吉象进入国际金融市场进行直接融资（发行股票或债券）变得非常困难，而即使采取通常的贷款融资

模式，由于缺乏资信和抵押资产也很难获得企业发展所需的数额庞大的资金。

于是，充分发挥项目自身的优势，利用国际上通行的项目融资方式来为这个有着广阔市场潜力和盈利能力的项目融通资金，便成了乐山吉象木业的首选融资方案。

（一）项目融资模式的选择

哪种项目融资模式才是乐山吉象的最佳融资模式呢？结合公司的具体情况，经过多方的比较和论证，中外双方都把目光聚集到了在中小企业项目融资方面有着丰富实践经验的国际金融公司（International Financial Corporation IFC）。总部设在华盛顿的国际金融公司，成立于 1956 年，是世界银行集团的第二大成员机构，其宗旨是促进发展中国家民营部门或非国有部门的发展，从而减少贫困，改善人民生活。它所采取的方式主要有以下三种：向民营部门进行项目融资；帮助发展中国家的民营企业在国际金融市场上筹集资金；以及向企业和政府提供咨询和技术援助。

于是，公司专门成立了一个中外双方负责人共同参与的工作小组，全面负责与国际金融公司的工作。工作小组严格按照 IFC 的要求，提交了合资企业的情况介绍，项目可行性报告等大量申请材料，并积极地向 IFC 人员宣传公司的资信状况和项目的广阔市场前景。1995 年初国际金融公司总裁沃尔森先生访华，在上海听了范金绶局长对吉象项目的三分钟发言，演讲后当即相中吉象，随即派出国际金融公司的副总裁专程赴乐山进行实地考察。经过此次考察，IFC 认为乐山吉象木业各项投资指标符合 IFC 的投资理念，是其为中国大陆投资的理想目标，决定将其作为 IFC 在中国大陆支持的项目之一。

根据 IFC 的建议，乐山吉象木业最终采取的是利用项目公司来安排项目融资的模式。即投资者根据股东协议共同出资组建一个项目公司，项目公司作为独立的生产经营者，签署一切与项目建设生产和市场有关的合同安排项目融资、建设、经营并拥有该项目。采用这种模式，项目融资由项目公司直接安排，主要的信用保证来自项目公司的现金流量，项目资产以及项目投资者所提供的与融资有关的担保和商业协议。

（二）项目的投资结构和管理结构

与大多数 IFC 在中国所进行的项目融资一样，IFC 在负责向乐山吉象提供 3420 万美元贷款的同时，还向该项目投入了 100 万美元的股本金，由此改变了原合资企业的投资结构和管理结构。

在保持原注册资本不变的情况下，乐山吉象木业的股本金额增至 2100 万美元。其中：

川南林业局出资 300 万美元占公司股份的 14%；

PTPG 出资 1700 万美元占公司股份的 81%；

IFC 出资 100 万美元占公司股份的 5%。

图 10—1—1 为乐山吉象木业的投融资结构图。

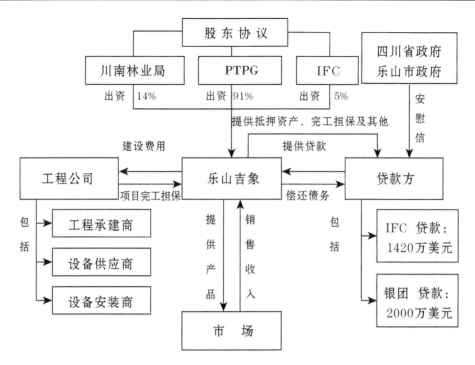

图 10-1-1　乐山吉象木业的投融资结构图

三、项目的融资结构

融资结构是项目融资的核心部分，一旦项目的投资结构确定下来后，接下来的重要工作就是设计和选择合适的融资结构以实现投资者在融资方面的目标要求。

（一）项目的贷款形式和资金来源

乐山吉象木业的融资方式是一种典型的拥有有限追索权的项目融资方式。贷款银行主要依靠项目本身的资产和项目未来的现金流量来作为贷款偿还的保证，而对项目公司以外的资产无权染指。在工程建设初始，IFC 负责向乐山吉象融资金额为 3520 万美元，其中除了 100 万美元的资本金投入外，还有 3420 万美元的贷款，这包括两个部分：（1）由 IFC 自己提供的 1420 万美元流动资金抵押贷款，贷款期限为 8 年，年利率按伦敦同业拆放利率加 2.25％计算，该贷款从 1998 年 3 月起到 2002 年 9 月止，分十次偿还；（2）以 IFC 的名义在国际金融市场上融通资金，所获得的 2000 万美元流动资金抵押贷款，此贷款为银团贷款方式，又称作辛迪加贷款，即以 IFC 的信誉和担保吸引其他国际性金融机构的参与，组成一个提供贷款的联合体，以共同出资，其中包括荷兰合作银行、奥地利银行、FMO 银行、荷兰商业银行等，此笔贷款的期限利率偿还形式和要求都与（1）完全相同。

以后根据项目的运行情况和规模的扩大，IFC 再根据具体情况向乐山吉象提供进一步的资金融通，例如双方签署了由 IFC 在项目建成后 12 年内提供 100200 万美元造林贷款的意向性协议。

（二）项目融资的信用担保

（1）乐山吉象人造林制品有限公司向 IFC 和国际银团借入的 3420 万美元都是抵押贷款，公司将下列资产抵押作为获得贷款的担保品：公司厂房所在地的土地使用权，有效期为自 1995 年 9 月 29 日起 50 年；所有在该土地上建造和现在或以后坐落于该土地上的厂房和建筑物及其附属物房屋及建筑物；所有机器设备、运输设备、电子及办公用设备；一切因转让、出租土地使用权房屋及建筑物和所有设备的租赁而产生的收益。

（2）贷款方 IFC 和国际银团对公司的资产拥有第一抵押权。作为独立法人实体的乐山吉象人造林制品公司在贷款合同期内如要筹措其他股本或债务资金，必须经过贷款方的同意。

（3）为对项目的现金流量实行有效的控制，贷款方要求公司在指定银行开设监控账户以接受公司的销售收入，并在公司内设立财务总监和技术总监等职位由贷款方委派人员担任，同时公司有义务接受贷款方人员不定期来公司进行现场检查，包括对财务、生产等全方面的检查。

（4）公司除了定期向贷款方提供季度、半年度和年度财务报表外，还要接受由贷款方指定的会计审计师事务所的内外部审计（注：IFC 指定的是安达信会计审计师事务所和华强会计师事务所，Arthur Andersen & Hua Qiang Certified Public Accountants），审计包括：定期审计（一年两次，半年和年度审计）和不定期审计。

（5）其他有关的项目融资担保文件。例如，项目承建商提供的完工担保书，以及川南林业局乐山林业综合开发有限公司与乐山吉象签订的原料供应承诺合同，等等。

（三）融资的时间安排

按照贷款合同，IFC 给乐山吉象木业提供的项目融通资金是根据项目的运转情况分批分阶段到位的，其具体时间安排大体上可分为以下两个阶段：

（1）项目的建设阶段

众所周知项目建设阶段是风险最高的阶段，按照国际惯例，IFC 在这一阶段所提供的融资对于项目投资者是带有完全追索的性质，所以强调项目承建商的完工担保，并且 IFC 还要求对项目工程施工合同以及相应的工程施工合同担保加以一定的控制，具体结构详见图 10-1-2 所示：

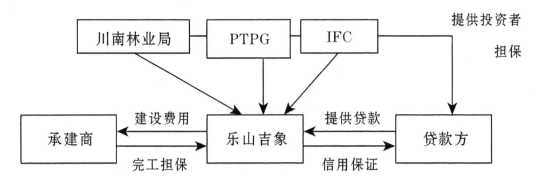

图 10-1-2　乐山吉象木业的工程施工合同担保

　　为确保项目建设的及时而顺利地完成，乐山吉象采用了招投标的方式择优选取了资信程度高、施工能力强的四川省建筑公司、乐山市建筑公司等作为项目的承建商，并分别与各承建商签订了完工担保协议，承建商提供一定的资产担保，承诺在规定时间内按质按量地完成建设项目，若超期或是在预定工期内出现超支（不可抗因素除外），超支的全部费用和由此造成的损失由承建商负责。

　　在此阶段，乐山吉象向贷款方所提供的信用保证包括：项目投资者提供的完工担保、承建商完工担保的权益转让，项目建设合同的权益转让等。

　　（2）生产经营阶段

　　当建设项目经过验收合格后，项目就进入了生产经营阶段，在这一阶段，IFC 所提供的融资由对投资者的完全追索转变为有限追索，但 IFC 通过前面所述的种种信用担保和对公司财务的监控来保证其对公司现金流量，主要是企业的经营费用与成本、产品销售收入及其他收入等的控制，这阶段的融资情况可用图 10－1－3 直观表示：

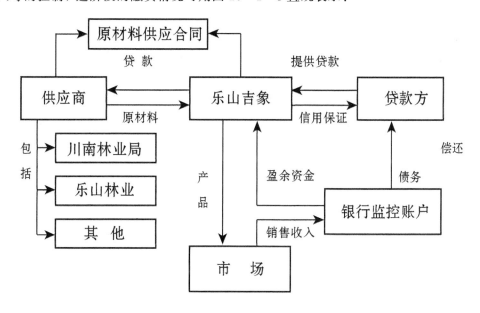

图 10－1－3　乐山吉象木业生产经营阶段融资情况

四、项目的风险及风险管理

　　由于项目融资采取的是有限追索的融资方式，风险较大，因而在项目融资中项目风险的合理分担和严格管理就是项目成功的关键。项目融资的风险大体上可分为两大类：系统性风险和非系统性风险，前者是指与市场客观环境有关，超出了项目自身范围的风险，如政治风险、法律风险、市场风险、外汇风险和利率风险等；后者是指可由项目实体自行控制和管理的风险，如完工风险、安装风险、经营风险、环保风险等。

　　在乐山吉象木业的融资案例中，主要存在着以下几种项目风险：

1. 政治风险

四川省政府、乐山市政府，明确表示了政府对此项目的支持，同时还表示政府将督促各有关公司履行合同，这无疑给以 IFC 为代表的海外贷款方吃了一颗定心丸。

2. 市场风险

项目的好坏是市场风险管理的关键，乐山吉象这个项目在立项之前，就经过了较长时期的市场调研，经过多方的权衡、比较才最后拍板，大大减少了立项的盲目性。公司的经营情况也证明了当初立项的正确，公司产品的销售逐年上升。此外，为进一步防范市场风险，公司还加紧开发 MDF 的系列深加工产品，实行同心多元化经营，同时充分利用国际人造林制品集团的营销网络积极开拓海外市场。

3. 外汇风险

外汇风险主要包括汇兑风险和汇率风险两个方面。我国的外汇政策基本稳定、人民币汇率保持相对稳定，正当收入的顺利出境是受法律保护的，加之持有当地政府的支持使得该项目的外汇风险相对较小。

4. 完工风险

项目的完工风险存在于项目建设和试生产阶段，主要表现形式是项目建设的延期和成本超支或是建成的项目达不到设计规定的技术经济指标等，完工风险是项目融资的主要风险之一，因为如果项目不能按照预定计划建设、投产，项目融资所赖以依存的基础就受到了根本的破坏，为规避此风险，乐山吉象在通过招投标制、择优选取承建商的基础上与各承建商签订了统包合同，并要求各承建商提供一定的资产作为完工担保，从而将项目的完工风险进行了有效的分担。

5. 设备安装调试风险

由于乐山吉象采用的设备基本上是具有 20 世纪 90 年代国际先进水平的进口设备，投资规模大、技术含量高从而导致设备的安装调试风险也大。为使此风险降到最小，乐山吉象与国际知名的设备采购公司，德国申克公司签署了设备采购合同，全权委托其采购指定设备并承担由此产生的一切风险，同期又与有着丰富安装经验的福建省设备安装公司签署了设备的安装调试合同，通过加强合同管理使此类风险基本上得到了化解。

6. 经营风险

经营风险主要是指项目在经营过程中无法达到规定的运营标准或项目支出超过预算以及项目收益没有按计划使用最终使还本付息发生困难等所导致的风险。这类风险主要包括原料供应风险和产品销售风险，集中反映在项目所产生的现金流量上，对此，乐山吉象一方面与乐山市林业综合开发有限公司木材供应公司等单位签订了长期稳定的原料供应合同，另一方面又与 PTPG 达成销售协议，由 PTPG 协助公司的产品销售工作。此外，乐山吉象还通过加强企业的内部管理，严格执行项目负责制、强化监督机制，以及各投资方经常性的检查，力争将该项目的经营风险降到最小。

案例2　深圳地铁3号线融资模式

一、案例区位条件分析

（一）深圳的人口状况

深圳市是一个新兴的移民城市，人口结构相对复杂，且人口数量一直呈快速增长的趋势。根据深圳市2002年统计公报，2002年年末全市常住人口504.3万，其中户籍人口139.5万，暂住人口364.8万，实际人口已超过700万。当时预计到2005年全市人口将达到810万，2035年，全市人口将达到1100万。实际情况是，2007年深圳人口已超过1400万，2010年年初，美国福布斯杂志公布全球人口最稠密城市排行榜，深圳以17150人/m^2的人口密度，成为名副其实的全国"最拥挤"的城市。

（二）深圳的交通状况

随着深圳经济的迅速发展，出现了以下交通问题：

（1）交通需求增长迅速，个体交通增长压力巨大

深圳是一个经济高速发展的城市，深圳市民的购买力很强。深圳市市民购买小汽车的人数很多，仅在2007年深圳市新增汽车销售量近20万辆，总计汽车拥有量达到100万辆，加上外地车辆，每天在深圳道路上驾驶的汽车就超过120万辆。深圳地形呈南北短、东西长的带状地形，土地面积约2000m^2。深圳现有道路总计大于2100km，每辆车以4m计算，100万辆汽车总长度可达到4000m，如果深圳所有车辆同时上路，首尾相接几乎可以绕所有道路两圈。

小汽车的迅速增加使得路网交通需求剧增，远远超过道路建设速度，同时也制约了小运量的公交运营发展，在深圳东西向主干道深南大道市区地段，尽管公交运营已出现"公交列车化"运营的模式，仍无法满足客运需求。若不尽快扭转这种趋势，将导致城市交通系统的全面恶化。交通压力大是深圳由来已久的问题。

（2）道路交通出现恶化迹象

面对经济高速发展的趋势，交通需求增长速度远高于道路交通设施容量增长速度，道路交通状况有明显恶化的迹象。

（3）公交运输效率下降

尽管常规公交继续发展，但与小汽车相比，巴士出行的吸引力日趋下降，尤其是深圳市特殊的地理分布特点，城市呈东西向带状分布，使得乘客平均出行距离较长，这就使得乘客对出行服务水平的要求越来越高。

由此可见，深圳市城市交通结构体系已面临严峻的挑战，深圳市政府意识到建立以轨道交通为骨干的现代化城市综合交通体系将是解决城市发展即将面临的交通问题的基本途径。并在深圳市轨道交通1、4号线建设的基础上，确定了1、4号线延伸段以及2、3、11号线等作为深圳市近期优先发展线路。

（三）3号线所处位置

深圳市地处广东省南部沿海，东邻大鹏湾，西连珠江口，南与香港新界接壤，背靠东莞、惠州两市。地铁3号线初期工程起自罗湖中心区的红岭中路站与红荔路交叉口，往东穿越洪围、桂园片区，在老街站与1号线换乘，而后沿东门中路向深圳市东北方向延伸，由布吉联检站出关后，沿深惠公路，经过龙岗区的布吉镇、横岗镇、龙岗中心城、龙岗镇，终止于双龙立交桥西侧的龙兴街站。近期以后，线路将向西延伸至福田中心城的购物公园站。因此，3号线是连接深圳市福田中心区、罗湖中心区与特区外次中心城——龙岗中心城的东西向交通走廊。深圳市轨道交通二期3号线工程起自罗湖区红岭站，止于龙岗区双龙站，正线全长32.859km（双线），其中地下线长8.533km，高架线长21.727 km，地面线（含过渡段）长2.599km。全线共设车站22座，主变电站2座和车辆段与综合基地1座。

（四）3号线修建意义

轨道交通项目的建设，对城市发展的社会效益及影响是体现在多方面的，有直接的，也有间接的；有宏观的，也有微观的。大到对整个城市的总体布局、宏观经济的调控，小到对每一个市民的生产、生活的影响。

3号线地处深圳东部轴线，贯穿龙岗区布吉、横岗、龙岗三镇，连接坪地、坪山、坑梓、惠州，是珠江三角洲连接粤东的门户。它是一条路网中预测客流量最大的城市居住新区、重点旧城改造区、最主要的商业中心和城市核心区、文化教育中心、国家级的高科技新区以及重要的对外交通枢纽，形成贯穿城市由北到南的重要交通走廊。3号线工程将与已建成的轨道交通一期工程1号线、2号线构成深圳基本骨干网络，完成关内与关外的换乘接驳，充分发挥轨道交通在城市公共交通中的重要作用。

深圳人口密集、交通问题突出，地铁3号线的建设，符合深圳市的实际发展情况，适应了城市发展和规划要求，同时还可以缓解城市东部的交通状况，改善客运结构、节省公交成本、减少交通事故、节省乘客的在途时间、提高公交服务水平，从而提高乘客的工作效率。另外，对强化城市东部功能、保护城市风貌、改善城市环境并拉动城市经济增长，促进城市发展，进一步发挥深圳东部龙岗中心城的作用方面，均会带来更多的社会效益。地铁3号线的建设将促进深圳东部地区在盐田港带动下发展成为珠江三角洲地区重要的工业基地。它将使龙岗中心组团和东部工业组团成为全市21世纪最具潜力的经济增长点。

下面具体从八个方面来阐述修建地铁3号线的意义。

（1）地铁3号线的建设，有利于深圳市东部发展轴的土地开发以及城市规划的调整。根据《深圳市总体规划报告》的规划，以龙岗为中心的东部组团各区、镇，在规划期要提高城区建设水平，完善配套设施，力争以优质环境吸引一批高新技术项目，提高东部发展轴的产业档次，促进东部发展轴的整体发展，发挥其行政、文化、科教、商业服务和居住等综合功能。地铁3号线正是连接深圳市市级中心（由罗湖和福田组成的核心区域）与东部次中心——龙岗次中心的骨架轨道线路。其作用是服务于城市东部次级客运走廊，增强市级中心与龙岗次中心的联系，功能亦是为增强市级中心的辐射力、解决城市东部发展轴的交通压力，满足其高度集中的客运需求。地铁3号线的建设将是实现东部组团规划目标的重要举措。

（2）地铁 3 号线的建设，有利于沿深惠公路两侧的旧城改造，推动龙岗区布吉、横岗和龙岗中心城三个卫星新城建设及加快东部发展轴的城市化进程，使深圳市向国际大都会城市迈进。根据规划，深圳市已将深惠公路按 120m 道路红线控制，其改造工程即将动工，地铁 3 号线自市区中心沿地下行至布吉联检站附近将浮出地面，高架于新建的深惠大道中央分隔带上行至终点站。

（3）地铁 3 号线的建设，有利于促进公交事业的有序发展，形成一个合理的公交运输体系。根据深圳市总体规划的意图，地铁 3 号线建成后，将在罗湖中心区的老街站形成与地铁 1 号线的一个换乘节点，在塘坑站形成与规划城铁 11 号线的一个换乘节点，在龙兴街站形成与规划快速轻轨 12 号线的一个换乘节点，在近期还将在福田中心区形成与地铁 2 号线延伸段的一个换乘节点。届时，深圳市公共交通运输将形成以轨道交通为主骨架的交通运输体系。公共汽车交通将对轨道交通起辅助补充的作用，深入小区以及轨道交通不能到达的区域，主、辅分离，分工明确，公交事业将走上合理、有序的发展轨道。

（4）地铁 3 号线的建设，有利于遏制小汽车的无序增长态势，改善城市环境污染的状况，改善居民居住环境，提高生活质量。这个问题要从以下两个方面来看：一是地铁的出现，改善了公交服务质量，将改变部分居民的出行习惯，放弃高成本的私家车出行，这对小汽车发展是一种遏制；二是随着小汽车数量的减少，尾气排放量、噪声也将随之减少，对空气污染、噪声污染的程度也将降低。因此，地铁项目的建设将使城市居住环境得到大大改善。

（5）地铁 3 号线的建设，有利于减少乘客出行的在途旅行时间，改善出行舒适度，减少疲劳，为社会创造更多的社会效益。轨道交通的最突出优势就在于它的"安全、准时、舒适、快捷"，这是其他城市交通所无法比拟的，从国内外其他城市的轨道交通运营情况来看，轨道交通一旦建成通车，将很快成为广大市民工作、生活出行的主要交通工具，它所提供的快捷、舒适的乘车环境将大大减少乘客的旅途疲劳，减少由于交通堵塞所造成的延时、误点等情况的发生，为社会创造更多的财富和效益。

（6）地铁 3 号线的建设，有利于国铁广深线的客运发展。自广深铁路开通以来，承担深圳市区与广州市区之间的大量出行客流，由于换乘不便，使深圳市东部次中心新城去往广州的乘客的出行方式仍维持原来的公路出行，铁路运输在广深两地的运输市场竞争中失去了一定份额。由于地铁 3 号线在布吉客运站与广深铁路有交会点，在车站换乘功能的设计上又充分体现了"以人为本"的设计思想，大大方便了乘客出行，将有利于吸引广深高速公路部分客流通过地铁运输换乘铁路运输，促进国铁广深线的客运发展。

（7）地铁 3 号线的建设，有利于增加就业机会，改善产业结构。地铁 3 号线开通以后，地铁运营公司将向社会提供近 2000 个工作岗位，全部定员除少数部分技术和管理人员外，绝大多数岗位将面向社会招聘，同时根据国家有关政策规定，拆迁人口中下岗职工、待业青年可优先经过考试进入地铁工作。除此之外，地铁 3 号线的建设将带动其他商机及就业岗位，这些都将对增加深圳市社会就业机会、增强社会稳定性做出巨大贡献。

（8）地铁 3 号线的建设，有利于公益和卫生事业的发展。3 号线起自福田、罗湖中心区，沿途有深圳市最大的商业步行街——老街、东门中路，深圳市儿童医院、人民医院以及广深铁路布吉火车站、龙城广场等大型卫生及公益场所，地铁 3 号线的建设将给深圳市区内外就医、换乘铁路以及购物或参加公益活动的出行客流带来极大的方便。

综上分析，地铁 3 号线工程是涉及深圳市千家万户生产生活的系统工程，它的建设将大大改善深圳市中心区与东部各组团次中心城区的交通堵塞现象，大大减少交通事故的发生，改善深圳东部组团的投资环境，促进深圳经济和社会发展，具有广泛而深远的社会意义。

二、深圳地铁 3 号线融资条件分析

（一）深圳轨道交通融资经济环境分析

1. 国家宏观经济环境

据国务院发展研究中心对 2020 年中国经济增长前景预测，"十一五"期间经济将持续保持快速增长，年均经济增长速度将保持在 8% 左右，若按照 2004 年的物价计算，"十一五"末人均 GDP 将达到约 1900 美元，GDP 总量将达到 2.6 万亿美元左右；2010—2020 年可继续十年翻一番（以 2004 年价格计算），年均经济增长速度将保持在 7% 左右；到 2020 年，人均 GDP 将达到 3500 美元左右，GDP 总量将超过 5 万亿美元。

2. 深圳的经济环境

深圳是一个高速发展的城市，以 2005 年为例，深圳市统计局公布，深圳 2005 年全市生产总值为 4926.90 亿元，比上年增长 15%。根据《深圳市"九五"计划和 2010 年国民经济和发展计划》，2010 年深圳市 GDP 将达到 5000 亿元，体现了深圳市较强的经济实力和良好的经济发展势头。国家统计局 2009 年 9 月公布的 2008 年中国城市综合实力排名，深圳排名第三。

根据国办发〔2003〕81 号文件《国务院办公厅关于加强城市快速轨道交通建设管理的通知》要求："现阶段，申报发展地铁的城市应达到以下基本条件：城市人口在 300 万人以上，地方财政预算收入在 100 亿元以上，国内生产总值达到 1000 亿元以上，规划线路的客流单向高峰达到每小时 3 万人以上；申报建设轻轨的城市应达到以下基本条件：城市人口在 150 万人以上，地方财政预算收入在 60 亿元以上，国内生产总值达到 600 亿元以上，规划线路客流单向高峰达到每小时 1 万人以上。"显然深圳是符合这些条件的。

（二）深圳轨道交通融资的政策环境

1. 国家的相关政策

我国关于投融资体制改革、非公有制经济发展的基本理论、政策制度已经基本形成，并将进一步发展完善。国务院及地方政府正在积极推动投融资体制、基础设施及市政公用事业市场化改革，在"消除体制性障碍""加快推进和完善垄断行业改革""放宽市场准入"等方面出台了一系列政策和措施。尤其是，国务院发布的《关于鼓励支持和引导个体私营等非公有制经济发展的若干意见》指出，允许非公有资本进入电力、铁路、民航等垄断行业和领域，允许非公有资本进入公用事业和基础设施领域：支持非公有资本参与供水、供气、公共交通等市政公用事业和基础设施的投资、建设与运营。这一意见的出台必将极大地促进非公经济进入城市基础设施领域。另外 2005 年 4 月 30 日国务院发布了《关于推进 2005 年经济体制改革的意见》，2005 年 2 月 24 日国务院发布了《关于鼓励支持和引导个体私营等非公有制经济发展的若干意见》；2002 年 12 月 27 日建设部发布了《关于加快市政公用行业市场化进程的意见》；2003 年和 1999 年的宪法修正案，明确规定了非公有制经济在社会制度中的地位、权利和作用等；以上这些政策措施均将有力地推进城市基础设施，如交通设施的投融资体制与模式的市场化改革进程。

2. 深圳的相关政策制度

深圳也对轨道交通等基础设施建设的融资提供了政策支持。

2001年深圳市人民政府制定了《深圳市深化投融资体制改革指导意见》，该意见明确提出：

（1）投融资体制改革的目标和原则

投融资体制改革的目标：适应经济体制与经济增长方式两个根本性转变和扩大开放的要求，实现投资主体多元化、融资渠道商业化、投资决策程序化、项目管理专业化、政府调控透明化以及中介服务社会化，建立以市场为导向的新型投融资体制，推动深圳国民经济持续、快速、健康发展。

投融资体制改革的原则：打破垄断，放宽市场准入；坚持谁投资、谁所有、谁受益、谁承担风险；充分发挥市场对投融资活动的调节作用，实行政府宏观指导协调、企业自主投资、银行独立审贷；积极培育多元投资主体，鼓励公平竞争，政府依法保障各类投资者权益和公众利益。

（2）合理界定各类投资主体的投资领域

除涉及国家和地区安全的项目外，其他领域一律向社会资本开放。要打破地区、行业、所有制和内外资界限，全方位开放经营性基础设施和经营性社会事业领域，使更多社会资本成为这两大领域新的投资主体。除高速公路、港口、机场、电力等已经向社会资本开放的领域外，轨道交通、自来水供应、污水处理、垃圾处理等基础设施项目和教、科、文、卫、体等社会事业领域也要实行投资开放政策，实现投资主体多元化和融资渠道商业化。

（3）加快培育新型投资和运营主体

打破垄断，鼓励竞争。给予民间资本、外资等社会资本平等的地位，在投资机会和条件、要素供给等方面消除人为壁垒，鼓励各类资本利用参股、收购、兼并等方式参与国有企业改制和事业单位公司化进程。

鼓励社会资本投资基础设施项目。积极引导民间资本和外资等社会资本向基础设施项目投资。对于轨道交通等短期效益不明显、中长期效益较稳定、投资规模大、其他社会资本全面介入有困难的重点项目，采取投资与运营适当分离、专项资金补贴、土地补偿以及其他优惠政策，吸引新的投资和运营主体。

推动深圳社会保险基金运营机构成为稳健的新型投资主体。设立社会保险基金投资管理机构，依据国家有关政策规定，负责确定社会保险基金的投资领域、投资比例、风险预测和回报比率等事宜，建立安全有效的社会保险基金运营体制，为社会保险基金成为新型的投资主体提供制度保障。

（4）大力发展直接融资

充分发挥股票市场的融资功能。积极创造条件，增加深圳企业在国内证券市场上市的数量，推荐更多的企业到境外上市，筹集建设资金；有效利用上市公司的配股权和"壳资源"，将优质资产置换到上市公司，增强其向社会融资的能力；鼓励具备条件的企业经过国家批准，到香港和国外资本市场融资；积极配合中央有关部门，推动更多的高新技术企业通过"创业板"筹集资金，为创业投资基金建立退出机制创造条件。

积极利用债券市场。争取国家有关部门的支持，开拓地方政府信用融资渠道，采取多样化的方式，努力争取发行地方政府建设债券；鼓励部分经济效益和市场前景较好的企业在国内外发行债券；积极开展可转换债券项目、抵押融资等多种融资方式的试点。加快发展各类投资基金。

（5）广泛采用新型融资方式

充分采用 BOT 融资方式，为新建大型基础设施项目筹集资金。对一些大型基础设施项目，如桥梁、隧道、电厂、水厂、污水处理厂等，通过采用"建设－运营－移交"的形式，引入其他社会资本投资建设，政府允许投资者享有一定时期内的专营权，并享受经营收益，专营期届满后，政府无偿收回经营权。

积极推进 TOT 融资方式，通过转让大型基础设施项目的经营权筹集资金。通过"转让－运营－移交"的形式，政府将已建成的某些大型基础设施项目（如污水处理设施）作价后转让给其他社会资本，政府以收回的投资进行新的项目建设，受让方在一定时期内享有专营权，期满后无偿将经营权移交给政府。

努力探索 ABS 融资方式，进行信贷资产证券化试点。积极探索信贷资产的再融资方式，扩大信贷资产证券化的范围。政府支持有关企业、银行将有抵押的信用资产重组，以抵押资产的预期现金流为担保，通过资本市场发行证券。认真搞好我市住房抵押贷款证券化的试点，鼓励企业与境内外金融机构合作，进行应收账款等其他信贷资产证券化的探索。

广泛实行融资租赁等方式，扩大资金来源。积极促进企业与有关厂商、金融机构合作，采用融资租赁的方式，以少量投资获得大中型设备的使用权，再通过分期付款（租）获取设备完全所有权。

（6）加强宏观调控和制度建设

2003 年深圳市人民政府制订了《深圳市 2003 年投融资体制改革计划》，该计划指出：2003 年我市投融资体制改革总体要求是：以党的十六大精神为指导，认真贯彻市委第三届六次全体（扩大）会议精神，结合深圳实际，以重点项目投融资体制改革为突破，积极培育融资功能强的投资主体，创新融资工具，促进融资渠道多样化，为城市建设与发展广泛筹集资金；进一步完善投融资政策法规体系，形成良好的投融资综合环境，促进投融资体制改革整体推进。

另外，广东省人民政府 2003 年发布了《广东省关于放宽民营资本投资领域的实施办法》，该办法指出了放宽民营资本投资领域的基本原则与要求、促进民营资本投资基础设施、公用事业和社会事业、建立有利于民营资本投资的政策和管理环境。

三、深圳市轨道交通融资模式选择的原则

根据国内外城市轨道交通建设的特点、我国城市轨道交通的有关政策法规和深圳的基本条件以及轨道交通融资模式选择的原则，深圳轨道交通融资应坚持以下几个主要原则。

（1）为了减轻政府财政负担，应尽量建立多种资金来源渠道，尽量多融资

国内轨道交通建设普遍存在政府财政负担严重的问题，因此通过建立多种资金来源渠道，尽量多融资，减轻政府财政负担。

（2）通过公私合营，实现项目运作的高效率

公私合营具有以下的好处：一是引入社会化、专业化资本进行轨道交通建设；二是公私合营可以筹集到社会资本和得到先进的管理经验；三是由政府投资建设与营运可能面临项目运作效率不高、腐败等缺点，通过公私合营可以有效减少这方面的问题，并提高项目建设与

营运的效率，从而保障项目的后期发展。

（3）通过建立最佳资本结构，实现降低融资成本和风险，保证各方共赢

任何一个投资项目都会面临一定的风险，所谓风险就是在一定条件下，在一定时期内可能发生的各种变动的后果。由于项目本身还贷能力较差、时间较长，项目有可能面临贷款资金不能及时到位或者贷款银行附带更多贷款条件的风险，因此，在确定不同的融资模式后，需要依据国家有关政策和项目预算约束来比较不同资本来源的期限与成本，确定最佳融资结构，包括资本金与债务资金的比例结构，不同资本金来源与不同债务资金来源的比例结构，长、短期资金的比例与结构等，以实现在项目建设与营运期间融资成本和风险最低。

（4）提供政策性盈利来源，保证投资者稳定的回报

由于城市轨道交通具有明显的外部性特征，是一种准公共品，光依赖自身经营收入难以保证项目风险的可控和稳定投资收益，项目投资的风险过大，因而需要政府提供政策性盈利保证，以吸引社会资本，其实质是将轨道交通项目外溢的社会效益部分返还给项目本身，提高其财务可行性。

（5）建设的不同阶段，设计不同融资方式

轨道交通项目建设是分阶段进行的，在不同的阶段可以根据实际情况采取不同的融资方式，并对融资结构进行调整。

四、深圳市3号线融资方案设计

（一）资金结构

根据3号线工程初步估算，3号线初期工程范围从红岭中路至龙兴街段，项目总投资估算为98.8564亿元，其中静态投资93.4104亿元。

根据1996年8月23日国发〔1996〕35号《国务院关于固定资产投资项目试行资本金制度的通知》要求，"投资项目资本金占总投资的比例，根据不同行业和项目的经济效益等因素确定，具体规定如下：交通、运输、煤炭项目，资本金比例为35％及以上"。资本金的投入比例直接关系到企业的运营效益，在条件允许的情况下，应尽量加大项目资本金占总投资的比例，以保证轨道交通投入运营后有较好的运营效益。建议3号线在"多元主体、多渠道筹集建设资金"的融资原则指导下，尽量加大资本金投入比例。

根据3号线工程的具体情况，建议3号线的投融资初步安排为：深圳市政府投入总投资的35％作为资本金，龙岗区政府投入辖区内的土地征用和站点建设费用约占总投资的14.7％，亦作为资本金，其余50.3％的投资由龙岗区政府牵头融资，作为债务资金投入（见表10—2—1）。

表10—2—1　3号线融资资金结构

资金组成	资金来源及额度	占总投资比例（％）
资本金	市政府投入34.5997亿元	35
	龙岗区政府（含镇政府）投入14.5319亿元	14.7
债务资金	国内银行贷款49.7248亿元	50.3
合计	98.8564亿元	100

（二）资金来源

根据国内轨道交通项目的资金来源方式以及深圳市具体情况，将深圳地铁 3 号线可能实现的资金来源分股本金来源、准股本金来源和债务资金，除上述资金来源，根据国家及地方政府政策的调整，3 号线建设资金筹措还可以考虑以下几种筹资渠道：资本金采用在城市建设税附加、汽油销售或汽车销售中附加地铁建设费或现有地铁公司上市融资；债务资金来源采用允许项目公司向社会发行具有公益性的公司债券等融资方式。（见表 10—2—2）。

表 10—2—2　深圳地铁 3 号线可能的资金来源

资金性质	资金来源	说明
股本金	市政府投资	国际上轨道交通建设投资占城市 GDP 的份额为 0.5％～1.5％。根据《深圳市"九五"计划和 2010 年国民经济和发展计划》，2005 年深圳市 GDP 将达到 3000 亿元，2010 年将达到 5000 亿元，由此推算，2005 年、2010 年深圳市每年可用于轨道交通项目建设资金的投入约在 30 亿元
	沿线区、镇政府的财政投入	根据我国其他城市轨道交通建设经验，沿线区、镇政府对本区范围内修建轨道交通持积极的态度，在筹集建设资金方面，在投资主体不发生改变的前提下，可考虑各级政府以参股方式投入一定比例的资本金
	沿线征地拆迁、土地使用权和物业开发权转让收益作价入股	由于轨道交通是需政府扶持的大型城市基础性和公益性工程，沿线人民将受益极大，沿线各区政府可通过征地拆迁、物业开发或土地使用权转让获取收益，直接用于轨道交通建设，投资可作价入股
	项目土地开发升值费直接用于地铁建设	项目公司通过对地铁沿线部分土地的开发，地价和物业升值由项目公司直接用于地铁建设
	广泛吸收社会资金入股	需要政府出台相应的优惠政策
准股本金	项目公司发行可转换债券	低于银行贷款利率，按债券面额购买，到期可按面值支付，也可在有效期内转换成公司股票，无须担保抵押
	项目公司发行零息债券或贴现债券	无利息或极低利息，按债券贴现价格购买，到期按面值支付，无须担保抵押
	无担保贷款	等于或略高于银行贷款利率，按贷款协议规定方式进行偿还，无须担保抵押

（三）融资方案设计

综上所述，3 号线在融资模式上应力求多种模式相结合，采用主体融资模式和辅助融资模式。可考虑采用的融资方案以及优缺点分析详见表 10—2—3。

表 10－2－3　深圳地铁 3 号线融资方案比较

		方案说明	优缺点比较
主体融资模式	方案一	成立项目，以市政府财政拨款为主，辅以区、镇政府财政拨款和债务性融资	投资主体单一，利于资金管理，但市政府财政压力大，不利于整个城市基础设施建设资金的平衡和可持续性发展
	方案二	成立项目公司，以市、区、镇政府财政拨款为主，辅以征地拆迁、转让土地使用权、开发权收益作价入股，市政府适当财政补贴和债务性融资	充分调动沿线区、镇政府积极性，有效利用沿线区、镇财政力量及因轨道交通建设所带来的土地收益。减轻市政财政压力，有利于全市基础设施的整体发展和各区镇城市发展
	方案三	在方案二的基础上，政府支持现有的地铁公司上市，依靠其上市融资	地铁公司上市，依靠上市融资，需要股份制改造及经营业绩，并需要政府大力支持，短期内难以实现，但从长远发展来说，有利于城市轨道走向良性发展
	方案四	BOT 融资模式	需经过申报特许经营权，申报程序复杂，且应对特许经营权进行充分的经济评估及风险预测
	方案五	PPP 融资模式：在方案二的基础上，广集社会资金入股	需要出台相关政策支持
辅助融资模式	方案一	轨道交通设备租赁融资模式	有利于减轻轨道交通建设项目融资压力，应在分析既有成功经验基础上积极争取
	方案二	轨道交通维修及配件基地的委托融资模式	
	方案三	轨道交通物业开发 ABS、BOT 融资模式	

注：表中的债务性融资建议采用贷款加发行债券等多种形式。

（四）最佳融资方案选择

根据《深圳市城市轨道交通建设规划》，深圳市远景规划城市轨道交通网络由 15 条线路组成，总长 365km。深圳轨道交通一期工程由 1 号线的东段和 4 号线的南段组成，正线总长度为 21.8km，总投资 115.53 亿元，政府投资 70%，其余 30% 由政府担保向银行贷款。在 2004 年年底完成轨道交通一期工程的基础上，将建设 1 号线续建工程、2 号线、3 号线、4 号线续建工程、11 号线共 5 条线路，线路全长 120.7km，总投资 370 亿元左右。如果仍采用地铁一期工程的投融资模式，在未来的 5～8 年内，政府每年需要投资 60 亿～80 亿元，加上地铁线路营运初期的补贴，轨道投资将近 100 亿。这不仅不利于轨道交通可持续性发展，而且将使深圳市背上沉重的财政负担。

按照国办发〔2003〕81 号文件精神，根据原国家计委公布的《关于试办外商投资特许权项目审批管理有关问题的通知》和原外经贸部制定的（〔1994〕外经贸法函第 89 号）《关于以 BOT 方式吸收外商投资有关问题的通知》等政策的规定，2002 年 8 月 29 日，深圳市政府常务会议作出了引进境内外投资、加快深圳市轨道交通建设的决策。根据市政府常务会议精神，轨道交通 4 号线拟采用政府与私人联合的 PPP 投资机制，与香港地铁公司（以下简称港铁）联合进行建设。

根据《深圳市轨道交通二期3号线工程可行性研究报告》，3号线静态投资总额113.67亿元。其中征地拆迁、土建工程（包括交通、洞体、车辆段和停车场部分）、轨道、人防工程等约为81.93亿元（占投资费用的68.7%），车辆、自动检票系统、信号和通信、空调通风、给排水和消防、自动扶梯和电梯、控制设备、供电设施等机电设备的购置和安装为31.74亿元（占投资费用的31.3%）。项目资本金56.22亿元。3号线工程2006年开工，建设期5年，于2011年开始运营。本项目周期为50年（包括建设期和运营期）。项目发起人需要为项目准备56.22亿元的资本金，其余的需通过融资提供。

从表10-2-3中可以看出，主体融资模式中方案二是3号线工程最有可能实施且稳妥的融资方案，若在方案二的基础上能够广集社会资金入股，即采用方案五的PPP融资模式，则对3号线融资更为有利，这是基于深圳的实际情况以及PPP模式的优势决定的，因此3号线工程宜采用方案五的PPP融资方式。另外，若有可能，还应积极争取实现辅助融资模式。实现"多元主体、多渠道"筹集建设资金的融资模式。

项目的最终融资结构以及资金结构应在项目的前期研究、筹建以及融资运作进程中，结合本线的具体情况不断修改、完善、补充和调节。

五、实际实施的融资方案

在实际的项目融资过程中，通过工程可行性研究，深圳市政府认为采用"成立项目公司，以市、区、镇政府财政拨款为主，辅以征地拆迁、转让土地使用权、开发权收益作价入股，市政府适当财政补贴和债务性融资"的方案（即方案二）是可行的，并邀请香港地铁（深圳）有限公司（以下简称"港铁"）作为民间资本的代表参与深圳地铁3号线项目的建设。在3号线项目筹建初期，港铁表现出了极大的兴趣，港铁的最初构想是复制香港地铁成功的经营模式——"轨道＋物业"的经营模式，他们同意出资3号线项目的B部分（除车站、区间及轨道以外的车辆及设备部分），也不要求政府在运营期间补贴运营的亏损，唯一的要求是开发地铁沿线的物业。由于土地出让必须通过"招、拍、挂"的方式进行，如果按照这种方式，土地未必会由港铁拍到。但是考虑到最佳融资模式中需要有民间资本，而且可以解决政府财政资金压力的问题，在深港合作的大背景下，政府及港铁方面都没有急于对融资条件作出承诺。

项目建设到2008年时，全球性的金融危机也影响到了我国的经济发展。为应对国际金融危机对我国经济带来的不利影响，国务院常务会议确定进一步扩大内需、促进经济增长的十项措施。这十项措施主要包括：加快建设保障性安居工程，加快农村基础设施建设，加快铁路、公路和机场等重大基础设施建设，加快医疗卫生、文化教育事业发展，加强生态环境建设，加快自主创新和结构调整，加快地震灾区灾后重建的各项工作，提高城乡居民收入，在全国全面实施增值税转型改革，加大金融对经济增长的支持力度等。深圳市政府根据国务院常务会议精神开始加大对轨道交通建设的财政支持，国内各家商业银行也对地铁项目贷款产生了浓厚的兴趣，在这种环境下，民间资本参与轨道交通建设的合理性和迫切性显得不再明显。考虑到当时的全球经济形势和我国的政治形势，港铁提出退出3号线的项目建设，深圳市政府也顺势同意了港铁的要求。

深圳市政府最终决定地铁3号线的融资模式为"财政拨款＋银团贷款"的模式，地铁3

号线项目（不包含西延段）总概算 113.1799 亿元，深圳市政府财政出资 56.22 亿元，占项目总投资的 49.7%，剩余部分以政府信用为担保由银团贷款解决。2009 年 9 月 29 日，13 家银行联合为深圳地铁 2 号、5 号、3 号线工程建设提供 255 亿元银团贷款，这是深圳地铁建设史上获得的最大规模银团贷款。此次由工商银行和农业银行联合牵头，协同交通银行、上海浦东发展银行、平安银行、中信银行组建的 3 号线首期段工程银团提供贷款 57 亿元；由建设银行和招商银行联合牵头，协同中国银行、深圳发展银行、上海浦东发展银行组建 3 号线西延段工程银团提供贷款 32 亿元。13 家银行提供的贷款有效保证了深圳地铁的建设进度，地铁 3 号线项目的融资工作就此完成。

【课堂讨论】

1. 讨论案例中所用融资模式的优缺点。
2. 案例中所用的融资模式的应用领域有哪些？
3. 案例中所用融资模式的运作机制。

【课后思考】

多种融资模式相结合使用的情况下，如何分配各自的比例？需要注意哪些问题？

参考文献

［1］王治，张鼎祖．工程项目投融资决策案例分析［M］．北京：人民交通出版社，2012.

［2］刘林．项目投融资管理与决策［M］．北京：机械工业出版社，2009.

［3］葛永波，陈嘉．管理者风格与企业投融资决策研究［M］．北京：经济科学出版社，2018.

［4］刘国炜．天使投资指南——从经验到实战的投融资智慧［M］．杭州：浙江大学出版社，2019.

［5］李志强．中国企业海外投融资法律研究［M］．北京：中国金融出版社，2019.

［6］林勇明．国外投融资体制研究与借鉴［M］．北京：社会科学文献出版社，2018.

［7］韩中华．小公司股权融资全案［M］．北京：中国经济出版社，2018.

［8］金永祥，徐志刚，宋雅琴．城市基础设施投融资的改革创新——PPP 的理念与实践［M］．北京：中国城市出版社，2018.

［9］王乐．工程项目投资与融资［M］．北京：机械工业出版社，2023.

［10］吴泽斌，吴伟程．工程项目投融资管理［M］．北京：中国建筑工业出版社，2019.